유아교육학시리즈

# 유아교육과정 탐구

양옥승 저

Early Childhood Curriculum

학지사

## 유아교육학 시리즈 집필진

| | | | |
|---|---|---|---|
| 김미경(총신대) | 박은혜(이화여대) | 이순례(강남대) | 조복희(경희대) |
| 김선영(명지대) | 백혜리(서울신학대) | 이 영(연세대) | 조부경(교원대) |
| 김숙령(배재대) | 서영숙(숙명여대) | 이 옥(덕성여대) | 조성연(호서대) |
| 김영연(신라대) | 신화식(한양여대) | 이윤경(서원대) | 조은진(서울여대) |
| 김영옥(전남대) | 양옥승(덕성여대) | 이재연(숙명여대) | 조형숙(중앙대) |
| 김진영(숭의여대) | 염지숙(건국대) | 이지현(건국대) | 조흥식(서울대) |
| 김현희(학습발달지원연구소) | 오문자(계명대) | 이차숙(경원대) | 지성애(중앙대) |
| 김희태(방통대) | 우남희(동덕여대) | 임부연(부산대) | 최양미(안양대) |
| 문무경(육아정책개발센터) | 유혜령(영남대) | 임승렬(덕성여대) | 최인수(성균관대) |
| 문미옥(서울여대) | 윤은주(대구가톨릭대) | 장혜순(강남대) | 홍혜경(전남대) |
| 박선희(방통대) | 이경옥(덕성여대) | 정채옥(아세아신학대) | 황해익(부산대) |

## ●● 「유아교육학 시리즈」 발간에 즈음하여

모든 교육은 명시적이든 묵시적이든 인간과 학습에 대한 전제에서 출발하는데, 그것을 학술적으로 체계화한 것이 이론이다. 교육이론은 교육실천을 대상으로 하고, 교육실천은 교육이론을 토대로 한다는 의미다. '이론보다 더 실제적인 것은 없다' 는 표현도 있듯이 유아교육학은 유아교육 이론을 통하여 유아교육 현상을 기술하고 설명하며, 유아교육 실제를 변화시키고 개선한다. 따라서 유아교육 이론 정립과 그에 따른 유아교육학의 방향 설정은 유아교육의 질적 수준 향상을 위해 필요한 절차이고 과정이다.

교육사적으로 볼 때 유아교육은 모든 교육이 그러하듯이 인류의 발달사와 같은 역사를 가지고 있다. 인간이 교육을 위한 형식적인 제도를 고안하고 학교를 통해 후세대를 교육하기 이전에 이미 어린아이를 가르치고 기르는 교육적인 행위는 가정과 사회를 통해 수행되어 왔다. 그러나 유아교육이 학교교육의 과정으로 생애교육에서 중요한 위치를 차지하게 된 것은 Froebel이 유아를 주체적인 존재로 인정하고 의도적인 사회적 행위로서 유치원을 설립하고 관념론을 이론적 근거로 하여 교육을 실천했던 1837년 이후라고 할 수 있다. 이런 실천에 비해 유아교육학이 학문적인 탐구대상으로 자리매김한 것은 훨씬 후의 일이다. 유아교육학 탐구는 아동에 대한 과학적 연구의 필요성을 제안하고 발달주의를 근간으로 하여 유아교육을 논하기 시작했던 아동중심주의자 Hall의 발달적 연구로부터 시작되었다고 할 수 있다.

우리나라 유아교육은 20세기 초 유치원이 도입된 이래 100여 년의 역사를 지니고 있다. 그러나 유아교육학이 독자적인 학문 영역으로 자리를 잡고 전문적인 연구활동을 시작한 것은 30년에 지나지 않는다. 그동안 짧은 역사에도 불구하고 한국의 유아교육학은 교육현장과의 밀접한 관련 속에서 많은 연구 성과를 도출해 냈고, 교육현장의 변화를 주도해 왔다. 그렇지만 외국의 유아교육 프로그램이나 교수 모형을 현장에 소개하는 데 치중한 나머지 우리의 사회문화적 상황이나 여건을 충분하게 연구, 반영하지 못한 것도 사실이다. 이러한 현상은 '어떻게 가르칠 것인가?' 라는 현장의 요구에 즉각적으로 반응했다는 경제적인 이점은 있지만 유아교육학이 학문적으로 발전하는 데에는 다소 장애가 되었다고 볼 수 있다.

그동안 유아교육학이 가장 많이 의존해 왔던 학문 분야는 인접 학문에 해당하는 심리학이다. Herbart가 교육학의 학문적 정체성을 윤리학과 심리학으로부터 확립하고자 한 이래 교육학 연구에서 심리학이 전통적으로 누려 온 영향력은 확고했다. 특히 공교육의 제도권 밖에서 성장했던 유아교육 분야에서 유아교육 이론과 실천은 전적으로 발달주의의 시조인 Herbart 주의에 기초한 아동심리학 내지 아동발달의 측면에서 수행되었다. Herbart 주의가 Hall에 의해 유아교육 분야에 아동중심의 발달론으로 정착하게 되자 유아교육 연구는 주로 발달의 유형이나 발달단계 내에서의 개인차를 설명하거나 환경적 요인이 유아발달에 미치는 영향 등을 밝히는 데 주력하게 되었던 것이다. 그러나 유아발달에 대한 이해가 유아교육에 많은 시사를 주고 유아교육 실천을 위한 기본 바탕이 된다는 점에는 의심의 여지가 없지만 심리학에 대한 과도한 의존은 유아교육학에 대한 역사적, 철학적, 사회문화적 이해를 간과하는 결과를 초래하였다.

지금은 그 어느 때보다 정보와 지식이 급속하게 생산, 유포, 활용되고 있다. 이제 유아교육학 분야도 심리학의 영역을 넘어 다양한 주제와 영역으로 학문적 관심과 범위를 확장함으로써 유아교육 이론을 체계화하고 유아교육 실천을 위한 좋은 기틀을 마련할 수 있어야 한다. 다양한 방법론의 발굴과 그동안의 연구 성과 등을 바탕으로 유아교육학의 이론들을 정립하고 유아교육학에 대한 학문적 이해와 연구 수준을 높여 나가야 할 것이다. 아울러 우리나라 어린이의 삶의 맥락과 유아교육 현장에 부합된 유아교육 제도, 정책, 프로그램을 개발하고, 창의적인 탐구를 통해 유아교육학을 학술적으로 발전시켜 나가야 할 것이다. '유아교육학 시리즈'는 이러한 문제 제기와 함께 1997년 기획되었고, 이에 공감한 유아교육 관련 학자들로 집필진이 구성되었다.

이제 우리는 기획 의도대로 다양한 연구 주제에 관심을 가지고 유아교육학을 이해하고 토론하는 긴 여정을 시작하려 한다. 물론 시리즈에서 다룰 주제나 내용들이 유아교육학 분야에서 제기된 이론이나 실천의 모든 문제를 포괄하는 가장 중요한 것이라고 생각하지 않는다. 그러나 적어도 우리 집필진이 제기하고 있는 문제들은 유아교육학에 대한 학문적 관심과 애정에서 비롯되었다는 점만은 분명하다. 학문이란 원래 대화이자 공동탐구의 과정이라고 하지 않는가. 이런 관점에서 우리는 유아교육학 시리즈가 유아교육 발전을 위한 토론의 장을 여는 데 기여할 수 있으리라 여긴다. 고민이 담긴 진지한 대화 속에서 우리는 어쩌면 더 많은 문제를 만나게 될지도 모른다. 그러나 이런 만남을 통해 여러 사람이 함께 해결해 나가는 길을 찾는 지적 기쁨도 맛볼 수 있으리라 기대한다. 그런 의미에서 유아교육학 시리즈 발간을 위해 애써 주신 이정란 박사님, 시리즈의 출판을 허락해 주신 김진환 사장님, 그리고 학지사 편집부 직원 여러분께 특별히 깊은 감사를 드린다.

시리즈 집필진을 대신하여<br>양옥승

# 머 리 말

이 책은 유아교육과정 분야를 학문적으로 정립하고자 하는 염원에서 비롯되었다. 유치원이 생긴 이래 백여 년의 유아교육을 들여다보면 특정 교육과정 이론과 모델이 충분한 연구 검토 없이 삶의 맥락과 단절된 채 적용되어 왔음을 알 수 있다. 발달주의의 고전적 패러다임에 젖어 유아교육과정 분야가 최근의 학문 발전이나 시대 변화에 부합된 이론을 제시하지 못하고 있는 것이 현실이다.

오늘날과 같이 복잡다기한 사회에서는 하나의 일관된 이론이나 사상이 다양한 정서와 사고를 담아내기란 불가능한데도 발달주의가 유아교육과정의 유일한 원리로 채택되어 유아교육과정 분야를 일사불란하게 지휘하고 있다. 그러나 유아교육에 대한 사회적 인식도 높아지고 학계의 연구 역량도 늘어났다. 따라서 거대 담론이 시공간을 뛰어넘어 교육의 모든 요소를 설명할 수 있다는 생각을 떨쳐 버리고 시간이 걸리더라도 우리나라의 유아교육 현실을 파악하고 교육학을 포함한 여러 학문 분야에서 논의되고 있는 이론과 사상들을 연구하며 새로운 가능성을 찾아 나서야 할 것이다.

내가 대학을 갓 졸업하고 교사로 있을 때, 우리나라 유아교육의 문제는 유아의 발달적 특성에 대한 이해 없이 유아교육과정을 운영하는 것이었다. 그래서 대학에서는 유아발달 연구에 치중했고, 대학부속 유아교육기관에서 일하던 나는 이런 분위기에 맞추어 유아의 연령과 발달 수준에 적절한 교육을 실천하는 데 심혈을 기울였다. 1970년대 초 우리나라는 유치원 취원율이 2%도 채 되지 않았기 때문에 일반 사람들에게 유아교육은 특정 계층의 자녀를 위한 조기교육으로 인식되었던 그런 시기였다. 이러한 맥락에서 나는 교육을 통해 빈곤

문제를 해결할 수 있다는 개인적인 믿음을 가지고 여러 사람들과 함께 저소득층 밀집지역에 미인가 유치원과 방과후 교실을 열어 틈나는 대로 어린아이들을 가르치고 보살폈다. 그래서인지 개인적으로 가졌던 의문도 사회문화적 맥락과 동떨어진 유아교육이 존재할 수 있는지에 쏠려 있었다. 그 후 미국으로 가 Head Start에서 어린아이들을 교육하고 여러 유아교육기관을 평가하면서 발달에 대한 이해만으로 모든 어린이의 삶이나 교육의 목표를 규정하기 어렵다는 나의 생각은 더욱 확고해졌다. 대학원의 전공을 아동발달로 바꾸어 봤는데도 그런 마음은 변하지 않았다. 그래서 박사과정에서는 교육과정을 전공으로 선택하였다.

1980년대 초 교육과정 분야는 재개념화가 화두였던 시기였다. 그러나 그 당시 유아교육과정 분야에서는 어느 누구도 이러한 변화를 언급하지 않았다. 그러한 상황에서 Vygotsky의 『사회에서의 마음(*Mind in Society*)』이라는 책을 도서관에서 접했을 때 그 기쁨은 이루 형언할 수 없었다. 그에 관한 여러 책들을 읽으면서 나는 Vygotsky의 이론은 적어도 심리학을 초월한 간학문적이며, 그동안 유아교육 분야에서 외쳤던 고매한 Piaget의 인지발달 이론과 다른 것임을 알게 되었고, 그의 이론에 깊이 빠지게 되었다. Vygotsky 주의자는 아니지만 나는 그의 이론에 기초하여 '언어적 계획 · 평가(VPE) 프로그램' 이라는 새로운 교수 · 학습 모델을 개발하고 Head Start를 통해 그 효과를 검증하였다. 귀국하여 대학에서 학생을 가르치는 동안에도 국내의 유아교육기관을 통한 현장연구를 지속했다. 20년에 걸쳐 수행했던 연구를 종합하고 정리하여 2004년에는 『유아 때부터 시작하는 자유선택 교육: 언어적 계획 · 평가(VPE) 프로그램의 적용』을 내놓기도 했다. 다른 한편으로 나는 유아교육과정을 재개념화하며 현실과 동떨어진 이론이 아니라 유아의 일상적인 삶과 직결된 현실적인 유아교육과정 이론을 찾는 연구를 계속했다.

보육과 교육을 융합하고 그에 관한 학문적 토대 마련을 위해 여러 사람들과 함께 유아교육학 시리즈를 기획하면서 내 개인적으론 처음부터 유아교육과정에 관한 이론서를 써야겠다고 마음먹은 것도 시대 사회적 변화나 다양성을 읽어 낼 수 있는 유아교육 이론을 찾아야겠다는 이유에서였다. 이 책의 제목을 '유아교육과정 탐구' 라고 정한 것도 같은 이유다.

이 책을 쓰면서 염두에 두었던 독자는 유아교육의 미래에 대해 진지하게 고민하는 유아교육과정 전문가와 유아교육을 전공하는 대학원생이었다. 물론 유아교육을 전공하지 않았으나 유아교육과정에 관심을 가진 교육과정 전문가들에게도 유용한 교재가 되었으면 하는 간절함도 있었다. 그래서 이 책에는 교육과정 분야에서는 일반화되었으나 유아교육 분야에서는 다소 생소하거나 생경한 언어나 용어들이 등장하기도 하고, 유아교육 분야에서 통상적으로 다루었던 것보다 폭넓은 영역과 주제를 다루고 있다. 어떤 내용은 최근 인문학이나 사회과학 분야에서 피력되고 있는 포괄적인 관점을 그대로 수용한 면도 적지 않다.

이 책은 12개의 장으로 구성되어 있다. 서론과 같은 성격을 띤 제1장을 제외한 나머지는 이론적 탐구 분야로서의 유아교육과정(제1부), 유아교육과정 기초로서의 교육과정 이론: 역사적 탐구(제2부), 유아교육과정의 쟁점 탐구(제3부) 등 3개의 독립된 부에 분류되어 있다.

삶의 맥락에서 유아교육과정 탐구가 이루어져야 한다고 보아 제1장에서는 오늘날의 사회문화적 특성을 기술하고 한국 유아교육의 역사 및 현실을 짚어 보았다. 이어서 제1부에서는 유아교육과정을 이론적 탐구 분야로 규정하고 유아교육과정 탐구의 변천사, 유아교육과정 이론, 아동중심 교육과정의 의미 탐구, 보살핌의 텍스트로서의 유아교육과정 이해, 유아교육과정 모형 등 5개의 주제를 다루었다. 유아교육과정 분야가 발전하려면 일반 교육과정 분야에서 논의되어 오던 교육과정 이론에 대한 이해가 선행되어야 한다는 전제에서 제2부는 특정 이론이나 사상이 출현했던 시점을 기준으로 하여 교육과정 역사를 교육과정의 창조(1893~1927년), 교육과정의 구조화(1928~1969년), 교육과정의 재개념화(1970~1980년대), 교육과정의 다양화(1990년대 이후) 등으로 구분하고 시대별로 교육과정 분야를 주도했던 이론들을 제시하였다. 그리고 제3부에서는 초·중등 교육과 구별되면서 유아교육의 역사적이고 문화적인 이미지를 가장 잘 표현해 주는 교육과정으로 자유선택 활동을 제안하고, 이에 대한 전통적 시각, 사회적 구성주의, 포스트모던 관점의 이해와 해석 차이를 진술하였다. 아울러 유아교육의 관점에서 잠재적 교육과정과 영 교육과정의 의의를 살펴보았다.

이 책의 많은 부분은 학회지나 학회에서 발표했던 논문들을 수정하고 재차 보완한 것이다(이에 관한 자세한 내용은 이 책의 자료출처 부분에서 밝혔음). 논문을 보완하고 새로운 논문을 첨가하기 위해 자료 수집의 폭을 넓히고 분석의 깊이를 더할 때마다 지식의 한계를 느끼고 좌절감에 빠진 적이 한두 번이 아니다. 자신이 없어 책 쓰기를 멈춘 적도 수없이 많다. 이미 나와 있는 유아교육과정 이론이나 모델을 모사하길 원치 않았기 때문에 더욱 힘들었을지도 모른다. 여러 차례 고쳤지만 연구서로서 이 책은 여전히 미완성인 만큼 후일 나와 비슷한 생각을 가진 누군가에 의해 아이디어가 보태지고 손질되어 완성되기를 바랄 뿐이다. 어떻든 책을 쓰는 과정에서 우리나라처럼 천연자원이 부족하고 사람에 의존하는 국가에서는 교육을 통해 인적 자원의 질을 높이는 것이 개인의 삶의 질 향상은 물론이고 국가의 경쟁력도 향상시키는 지름길이라는 생각은 더욱 분명해졌다. 창의력과 상생이 중시되는 창의 · 상생의 미래 사회를 구현하기 위해서는 보육과 교육을 융합하고 발달적으로나 사회문화적으로 부합된 교육과정 시행이 중요하다는 확신도 생겼다.

이 책이 나오기까지 나는 이루 헤아릴 수 없을 정도로 많은 분들의 도움을 받았다. 먼저 유아교육학 시리즈의 기획부터 이 책이 출판되기까지 10년 넘게 기다리고 후원해 주신 학지사의 김진환 사장님께 깊은 감사의 마음을 전하고 싶다. 그리고 이 책이 빛을 볼 수 있게 만들어 준 편집위원 여러분께도 감사를 드린다. 이외에 그동안 진 빚을 갚기에는 감사드려야 할 분이 너무 많아 여기에서 모두 언급할 수 없을 것 같다. 언젠가 별도로 말씀드리고 감사의 마음을 전하고자 한다.

2008년 8월

양옥승

# 차 례
Contents

## 제9장 교육과정의 재개념화: 1970~1980년대



## 제10장 교육과정의 다양화: 1990년대 이후



# 제3부 유아교육과정의 쟁점 탐구

## 제11장 자유선택 활동



## 제12장 잠재적 교육과정과 영 교육과정

제1장

# 삶의 맥락에서의 유아교육과정 탐구

교육과정은 삶의 맥락에서 탐구되어야 한다. 삶은 불완전하고 삶의 가치는 무엇을 이루었느냐 하는 결과에 있는 것이 아니라 그 과정에 있기 때문이다. 삶이 곧 교육이라 말해도 전혀 어색하지 않은 이유가 바로 여기에 있다. 이 장에서는, 미래를 풀어나가는 열쇠가 오늘에 있고 오늘은 과거와 그 맥이 닿아 있다는 점에서, 유아교육과정 탐구의 시발점으로 어린이의 삶이 진행되고 있는 오늘날의 사회문화적 맥락 분석과 더불어, 한국 유아교육의 역사를 살펴볼 것이다. 아울러 영유아의 일상생활과 삶의 질 향상을 위해서는 왜 영유아보육과 교육이 학문적으로 융합되고 유아교육과정 담론의 지평을 넓혀가야 하는지에 대해서도 논하게 될 것이다.

## 1. 어린이의 삶, 그 시대 사회적 맥락

오늘날 한국사회에서 저출산은 심각한 사회 문제가 되었다. 지난 10년간 한국의 출생아수를 추적해 보면 1995년 721,074명, 2000년 557,228명, 2005년 438,062명 등으로 계속 감소하다가 2006년 451,514명으로 다소 증가하는 것으로 나타난다. 보다 구체적으로 각종 통계 자료들(경제기획원 조사통계국, 1986, 1990; 권태환, 1997; 통계청, 1996, 2006, 2007)을 통해 지난 50여 년간의 합계 출산율 추이를 살펴보면, 1960년 6명, 1970년 4.5명, 1980년 2.7명, 1990년 1.85명, 1995년 1.65명, 2000년 1.47명, 2005년 1.08명으로 급격하게 감소하다가 2007년 1.26명으로 다소 늘어난 것으로 집계된다. 여전히 한 자녀 가정이 보편화되어 있음을 알 수 있다. 이러한 상황에서 한국 사회는 세계에서 가장 급속하게 고령화되고 있다. 세계 최저의 출산율과 함께 나타난 평균 수명의 증가로 20년 후에는 국민 다섯 명 중 한 명이 65세 이상의 고령 인구가 되는 초고령 사회가 될 것이란 전망도 있다.

일반적으로 저출산의 원인은 자녀의 편익과 비용에 근거한 자녀 요인, 미래 소득의 불안정성에 기인한 소득 요인, 삶의 스타일의 변화에 따른 가치관 요인, 양성 불평등을 위시한 사회 · 직장 요인 등 네 가지 요인으로 구분된다. 그런데 2000년대 한국의 급격한 출산율 저하는 자녀 요인보다는, 외환위기 이후 악화되고 있는 미래 소득의 불안정성에 따른 소득 요인이나, 만혼의 증가, 여성의 경제활동 증대, 육아와 직장의 양립 어려움 등의 가치관 및 사회 · 직장 요인이 더 큰 원인으로 작용하고 있는 것으로 나타난다(삼성경제연구소, 2005). 출산율 감소로 고민하던 일본의 예를 들면 2006년 1월부터 6월까지 상반기 동안 출생아수가 6년 만에 증가했는데 이는 2005년 이후 본격화된 경기 회복에 따른 고용사정 호전에 기인한 것으로 보고되었다. 고용이 늘어나면서 생활이 안정되자 결혼하는 사람도 늘고 출산도 늘어난 것이다(한국경제, 2006년 8월 23일).

출산과 육아 지원은 투자라는 관점에서 출산 · 육아 친화 경영이 기업 경쟁력을 높이는 핵심 요인으로 각광받기도 한다. 경제학자 Becker에 따르면 소득이 증가할수록 자녀의 수에 대한 수요뿐만 아니라 자녀의 질에 대한 수요도 증가한다. 그러나 문제는 자녀 질에 대한 수요가 자녀수에 대한 수요보다 빠르게 증가하게 되면 소득은 늘어나도 자녀수는 줄어든다는 데 있다. 이러한 점을 감안하여 교육선진 국가에서는 저출산 문제해결을 위해 좋은 교육환경 제공과 함께 가치관 교육을 강화하는 데 주력하고 있다.

다른 한편으로 한국 사회는 정보통신 기술의 비약적인 발전과 함께 민영화, 분권화, 규제의 완화와 철폐, 정부의 역할축소 등으로 특징지을 수 있는 세계화가 가속화되고 있다. 세계화의 가속적 흐름은 점점 한국과 세계의 경계를 구분하기 어렵게 만들어 가고 있다. 이러한 상황에서 교육에는 시장 원리가 도입되어 학교의 자율화와 다양화가 촉진되고 수요자의 선택에 따른 맞춤형 교육이 활성화될 전망이다. 수요자와 시장 주도의 교육은 개인의 창의성이나 잠재력을 최대한 계발하고 글로벌 인재 육성을 가능하게 한다. 그러나 이는 또한 무한경쟁과 승자 독식의 '슈퍼스타 프리미엄' 현상을 강화하고 계층별 교육격차를 심화시킬 수 있다.

통계청 자료에 따르면 한국 경제는 외환위기 이후 2000년에서 2006년까지 연평균 4.5%의 1인당 국내총생산(GDP) 성장률을 기록하였다. 그러나 문제점은 높은 성장률에 비해 중산층이 해체되고 저소득층이 빈곤화되는 소득 양극화가 진행되면서 빈부의 격차가 확대되는 양상까지 보이고 있다는 것이다. 한 연구보고서에 의하면 1995년에서 2003년 사이에 하위 10%의 소득은 평균 소득의 41%에서 34%로 감소하였고, 상위 10%의 소득은 평균 소득의 199%에서 225%로 증가하였다(삼성경제연구소, 2006a). 2006년에 이미 절대적 빈곤층이라 할 수 있는 기초 생활자와 차상급 빈곤 계층이 700만 명에 달했고, 전국 가구의 소득 격차는 통계가 산출된 2003년 이후 최대수준으로 커졌다.

빈부 격차의 확대는 지식의 단절이나 접촉의 단절을 강화함으로써 사회 분열의 위기를 초래할 위험성을 안고 있다. 이런 문제를 감안하면 성장률을 높이는 것만이 계층 간 삶의 양극화를 치유할 수 있는 최선의 대책이라고 단언하긴 어려울 것이다. 경제 성장과 더불어 한국 경제의 성장 잠재력을 확보할 수 있는 방안을 찾는 것이 필요하다. 성장 잠재력 확보를 위해서는 일자리 창출보다 질 좋은 교육을 통한 인적 자원 양성이 급선무일 것이다. 교육은 정보와 지식의 격차를 줄이고 사회통합을 이끌 수 있는 지름길이기 때문이다. 삶의 양극화 문제는 사회통합의 차원에서뿐 아니라 어린이의 권리와 인권 보호의 차원에서도 심도 있게 살펴볼 필요가 있다. 2005년 OECD 통계연보를 보면

30개국 중에서 한국의 경우, 보건 분야 정부지출 26위(공공지출 28위), 평균 수명 24위, 연간 근로시간 1위, 도로교통 사고율(자동차 백만 대당) 1위로 삶의 질 분야가 가장 부진한 것으로 평가되고 있다. 특히 어린이의 삶의 질 지수를 가늠할 수 있는 중요한 잣대 중 하나가 교육비 지출이라고 볼 때, 한국의 경우 공교육비 비중은 OECD 국가 평균으로 17위이지만 사교육비 비중은 1위로 최고 수준에 있다. 그리고 지난 10년간 사교육비 증가율은 물가 상승률의 3배를 넘었다. 여성들이 과도한 사교육비 지출 때문에 아예 아이를 낳지 않겠다고 선언할 정도로 가계 지출에서 사교육비가 차지하는 비중은 엄청나다. 낮은 출산율의 원인으로 사교육비 부담을 드는 이유도 여기에 있다.

한국 사회에서 삶의 양극화는 빈곤의 여성화와 함께 진행되고 있다는 또 다른 문제점을 지니고 있다. 빈곤 가구 중에서 여성 가장이 차지하는 비율이 절대적으로 늘어나고 있다는 사실이다. 빈곤의 위험에 여성이 얼마나 노출되어 있는지는 2005년 OECD 통계연보에 나타난 거시경제 및 노동시장 분야의 통계를 통해서도 알 수 있다. OECD 30개국 중에서 GDP 규모는 10위인 데 비해 15세부터 64세까지의 생산연령 인구 중에서 여성 취업자의 비율은 51.1%로 23위를 차지함으로써 OECD 여성 고용률 평균(55.3%)에 크게 못 미치고 있다(참고로 남성은 OECD 남성 고용률 평균과 근사하고 17위에 해당함).

한국 사회는 대학 입시가 톱뉴스인 고학력 사회다. 1970년대에 이미 초등학교 취학률이 100%에 달하였고, 1995년 이래 초등학교 졸업자의 중학교 진학률은 99.9%이며, 중학교 졸업자의 고등학교 진학률은 2003년 이후 2005년까지 99.7%를 유지하고 있는 상태다. 2005년에 이미 고등학교 졸업자의 대학진학률은 82.1%로 나타나 고학력 사회가 되었다. 그러나 고학력화 과정에서 가족 이기주의는 심화되고 사회 윤리는 경시되는 풍토를 양산하였다. 내 자식을 위해서는 남이야 어찌되든 상관없다는 식으로 자녀를 양육하고 교육하기 때문에 자녀들이 이기적이고 가족 이외의 타인이나 집단에 배타적으로 행동하며 사회적인 윤리를 경시하는 성향을 갖게 만들었다는 것이다. 1960년대 산업화 이후에 나타난 세계 제일의 교육열이란 것도 가족이기주의에 편승되어 권력과 부를 획득하기 위한 출세의 수단으로 이용된 면이 적지 않았다(양옥승, 1997a).

복잡다기한 사회에서 부모들은 자신이 유형무형의 치열한 경쟁을 거쳐 온 탓에 자녀에게 지면 안 된다는 의식을 심어 주고 있다. 뿐만 아니라 상대적으로 열악했던 자신의 과거를 보상하듯이 자녀에게 무조건 잘해 줌으로써 공동체적 존재로서 남과 더불어 상생하는 마음을 심어 주지 못하고 있다. 최근 몇 년 사이에 나타난 '웰빙' 열풍은 본래의 의미를 상실한 채 물질적 풍요와 나만 잘 살면 된다는 이기심을 부추기고, 있는 사람 없는 사람 할 것 없이 잘사는 것처럼 보이려는 허위의식을 키우고 있다. 따라서 함께 그리고 더불어 잘사는 것을 지향하는 '공동선' 의 개념에 기초한 가치교육이 절실하게 되었다.

미래학자 Toffler에 따르면 가족 형태를 비롯하여 자녀양육이나 부모자녀 관계와 같은 가정생활 양식이 앞으로는 또 다른 방향으로 전개될 전망이다. 제2물결인 산업사회가 제1물결인 농업사회의 대가족 제도를 대체하기 위해 핵가족화를 추구했다면 제3물결은 다양한 가족 형태를 지향한다는 것이다. 이러한 변화 조짐이 한국 사회에도 나타나고 있다. 통계청 집계에 따르면 2006년 현재 한 부모 가정은 약 137만 가구로 10가구 중 1가구 꼴에 해당한다. 이혼 건수는 12만여 건으로 10쌍 중 1쌍 정도 차지하고 이혼율이 계속 증가하는 추세이다. 지난 10년간 재혼 가정도 증가하였다. 또 다른 한편으로 국제결혼도 늘어나고 있다. 국제결혼은 현재 4만여 건으로 전체 결혼의 10%에 달한다. 다문화 가정이 보편화된 가족형태로 자리 잡아가고 있는 다문화, 다민족 사회에 진입한 상태다.

한국은 더 이상 단일민족 국가가 아닌 다민족 국가(polyethnic-state)다(조정남, 2007). 법무부 출입국 · 외국인정책 통계연보에 따르면 2008년 현재 국내 이주민수는 106만 6,273명에 이른다. 주요 체류자격의 연도별 변화 추이를 보면 유학생, 취업목적 근로자, 결혼 이민자 등으로 매년 그 수가 증가하는 것으로 나타난다. 체류 기간을 놓고 봤을 때 90일 이하의 단기체류 외국인은 2006년도 대비 약 6% 증가에 그친 반면 장기체류 외국인은 21% 증가함으로써 정주 외국인을 위한 사회통합 정책이 중요한 사회적 이슈가 되고 있다. 출신 국적별로 보면 197개국의 노동 이주민과 124개국의 결혼 이민자들이 한국에 거주하고 있는 것으로 집계된다. 결혼이민자의 경우 특히 농촌 남성 10명 중 4명꼴로 국제 결혼함으로써 농촌 가정의 여성배우자와 자녀를 위한 교육이 사회 문제로 부상되고 있다. 이러한 맥락에서 다문화주의에 기초한 다양한 교육 정책과 프로그램이 절실히 요구되고 있다.

오늘날 세계 또한 표준화와 대량화를 강조하던 20세기 산업시대와 다르게 변화하고 있다. 최근 도래한 부의 물결로 인해 상품과 시장이 탈대량화하고 개인화하는 현상이 나타나고 있다(Toffler & Toffler, 2006). 기업들이 속도 경쟁을 벌이며 변화에 매진하면서 노동시간 체계도 표준 체계에서 다양화되는 방향으로 진행되고 있다. 게다가 정보통신 기술이 발전하면서 사회는 여러 가지 일을 동시에 처리할 수 있게 되자 느리다고 생각되는 것에 지루해할 만큼 보다 빠른 속도로 보다 많은 정보를 처리할 것을 요구한다. 이러한 환경 속에서 개인의 삶은 컴퓨터만이 추적할 수 있을 정도로 훨씬 복잡해지고 있다. 과거의 폐쇄적인 경직성과 규칙성으로부터는 자유로워졌지만 삶에서의 불확실성이 늘어나면서 사회 적응이 쉽지 않게 되었다. 지식정보화 및 기술공학의 비약적인 발전은 과거와 다른 사고와 삶의 방식을 기대하고 있는 것이다.

이미 한국은 빠른 디지털 기술의 도입으로 디지털 강국으로서의 입지를 굳힌 상태다. 유무선 통신 인프라의 고도화로 '누구나 언제 어디서나' 정보에 접근할 수 있는 유비쿼터스 환경이 갖추어진 것이다. 국제사회에서도 '브로드밴드 원더랜드(broadband wonderland)'로 묘사되며 크게 주목을 받고 있다. 새로운 기술과 정보산업의 결합으로 세계가 급속히 변화하면서 과거에는 미래의 변화를 예측하는 데 심혈을 기울였으나, 오늘날에는 비즈니스 쪽에서조차 스스로를 '살아 있는 시스템'으로 인식하여 학계나 연구기관과의 상호관계를 유지하며 성장하고 변화하는 환경에 적응하고자 노력하고 있다(삼성경제연구소, 2006b). 또 한편으론 인터넷에서 볼 수 있듯이, 지식도 공산품처럼 사고팔 수 있게 되었다. 개인이 자기 문화의 창조자인 동시에 소비자의 역할을 할 수 있는 사회가 된 것이다.

오늘날에는 소비의 범위가 재화나 용역으로 제한되지 않고 이미지나 감각, 나아가서 다른 것과의 차별화나 차이성으로까지 확대되고 있다. 자기 문화와 다른 것을 틀렸다고 보는 사고방식으로부터 차츰 벗어나 문화차이를 수용하는 방식으로 나아가고 있다. 그 과정에서 저급한 문화와 고급한 문화로 이분화되었던 문화가 하나로 융합되면서 심미적인 위계도 허물어져 가고 있다. 최근 한국의 학술 문화계에서는 주체, 시간, 역사에 대한 해체적 사고를 지지하는 양상이 나타나고 있다. 그러나 연구 개발을 위한 투자 없이 남의 글이나 제품을 그대로 베끼거나 복제하는 행위가 아직 사라지지 않고 있어서 저작권이나 지적 재산권 보호와 관련하여 많은 논란이 일고 있다. 지식의 소중함을 일깨우고자 나온 "책 도둑은 도둑이 아니다."라는 옛말도 이젠 남의 글을 훔치는 '글 도둑'을 의미하는 말로 인식될 정도가 되었다. 이러한 맥락에서 지식인들은 보다 많은 지식과 정보를 가져야 함과 동시에, 이에 못지않게 세계적 기준에 미칠 수 있는 윤리 의식도 겸비해야 한다는 사회적 압력을 받고 있다.

포스트모던 시대로 특징 지어지는 오늘날에는 인쇄로부터 이미지로의 문화이동을 강화하고, 디지털 미디어 산업이 실재(reality)를 재현하는 지배권을 행사하기도 한다. 그 과정에서 실제로 존재하는 실재와 복제한 복사본의 경계가 모호해지는 현상이 나타나고 있다. 심지어 원본의 개념조차 없는 가상현실이 현실(실재)과 같은 값으로 위치함으로써 오늘의 세계는 모조품이나 모의적 상황 또는 환경 등의 복사본이 실재보다 더 리얼하게 느껴지는 하이퍼 리얼한 공간이 되었다. 이 속에서 현실과 가상현실의 경계가 모호해지고 대량 복제와 변형이 자유로이 이루어지고 있다. 한국에서 일어난 최초의 실 예는 모의적인 가상의 결혼식이 지하철에 타고 있던 승객들에 의해 디지털카메라 폰에 찍히고 그것이 다시 인터넷 동영상으로 유포되면서 '복제'가 이루어졌고, 각종 미디어를 통해 보도됨으로써 감동어린 진실로 둔갑되는 '변형'이 이루어졌던 '지하철 결혼식 보도' 사건을 꼽을 수 있다.

일찍이 Guy DeBord(1990)가 예측한 대로, 오늘날에는 역사와 사건이 미디어에 의해 창조되지만 미디어가 이들에 대한 보고를 중지하는 순간 사라지고 마는 '스펙터클의 집합'이 일상화되고 있다. 인간에 대한 완전한 통제를 시도했던 모던 시대와 다르게 포스트모던 시대에는 역사, 의미, 세계가 정보나 이미지의 형태를 취하면서 문화적 소모품처럼 인식되고 있다(Pinar et al., 1995). 나아가서 정초(foundation)와 오리지널의 개념, 고정불변의 관점, 통일된 자아 등을 상실하는 것은 곧 역사, 의미, 주관적 경험, 집단적 정체성을 상실하는 것으로 끝없는 상품화와 소비에 의해 보상되기도 하고 대치되기도 하고 악화되기도 한다.

오늘날에는 TV와 전자매체, 영상산업이 지배하고, 정보가 폭발하고 정보공학이 발달하고 있다. 그 속에서 학교 종사자들은 보다 많은 정보를 가지고 있어야 한다는 사실에 많은 압박감을 느낀다. 글로벌 자본이 확대되고, 기술공학이 발전하면서 주체, 시간, 역사에 대한 포스트구조주의적이고 해체적인 포스트모던 사고가 중시되고 있다. 이러한 관점에서 보면 위계질서를 정립한다는 것은 힘(권력)을 작용하는 것과 다름없이 다른 사람에 대한 억압이 되고, 절대적으로 불변할 것 같은 지식이나 진리라는 것도 상대적이며 수사적인 특징에 지나지 않는다(양옥승, 2000a). 이러한 맥락에서 국가와 경제 또한 이전보다 통합된 방식으로 전개되며, 문화 수준을 상중하로 위계화하는 심미적 취향은 점점 줄어들게 된다. 등장인물들이 저마다 자신의 목소리로 말을 하는, 심지어 죽은 자, 개, 나무, 금화, 죽음까지도 제 목소리를 내는 오르만 파묵의 소설 『내 이름은 빨강』을 이 시대를 대표하는 포스트모던 소설로서 2006년 노벨문학상을 수상했다는 것도 결코 우연은 아닐 것이다.

복잡다기한 오늘날의 사회에서는 리더 홀로 조직의 변화와 성장을 이끌 수 있으리라고 기대하지 않는다. 불확실성의 증가, 협력의 중요성, 사회적 네트워크와 사회적 자본, 글로벌 경제, 속도, 다양성에 따른 맞춤식 정책과 프로그램, 삶의 의미추구 중시 등으로 특징지을 수 있는 이 시대에 리더십은 더 이상 특정인들의 전유물이 아니다(Kouzes & Posner, 2003). 글로벌화하고 정보화하고 있는 현대 사회에서는 대부분의 문제가 서로 연계되어 발생하기 때문이다.

아무리 뛰어난 자격과 조건을 갖춘 사람이라 할지라도 인터넷 등 정보 통신기술의 발전에 적응하고 대처하지 못하면 일을 추진하는 과정에서 구성원들로부터 신뢰와 공감대를 이끌어내기 어렵게 되었다. 혼자 모든 것을 결정하고 구성원에게 따를 것을 요구하는 상의하달식 의사결정 방식으로는 구성원들의 반발을 불러일으킴으로써 개인이 지닌 역량을 발휘할 수 없게 된 것이다. 이제 리더십은 경영 이외의 모든 삶의 과정에서 모든 사람에게 적용할 수 있는 개념이 되고 있다.

한편, 많은 사람들이 지구상에 존재하는 다양한 자연물을 존중하며 자연과 상생하고자 하는 생태주의 시각을 가지고 삶과 교육의 길을 모색할 것을 주장하고 있다. 이러한 변화는 인간의 풍요로운 삶을 위해서는 자연계 생물종의 다양성 유린을 문제로 삼지 않는 인간 중심적인 사고로 인해 인간 사회는 다양화되고 발전했으나 문명의 그늘에서 생태계는 피폐해지고 있다는 자성에 기인한다. 19세기까지만 해도 4년마다 하나의 종이 소멸되는 것이 정상이었으나 20세기에는 전체 생물종의 4분의 1 정도가 사라질 정도로 생태계의 파괴 속도가 빨라지고 있어서 생태적인 각성이 없으면 먹이사슬의 꼭대기에 있는 인간 스스로도 머지않아 소멸될 가능성이 있다는 것이다(황대권, 2006). 이러한 상황에서 생태적 가치관 형성이 중요한 교육적 과제가 되고 있다.

## 2. 한국 유아교육의 역사

교육은 역사적인 사건이며 일종의 사회적 개입이다. 교육은 그것을 실천해온 사회의 문화적 흐름 속에서 진행되는 역사의 일부이기도 하다. 그러므로 현재 한국에서 시행되고 있는 유아교육과정을 이해하기 위해서는 교육과정 이론이나 그 고유의 성격을 논하는 것 못지않게 교육과정을 기준으로 한 한국 유아교육사 고찰이 필요하다. 그런데 전통적으로 인문학을 중시했던 한국 사회에서 유아교육은 고등교육이나 중등교육과 다르게 사적 영역에서 이루어졌다. 그러므로 유아교육과정에 대한 역사적인 이해는 이 땅에 최초로 설립된 유치원이나 유치원교사 양성기관에서 어떤 유형의 유아교육과정이 시행 또는 논의되었는지를 분석하는 것에서 가능할 것이다.

유치원이 공식적인 교육기관으로 인정된 시기는 교육법이 제정, 공포된 1949년 이후이지만, 실질적으로 유아교육의 기본 틀을 형성했던 시기는 미국 선교사에 의해 사립 유치원과 유치원교사 양성기관이 설립되기 시작했던 1910년대 이후라고 할 수 있다(양옥승, 1995). 초등교육을 위한 소학교령이 공포된 2년 후인 1897년에 조선 왕실이 세웠던 유치원이 이미 존재하고 있었지만 이 경우는 일반인을 대상으로 하지 않았기 때문에 한국사회 전체에 미치는 파급효과는 전혀 없었다. 이와 같은 해인 1897년 부산에 부산유치원이 설립되었고 그 이후에도 몇 개 지역에 유치원들이 설립되었다는 기록은 있으나 이들 또한 한국에 거주하는 일본인들의 자녀를 위한 것이었기에 별다른 영향력이 없었다. 한국 사람을 대상으로 하여 세워진 유치원으로는 1913년 이완용 등의 친일파가 주축이 되어 설립한 사립 경성유치원이 있었으나 이 유치원 역시 일본인 자녀를 위한 유치원들과 마찬가지로 교육기관으로서 대표성이 없었을 뿐 아니라 교육적 파급효과도 거의 없었던 것으로 나타난다.

한국의 유아교육에 실질적으로 영향을 준 교육기관은 1910년대에서 1920년대에 미국으로부터 온 선교 재단에 의해 설립되었던 기독교계 유치원과 유치원교사 양성기관이었다. 여러 연구 보고서에 따르면 이 기간 동안 설립된 30개 유치원의 4분의 3에 해당하는 유치원이 교회부속 유치원으로 미국에서 온 선교사들에 의해 운영되었으며, 3개의 유아교사 양성기관(이화, 중앙, 숭의)은 미국에서 파견된 유아교육 전문가들로 구성된 교수진에 의해 교육과정이 진행되었다(김영옥 외, 1995; 양옥승, 1992, 1995). 이로써 한국의 유아교육은 독일의 Froebel 유치원 교육을 시조로 하고 있는 미국 유아교육의 맥을 이어가는 전통이 형성되었다.

한국에 유치원을 전파하던 1910년대에서 1920년대의 미국을 보면 유치원은 개인 자선사업가에 의해서 설립, 운영되었고 공교육의 제도권 밖에서 성장했던 것으로 나타난다(이은화, 양옥승, 1988). 이러한 요인은 미국에 있는 유치원이 초·중등학교와 다르게 새로운 심리학 및 교육학 이론에 민감한 반응을 불러일으키게 만들었다(Weber, 1984). 그러나 산업화하는 과정에서 도시 빈민과 더불어 외국으로부터 이민자가 급증하면서 미국은 도덕적 성장과 사회화를 도모할 수 있는 교육기관으로서 유치원을 점차 늘리기 시작하였다. 아울러 정부는 공교육 제도권 밖에 있던 유치원을 초등학교 저학년에 편입시키고 유치원으로 하여금 초등학교의 교실을 사용할 수 있게 하였다. 유치원이 공립 초등학교에 편입되면서 미국 유치원 교육과정은 자동적으로 초등학교 교육과정의 틀 안에서 연구되기 시작하였던 것이다.

미국이 초등교육과정 범위 내에서 유치원 교육과정을 논하기 시작했다는 것은 유치원 교육과정이 서서히 Froebel의 관념주의로부터 벗어나 Herbart주의, 아동중심주의, 행동주의, 진보주의 등의 영향 하에 있던 초·중등교육과정 이론의 영향을 받기 시작하였음을 의미한다. 실제로 20세기 초 미국의 유치원 교육과정을 분석해 보면 Hall, Thorndike, Dewey로부터 몇 가지 아이디어들을 도입해서 여러 차례의 시행착오를 거듭하면서 교육과정을 수정하려고 했던 것을 알 수 있다(이은화, 양옥승, 1988). 1890년대부터 1930년대까지 미국의 유치원 교육과정은 유아의 자기 활동과 놀이에 대한 Froebel의 관념론을 기본 입장으로 고수하면서도, 교육과정 분야에서 거론되고 있는 새로운 교육과정 이론을 수용하여 여러 양상으로 변화했던 것으로 나타난다. 특히 Hall의 『어린이 마음의 내용』(1883), Thorndike의 『동물지능』(1898), Dewey의 『학교와 사회』(1899)에 근간을 둔 아동중심의 발달론, 연합이론, 경험중심 교육과정 이론은 1920년대 중반까지 유아교육과정의 변형에 기본적인 아이디어를 제공하였다.

이러한 미국의 유아교육과정 변천사는 한국의 유치원 성립과 발전 과정에 그대로 반영되었다. 한국에 처음 유치원이 소개되었던 1910년대 한국의 유아교육과정은 Froebel 이론을 기초로 하여 구성된 유희, 창가, 수기, 대화 등이 핵심 내용이었다. 그러다가 아동중심주의자였던 Hall의 영향을 받아 아동에 대한 과학적 연구의 필요성이 전적으로 강조되었고, 1930년대에는 Thorndike의 연합이론에 기초한 Hill의 영향을 받아 유아의 기본생활습관 형성을 중시하는 유아교육과정이 주류를 이루었다. 1930년대 한국에서 유아의 기본생활습관을 강조한 것은 1920년대 미국의 유아교육 실제를 반영한 것이었다. 그 후에도 한국의 유아교육과정은 미국에서와 마찬가지로 유아의 내재적 본성의 발현을 중시하던 Froebel의 관념주의로부터 벗어나 진보주의자였던 Dewey의 경험중심 교육과정 이론을 채택하게 된다.

한국 유아교육 분야는 미국에서 어떤 이론이 지배적인 위치를 차지하게 되면 10년 내외로 다소 시차는 있을지라도 그 이론에 의해 지배되는 양상을 보였다. 이러한 전통은 초 · 중등학교와 다르게 일제 식민지 치하에서도 지속되었다(양옥승, 1995; 이은화, 양옥승, 1988). 특히 Dewey의 진보주의 교육이론에 기초하여 유아교육과정을 이해하는 전통은 한국에서 초등학교와 중등학교의 교육과정 개발이 군정청 학무국에 의해 본격화되기 시작한 1945년 8월 15일부터 1948년 8월 15일까지의 미군정 시대에도 계속 이어졌다.

대한민국 정부 수립 다음 해인 1949년 12월 31일 정부는 일제 잔재를 청산할 새로운 형태의 교육제도를 창안할 목적에서 '홍익인간' 을 교육 이념으로 한 최초의 교육법을 제정, 공포하였다. 교육법에 따르면 유치원은 '유아를 보육하고 적당한 환경을 주어 심신의 발육을 조장하는 것' (제146조)을 목적으로 '사회생활, 동화, 음악, 유희 등' (제149조)을 교육하는 곳이다. 이어서 1954년 4월 20일 정부는 교육부령으로 '국민학교 · 중학교 · 고등학교 · 사범학교 교육과정 시간 배당 기준령' 을 제정, 공포했고, 1955년 8월 1일자로 법의 형태를 갖춘 초 · 중등학교 교육과정, 즉 국민학교(초등학교), 중학교, 고등학교 '교과과정' (문교부령 제44호, 제45호, 제46호)을 차례로 제정, 공포하며 교육과정 문서화에 착수하였다. 그것은 미국 교육사절단(American educational mission to Korea)에 의해 발간된 교육과정 지침서(Curriculum handbook for the school of Korea)에 기반한 것이다(손인수, 1992). 이때 공포된 교육과정을 흔히 제1차 교육과정이라고 부르는데, 그 이유는 교육과정이라는 용어를 국가수준에서 처음 사용했다는 데 있다. 그러나 1962년까지 한국의 초 · 중등 교육과정은 여전히 학습의 생활화를 강조한 생활중심, 경험중심, 흥미중심의 Dewey의 교육과정 구성 원리에 기초하고 있었다. '새교육 운동' 이 초 · 중등 교육현장에 적용되자 유아교육과정에서의 Dewey의 영향력은 더욱 강화되었다.

교육과정 개정을 위해 Dewey의 경험중심 교육과정 이론이 본격적으로 도입되고 적용되면서 1963년 2월 15일 개정된 제2차 교육과정(문교부령 제119호, 제120호, 제121호)에서 교육과정의 개념은 '학생이 학교의 지도 하에 경험한 모든 교육활동의 총화' 로 정의되었고, '학생들의 경험 여하에 따라 그들이 어떤 인간으로 성장하게 되느냐가 결정되는 것' (제2차 교육과정 총론의 제2장 '교육과정 구성 일반목표' 참조)으로 인식되었다. 제2차 교육과정에서의 이러한 규정은 경험중심 교육과정 이론에 기초했으면서도 외형상으로는 교과중심의 성격을 지녔던 제1차 교육과정과 다른 점이다. 1차 교육과정은 지식위주의 교과중심으로 교육과정을 운영하되 경험중심 교육과정의 구성원리를 수용하여 교육과정 조직에서 학생에게 친근한 생활이나 흥미를 중심으로 한 단원중심의 교육과정을 강조했다. 그러나 2차 교육과정에서는 모든 교육경험의 근간을 학생의 흥미를 유발하는 일상생활에 두는 생활중심에 보다 큰 의미를 부여하였다. 초 · 중등의 제2차 교육과정은 제1차보다 흥미중심, 경험중심, 생활중심의 개념을 충실히 적용했다고 하겠다.

이러한 움직임은 1969년 2월 19일 문교부(현 교육과학기술부)령 제207호에 의해 제정, 공포된 최초의 국가 수준 유치원 교육과정(참고: 초 · 중등 교육과정과 별도로 '제1차 유치원 교육과정' 이라 지칭)에 그대로 전수되었다. 그러나 유아교육과정 분야와 다르게 초 · 중등교육과정 분야에서는 1960년대 후반부터 Kilpatrick(1918)의 『프로젝트 방법』과 Bloom(1956), Mager(1962) 등 행동주의자들에 의해 집필된 저서가 우리말로 번역, 소개되면서 행동주의에 기초한 수업목표 분류나 행동목표 개념과 프로젝트 접근법이 크게 유행하였다(Lee, 2003). 1974년에는 '인간 행동의 계획적인 변화' 라고 규정한 정범모의 『교육과 교육학』이 출판되고 행동과학 연구가 일반화되었다. 그 후 한국의 초 · 중등교육 분야는 Tyler의 교육과정 개발이론에 기초한 행동목표 진술을 최우선시하는 행동주의가 주도하게 되었다.

1973년 2월 14일 고시된 국민학교(초등학교) 교육과정을 시작으로 한 제3차 교육과정(참고: 유치원 교육과정–문교부고시 제424호는 1979년 3월 1일 고시되었으며 '제2차 유치원 교육과정'이라 지칭)은 Bruner(1959)의 학문구조 이론과 Piaget의 인지발달 이론이 Tyler, Bloom, Mager의 원리와 결합되어 '학문중심 교육과정'이 주축이 되었던 시기로 나타난다. 이 시기 동안 Peters(1966)와 Hirst(1965)의 철학적 견해는 Bruner의 학문구조 이론을 정당화하고 보강하는 이론으로 소개되어 교육과정의 쟁점이 되기도 하였다. 다른 한편에서는 Freire(1968, 1970)의 저서가 금서임에도 불구하고 급진적인 교사와 교육학자들 사이에서 널리 읽혔고 산업현장에서 근로자들을 의식화하는 교재로서 활용되기도 하였다. 1981년 제3차 교육과정 개정에서 시작된 '인간중심 교육과정'은 1995년까지 지속되었다(Lee, 2003). 이 기간에 영국의 신교육사회학과 미국으로부터 비판이론이 도입되기도 하였다. 1993년에는 정부가 '열린 교육'의 개념을 전파하면서 초등학교 교육과정에서 Neil의 서머힐 학교에서 유래된 열린 교육이 한동안 유행하기도 했다.

그러나 유치원 교육과정은 공교육화되지 않았기 때문인지 국가 수준에서 여러 차례의 개정을 거치면서도 교육과정 개발을 주도하는 초·중등교육보다 미국 유아교육 동향에 훨씬 더 민감한 반응을 보인 것으로 나타난다. 오늘날에도 행동주의에 근간을 두고 있는 초등교육과정과 다르게 유아교육과정은 미국의 유아교육 동향에 따라 Dewey의 경험중심 교육과정 이론과 더불어 Piaget의 인지발달 이론을 근간으로 한 발달주의를 기본 입장으로 채택하고 있다. 단지 이전과 달라진 점이라면 교육과학기술부의 주관 하에 개발되는 '유치원 교육과정' 이외에 보육시설(어린이집)을 위해 2007년 여성가족부가 고시한 '표준보육과정'이 있다. 그러나 표준보육과정 역시 그 개발 과정에 교육과학기술부령 유치원 교육과정 개발자들이 대거 참여하였기 때문에 유치원 교육과정과 마찬가지로 발달주의에 기초하고 있는 것으로 나타난다.

# 3. 유아교육과정 탐구의 새 지평을 열며

## 1) 보육과 교육의 융합

오늘의 시대 사회적 맥락에서 볼 때, 21세기에 살고 있는 어린이들과 20세기의 모던적 사고에 젖어 있는 성인(부모, 교사) 세대 간의 단절은 당연한 귀결인지 모른다. 21세기에 내어난 아이들을 20세기에 태어난 사람이 기르는 일은 그래서 녹록지만은 않다. 그렇다할지라도 진정 어린이의 건강한 삶을 기대한다면 20세기 사고를 가지고 21세기 어린이를 보육하고 교육하는 일은 벌어지지 않아야 할 것이다. 이런 문제를 해결할 수 있는 첫 번째 실마리는 영유아보육이나 유아교육이 본연의 자리로 돌아와 냉철하게 현실을 점검하는 데서 찾을 수 있을 것이다. 그동안 어린이집(보육시설)과 유치원에 대한 논의가 '보육' 또는 '교육'으로 이원화되어 진행됐다면 하나로 융합해야 할 것이고, 유아교육법 제정이나 영유아보육법 개정과 그에 따른 정책 입안에 치우쳤다면 상대적으로 소홀히 다루어졌던 유아교육과정에 관한 담론 탐구를 논의의 중심에 놓아야 할 것이다. 학문은 사고를 유발하기 위해 존재한다고 하지 않는가. 따라서 독지적인 학문적 탐구 분야로서 영유아 보육과 교육을 어떻게 학문적으로 정립해 갈 것인지에 관한 다양한 생각들을 삶의 맥락에서 나누는 것은 삶의 현장은 물론 학문 발전을 위해서도 필요하다.

이 시대를 살고 있는 어린이가 진정 잘 사는 사회를 만들고자 한다면 우리들은 보육과 교육 간에 조화와 균형을 이룰 수 있어야 한다. 교육이냐, 보육이냐 하는 이분법적인 사고는 20세기의 근대적인 사고방식에 불과하다. 이것은 쉽게 의도를 파악할 수 있고 무엇이 문제인지를 선명하게 구체화하고 가시화할 수 있다는 장점은 있으나, 두 집단을 이질화시킴으로써 한쪽에는 혜택을, 또 다른 쪽에는 통제와 편견을 가하고 이를 정당화시킨다는 단점이 있다. 익히 알고 있듯이, 개인에게도 행복 대 불행, 신뢰 대 불신과 같은 심리사회적 위기가 공존한다. 따라서 보육과 교육을 분리하여 설명하기보다는 보육과 교육의 차이성을 어떻게 수용하여 하나의 담론 체계로 발전시켜 나가야 할 것인지를 고민해야 한다. 레지오 에밀리아 접근이 세계적으로 각광받는 이유 중 하나가 교육 대 보육, 교육 대 복지, 어린이 대 어른, 개인 대 집단, 교육기관 대 가족, 단순성 대 복잡성, 실재 대 상상, 예술 대 과학, 전공 대 교양, 자율성 대 공공성과 같은 이항 대립의 등식을 가지고 이분법적인 구조주의적 사고로부터 벗어나서 하나로 융합시켜 나갔다는 데 있음에 주목할 필요가 있다.

이제, 유아교육학계와 보육학계는 서로 힘을 겨루던 과거의 입장에서 벗어나 상보적이고 우호적인 관계 속에서 서로의 영역을 합병하는 첫 번째 단계를 거치고, 서로의 용어(개념)를 융합하여 하나가 되는 두 번째 단계를 거쳐 참된 하나로 거듭나야 한다. 우선 두 영역을 우호적으로 인수 · 합병(M&A)하는 방법은 1990년대 미국에서 시작되고 최근 우리 사회에서도 활발히 전개되고 있는 기업의 우호적 M&A 방식에서부터 배울 수 있을 것이다. 보육과 교육을 학문적으로 정립하는 데 기업을 벤치마킹해 보는 이유는 거시적으로 접근하려고 해서라기보다는 기업이 삶의 세계에 대해 보다 현실적으로 접근한다고 생각하기 때문이다.

실제로 서로 상극인 것처럼 보이던 영역들이 합쳐지는 문화적인 M&A 현상이 기업이 아닌 다른 여러 분야나 영역들에서도 일어나고 있음을 목격할 수 있다. 어정쩡하나마 그동안 유아교육과 영유아보육을 통합해 '유아교육 · 보육' 또는 '영유아보육 · 교육'이라고 불러 주었던 것도 두 영역 간 M&A를 통해 새로운 학문적 탐구분야로서 그 가능성을 열어 보려는 일종의 시도였다고 할 것이다. 그러나 오늘 이 시점에서 어린이들에게 보다 교육적이고 보다 보육적인 삶의 맥락을 제공하고자 하는 절실한 바람을 가지고 있다면, 적대적인 관계만은 말끔히 청산해야 한다. 그리고 싫든 좋든 보육과 교육 간, 보육과정과 교육과정 간, 영유아보육학과 유아교육학 간에 우호적 M&A를, 즉 화합을 시도해야 한다. 조금이라도 국사 공부를 한 사람이라면 우리의 순혈 전통이라는 것도 허점이 있다는 것쯤은 알고 있듯이, 순혈주의적인 사고에 빠져 보육이어야 한다느니 교육이어야 한다느니 주장하며 계속 다툰다면 그 이상 어린이에게 미치는 큰 해악은 없을 것이다.

영유아보육과 유아교육이라는 두 영역이 우호적 M&A를 통해 '합병' 된 후에는 두 개의 용어(개념)를 녹여 하나의 용어(개념)로 만드는 '융합' 의 절차가 필요하다. 사전적으로 "다른 종류의 것이 녹아서 서로 구별이 없게 하나로 합하여 지는 일" 을 가리키어 융합이라고 한다면, 영유아보육과 유아교육이라는 두개의 용어(개념)를 융합하여 '영유아 보 · 교육' '영유아 보교육' (또는 '유아 보 · 교육' '유아 보교육' )이라는 하나의 통일된 용어(개념)로 바꾸는 것이 좋을 것이다.

한 치의 양보도 없는 상태에서 두 영역이 합병되고 융합된 하나의 용어(개념)를 갖는다는 것은 기대하기 어렵다. 과감하게 버려야 할 부분이 있다면 버릴 용기도 보여야 한다. 그런 연후에 '21세기 바람직한 유아교육에 대한 한국유아교육학회의 입장' (양옥승, 이원영, 이기숙, 이영자, 2003)에서 한국유아교육학회가 내렸던 정의에 비추어 영유아 보 · 교육을 출생에서 만 6세까지의 영유아를 대상으로 보육시설이나 유치원에서 이루어지는 보육과 교육을 하나로 융합한 것이라고 개념화하면 될 것이다. 그리고 이에 머물지 않고 이러한 융합의 노력을 학문 분야로까지 확대하여 '영유아 보 · 교육학' '영유아 보교육학' (또는 '유아 보 · 교육학' '유아 보교육학' )이라 명하고, 독자적인 학문적 탐구분야로서 영유아 보 · 교육과정의 지평을 넓혀나가야 할 것이다. 그리하면 산소와 수소가 융합하여 엄청난 에너지를 방출하듯이, 그리고 그리스와 동양의 문화가 융합하여 헬레니즘 문화를 창출해 냈듯이, 영유아보육과정과 유아교육과정이 융합되어 형성된 '영유아 보 · 교육과정' '영유아 보교육과정' (또는 '유아 보 · 교육과정' '유아 보교육과정' )은 재개념화된 새로운 학문 분야로서 독자성을 가지고 막대한 영향력을 행사할 수 있게 될 것이다.

### 2) 유아교육과정 담론의 지평 넓히기

교육에 관한 한 한국인이 갖는 기대치는 어느 나라 국민보다 높다. 한국인의 다수는 교육이 성공적인 삶으로 가는 필수 요건이며, 개인의 삶의 질을 높일 수 있는 수단이 된다고 믿고 있다. 그러나 과연 그토록 열망하는 교육이 삶의 질을 높여 주었다고 할 수 있을까. 우리 교육정책은 대학입시에 집중되어 있고 대다수 부모의 희망도 오로지 자녀의 명문대 입학이다. 심지어는 유아기 자녀를 둔 부모의 설문조사에서 조차도 자녀를 보낼 기관을 선택할 때 대학입시를 염두에 둔다고 응답한다. 이 때문에 교육은 행복이 아니라 고통을 주는 원천이 되고 있다. 청소년 건강관련 조사에 의하면 청소년 2명 중 1명꼴로 행복하지 않다고 생각한다. 청소년의 행복지수에 대한 국제비교에서 한국 학생의 행복지수는 미국, 중국보다 10%나 낮은 72.9%였고, 학교생활 만족도는 미국보다 30%나 낮은 41%였다. 부모와 국가는 모든 에너지를 청소년기 아이들을 가르치는 데 쏟고 있는데 그 결과는 씁쓸하기만 하다. 결과를 위해 과정은 참아 보자고 말하자니 세계적 대학도 창의적 인재도 사실 그렇게 많이 배출하고 있지는 못한 실정이다. 이제 교육에 대한 패러다임을 바꾸어야 할 때다.

인재는 갑자기 나타나는 것이 아니다. 교육이라는 긴 경주를 시작하기 전에 그 출발점을 점검해 보아야 할 것이다. 최근 미국 Head Start는 5세 이전 1달러 투자는 이후 7.16달러의 효과를 발생시킨다는 결론을 내림으로써 유아기 교육의 중요성을 입증했다. 영국의 Sure Start는 부모의 소득 및 계층에 따라 취학 전 유아의 학력이 달라진다는 결론에 도달하면서, 유아에게 균등한 교육기회를 제공하는 것 못지않게 질적으로 좋은 교육환경을 마련해 주어야 함을 말해 준다. 한국에서도 초등학교 취학전 교육 경험이 이후 학습과 높은 상관이 있다는 연구 결과들을 볼 수 있다.

교육에도 출발점이 있고 기초 공사가 있는데 바로 그것은 유아교육이다. 경쟁은 이미 유아 때부터 시작될 뿐 아니라 상당 부분 이때 승부가 결정된다고 할 수 있다. 100m 달리기로 말하면, 의무교육이 시작되는 시점에서 10m 정도

앞에서 달리는 아이들이 있다는 것이다. 출발점이 다르면 결과가 다를 수밖에 없고, 기초가 부실하면 높이 쌓을 수가 없다. 뛰어난 인물 중에는 어린 시절의 어려움과 불행을 극복하고 훌륭하게 자라난 사람도 많지만 대부분의 평범한 사람들은 어린 시절의 경험을 극복하기가 쉽지 않다. 자신과 다른 사람의 삶을 파국으로 몰아간 사람들의 공통점 중 하나가 어린 시절에 결핍된 환경이다. 이런 사실은 어린 시절의 보살핌(돌봄)과 가르침이 얼마나 중요한 것인지를 말해 준다(양옥승, 2004b). 유아기는 인성의 기초를 형성하고 인간의 잠재력을 최대화시킬 수 있는 결정적인 시기여서 이때의 경험은 한 인간의 발달뿐 아니라 국가의 발전이나 미래에 직결되어 크나큰 영향을 준다.

미래 사회는 창의 · 상생의 사회가 될 수 있어야 한다. 무한 경쟁보다는 창의력과 지식을 겸비하고 있으면서도 상생할 수 있는 그런 사람이 있는 더불어 사는 창의 · 상생 사회가 되기 위해서는 다변화된 사회 속에서 발생하는 여러 문제를 해결할 수 있는 능력, 창의적인 사고력을 바탕으로 다양한 아이디어를 산출할 수 있는 능력, 수많은 정보를 종합하고 선별하여 활용할 수 있는 능력, 협의하고 협력할 수 있는 능력을 고루 갖춘 인재를 육성하는 교육정책과 프로그램이 나와야 한다(양옥승, 2008b). 대학 입시에 매달리느라 단편적 지식을 주입하기 바쁜 청소년기를 보낸 아이들에게 이러한 능력을 기대하기는 어려울 것이다. 창의성과 상생의 능력, 그 토대는 인간 발달의 초기인 유아기에 형성되기 때문에 유아교육이 중요한 관건이 된다.

최근의 뇌인지 과학이론에 따르면, 개인의 발달은 뇌의 생성이 대부분 이루어지는 출생에서부터 만 6세까지의 유아기 발달이 그 기반이 된다. 영유아기는 인간의 전반적인 성장의 기반을 닦는 결정적 시기인 것이다. 그런데 이 시기는 좋은 경험과 나쁜 경험이 모두 영향을 미친다는 것이 문제다. 더욱이 지식 근로자라는 말이 있듯이 오늘의 사회는 지식이 기반이 되는 지식산업 사회이자 지식문화 사회다. 지식기반 사회에서 인적 자원을 개발하고 양성하는 방법이 다양화되지 않으면 자칫 무한 경쟁만을 추구하는 획일화된 인간 육성이 전부가 될 수 있다. 오늘날의 지식기반 사회를 각자의 창의력과 지적 능력을 존중하고 더불어 상생하는 사회적인 풍토를 만들기 위해 교육은 목적도 방법도 콘텐츠도 평가 모두 중요한 역할을 한다. 창의 · 상생 사회로 나아가기 위해서는 이에 걸 맞는 영유아 보 · 교육과정, 즉 유아교육과정(이하 '유아교육과정' 이라는 어휘는 보육과정과 유치원 교육과정을 통칭하는 것임)을 개발하는 것이 필요하다.

지난 20여 년 사이에 사람들이 살아가고 있는 사회문화적 맥락이 바뀌면서 교육과정 분야도 큰 변화가 있었다. 현상학, 자서전, 여성주의, 포스트구조주의, 포스트모더니즘에 관한 담론들이 교육과정 분야에서 다양한 반향을 불러일으키면서 폭발적으로 등장하였다. 교육과정 개발(curriculum development)에 머물던 교육과정 탐구의 영역이 교육과정 이해(understanding curriculum)로까지 확대되었다. 이러한 움직임은 1995년 Pinar, Reynolds, Slattery, Taubman 등이 『교육과정 이해』라는 책을 통해 "교육과정 개발의 시대는 지나갔다." 고 선언하면서 보다 극명해지기 시작하였다. 교육과정에 대한 이해는 어떤 관점에서 교육과정을 보는가에 따라 달라진다는 의미를 담고 있다. 예를 들어, 포스트모더니즘의 관점에서 보면 오늘날에는 지식이나 삶의 조건에 대해 확실성보다는 불확실성을, 안정성보다는 불안정성을, 절대성보다는 상대성을, 객관성보다는 주관성을, 총체성보다는 파편(국부)성을, 통일성보다는 차이성을, 총체적 결합보다는 국부적 결합이 강조된다.

포스트모던 관점에서 Foucault(1973, 1980)는 '누가' '어떻게' 지식을 구성하느냐가 교육과정의 중요한 관건이 된다고 주장한다. 달리 표현하면, 흥미(관심, interest)와 요구(필요, need)에서 나온 유아의 감정과 생각들, 즉 유아의 목소리를 경청하고 자유로운 상태에서 생각과 아이디어들(지식)을 유아 스스로 구성해 보도록 하는 교육과정이 필요하다는 것이다. 더욱이 어느 누구의 지식도 확실하거나 객관적, 절대적일 수 없기 때문에 어린아이들이라 해서 지식을 구성하지 못한다고 말할 수 없다. 유아교육과정을 교육과정에 대한 담론 이해가 필수적이라는 것이다.

담론은, Foucault의 표현을 빌리자면, 글, 학문, 경전, 서적이나, 학교, 정당,

언론, 교회와 같은 다양한 사회적 기구와 제도, 신념, 관행 등 인간의 의식과 행위에 영향을 주는 일종의 사회문화적 환경이다. 바꾸어 말하면 담론은 역사적이고 사회적인 맥락 속에서 어떤 과정을 거쳐 구성된 것으로 힘과 지식을 포함하고 있기 때문에 어떤 담론이 정초적이고 불변적인 고정된 의미나 본질에 충실하다는 것은 애초에 있을 수 없다. 오히려 담론은 언급되는 수준에서 존재한다고 할 수 있다. 그래서 교육과정 담론을 연구하고 분석한다는 것은 그것이 의미하는 바를 탐구하는 것이 아니라, 그것이 어떻게 작용하는지, 어떤 조건이 그것을 가능하게 하는지, 그리고 어떻게 그것이 비담론적 실제와 교차하게 되는지를 탐구하는 것이다(Pinar et al., 1995).

유아교육과정 담론을 연구한다고 해서 교육목표의 설정, 교육경험의 선정과 조직, 교육평가 등의 교육과정 개발을 멈추어야 한다고 생각하지 않는다. 삶을 교육이라고 보는 한 교육과정 개발은 배제할 수 없다. 초·중등 교육과정과 유아교육과정의 이론적 토대가 다르기 때문에 Tyler(1949)가 주장한 대로 환원주의적으로 교사의 수업목표 설정에서 교육과정 개발을 시작할 수 없다는 생각이다. 유아교육과정은 19세기 관념주의에서 출발되어 20세기 발달주의로 이어지는 반면에, 초·중등교육과정은 Tyler의 교육과정 개발 모형에 기초한 행동주의(경험 과학적 접근)를 따르고 있다(양옥승, 2000a, 2000b)는 점에서 양측 간에는 탐구방식에 차이가 있다.

그러나 교육과정을 새롭게 이해하는 것만이 어린이의 삶의 질을 높일 수 있는 것은 아니다. 문제는 교육과정을 연구하는 사람들이 국가수준에서 시행될 교육과정 개발에만 관심을 쏟았을 뿐, 교육과정 담론 분석을 위한 연구 노력은 거의 기울이지 않았다는 데 있다. 1954년 제정에서부터 1997년 제7차 개정에 이르기까지 한국의 국가수준 교육과정은 정부가 제정과 개정의 권한을 가지고 주도적으로 개발해왔다는 특징이 있다(허경철, 2006). 이러한 양상은 1969년 처음으로 공포된 후 1997년 제6차 개정에 이르는 유치원교육과정 개발에서도 그대로 적용되었다. 가장 큰 문제는 충분한 평가연구나 지속적인 연구개발이 없는 상태에서 1년도 채 되지 않은 짧은 기간에 급조하여 이루어지고, 전문성보다는 정치권력에 치우쳐 교육과정이 개정되었다는 점이다(김두정, 2006).

그동안 진행된 교육과정 개발은 특히 사회문화적 요구에 적절히 반응하지 못했다는 한계가 있다. 삶의 맥락과 단절된 상태에서 교육과정이 개발되어 왔다고 할 수 있다. 분권화, 지역화 및 학교의 자율성을 인정하고, 사회문화적 맥락에 따른 다양성을 수용할 수 있도록 교육과정이 다양하게 개발될 수 있어야 한다(김재춘, 2002; 박순경, 2004; 홍후조, 2003). 이를테면, 국가수준 교육과정을 복수로 개발하여 지역별, 유치원별로 선택하게 하거나 유치원의 고유성을 살릴 수 있도록 중앙정부(교육부)로 집중된 의사결정권을 타 부처나 각종 교육전문 단체로 일정 부분 분산할 필요가 있다. 최근 각국의 교육과정을 비교해 보면 총론에서부터 각론에 이르기까지 차이가 없어지고 유사해지는 교육과정 수렴현상이 나타나고 있음을 알 수 있다. 일반적으로 교육자치제, 자국교육, 외국어(영어)와 컴퓨터 교육, 간 학문적(interdisciplinary) 접근 등을 중시하고 있는 것으로 나타난다.

교육과정이 수렴되는 과정에는 외국의 이론이나 모델이 국내의 지역적 조건과 무관하게 힘(권력)을 갖게 되는 토착 외국인(indigenous foreigner) 현상이나, 외국의 이론이나 모델이 원래의 의도와 다르게 산만해지는 혼합과 혼재의 이종교배 즉, 하이브리드(hybridization) 현상이 종종 나타난다(나장함, 2005). 유아교육과정 이론이나 모델을 국내에 도입하는 과정에서도 이런 유형의 현상들이 많았음을 부인할 수 없다. 외국 이론이나 모형이 이 땅에서 토착 외국인의 위치를 점하거나 이종교배적인 혼합은 학문 발달의 초기 과정에서 나타날 수 있는 보편적인 현상으로 이해할 수 있을 것이다. 그러나 연구의 역사가 축적되고 연구의 역량이 늘어나면 이러한 의존성은 줄어들어야 함에도 불구하고 한국에서는 이러한 현상이 크게 줄어들지 않았다는 데 문제가 있다. 이 점에서 교육과정을 포스트모던 텍스트로서 이해하는 교육과정 연구자들의 시도, 예컨대 지적 탐구의 방법으로 해체의 전략을 사용하여 모던의 허구들이라 할 수 있는, 이성의 절대성, 재현 불가능성, 복제 불가능성 등이 지배적인 담론 속에 숨어서 어떻게 신화를 만들고 인간의 행위를 구속하는지 그 사회문화적 환경의 진정한 모습을 드러내 보이는 연구들로부터 많은 시사를 얻을 수 있을 것이다.

사실상 한국의 유아교육과정 연구는 발달심리학이나 외국의 유아교육과정 모형에 지나치게 의존한 나머지 우리의 사회문화적 맥락(context)에 맞는 텍스트(text)를 발전시키지 못한 채 지나칠 만큼 오랫동안 발달주의 시각을 큰 의문 없이 간직해 왔다. 필자는 Hall의 발달론에서부터 최근의 구성주의에 이르기까지 유아교육과정의 근간이 되는 '아동중심 교육과정' 에 대한 역사적 연구에서 '발달' 의 개념에는 실재적인 삶과 무관하게 고정불변의 절대성을 믿는 구조주의의 허구가 깊숙이 내재해 있음을 발견할 수 있었다(양옥승, 2005). 교육과정이란 중립적일 수 없다. 교육과정 모델은 물론 교육목표를 진술하는 방법에서부터 교육내용의 선정과 조직, 평가에 이르기까지 교육에 대한 특정 입장이나 관점이 반영될 수밖에 없기 때문이다. 이러한 사실은 곧 발달주의에 기초한 아동중심 교육이 아동발달 중심의 철학과 사고를 가지고 교육하게 되면 어린이 삶은 보다 나아질 것이라는 명분을 내세우고 있지만, 실제로는 보편적 아동발달의 개념에 입각한 아동중심 교육은 어린이의 현재적 삶을 통제함으로써 어린이를 타자화하고 주변화시켰음을 일깨워 준다. 따라서 영유아의 보편적인 발달 특성을 파악해 '발달적 적합성' 의 관점에서만 이론을 적용하는 그런 발달론적 인습에서부터 벗어나 사회문화적 맥락을 함께 고려하여 유아교육과정 담론을 구성할 수 있어야 한다.

유아교육과정 담론의 지평을 넓히기 위해 유아교육과정을 연구할 때에는 삶이 다원화되고 양극화되는 사회 문화적 맥락과 관련지어 어린이의 차이성, 참여와 선택을 이해하고, 서로 다른 삶의 맥락에서 개별 어린이가 경험하고 인지하고 의미화하며 구성해 나가는 그러나 외부인의 눈으로는 국부적이고 특수해 보일 수 있는, 그런 삶의 세계를 인정할 수 있어야 한다. 침묵당한 '어린이의 목소리' 에 주목하고(Cannella, 1997) 어린이의 삶 속에 들어가 그들의 소리에 귀 기울일 수 있어야 한다. 다문화주의 관점에서 어린이 삶의 다양성에 정당성과 가치를 부여하는 것 뿐 아니라 생태주의 시대에 걸맞게 지구촌의 모든 생물종과 더불어 살아가는 능력 배양에 초점을 맞춘 연구들도 많이 나와야 할 것이다. 유아교육의 방향이 창의·상생 사회를 주도할 수 있도록 창의력과 상생의 능력을 갖춘 인간 육성으로 나아가야 한다고 보면(양옥승, 2008b), 포스트모더니즘, 생태주의, 다문화주의 등을 바탕으로 한 유아교육과정 탐구는 매우 중요한 의미를 지닌다.

더욱이 민주사회를 이끌어갈 시민을 육성하기 위한 교육과정 내용은 지식, 행위, 지역사회, 권리와 책임, 도덕성, 지역성과 같은 요소들을 어떻게 개념화하는가에 따라 달라진다는 점(Scott & Lawson, 2002)에서 이에 대한 보다 심층적인 논의가 있어야 한다. 삶의 맥락에서 유아교육과정을 탐구한다는 것은 가르침보다는 '가르침과 보살핌의 결합 텍스트' 로(양옥승, 2004b), 문서(document)가 아닌 '과정' 으로, 세계화 시대에는 '선택' 이 갖는 교육적 의의가 보다 커지고 있다는 점에서 교사가 사전에 설정한 수업목표보다는 어린이의 '자유선택' 을 강조하는 방향으로 유아교육과정을 새롭게 조망해야 한다는 의미를 담고 있다. 그렇다 할지라도 유아교육과정에 대한 이론 연구를 통해서 밝혀져야 할 것은 여전히 산재해 있다. 발달주의, 포스트모더니즘, 여성주의, 다문화주의, 생태주의가 다양한 연구 대상이나 인물들을 구성하는 일종의 담론에 불과하다면 다른 것을 접어두고 특정 담론을 선택하게 되는 준거나 맥락은 무엇인지, 교육과정 담론에서부터 너무 많은 것을 기대하는 것은 아닌지, 혹은 특정 담론에 몰입함으로써 시대 사회적 변화나 다양성을 읽어내지 못하는 것은 아닌지 등을 의식해서 살펴보아야 할 것이다.

삶의 맥락에서 유아교육과정을 이해한다는 것은 어린이의 삶뿐 아니라 어린이를 교육하는 교사와 학부모로 하여금 자신의 삶을 돌아보게 하는 것이기도 하다. 교육을 영유아만이 아니라 교사, 부모 모두의 삶의 맥락에서 다시 보자는 것이다. 오늘날에는 정보통신 기술의 눈부신 발달로 어린이와 부모들이 학교를 거치지 않고도 많은 지식과 정보를 접할 수 있게 되면서 교직이 과연 전문직인가 하는 의구심을 낳고 있다. 사이버 공간에서도 교육이 가능해지면서 교육은 교사는 물론 당사자들이 함께 만들어 가는 일종의 시나리오가 되고 있다.

교육기관으로서 학교의 학습 독점권이 위협받게 되고 교과 전문가로서 교사의 역할과 기능이 줄어들고 있다. 여기에는 교육의 시장화가 큰 몫을 차지하지만, 삶의 세계 변화에 학교와 교사가 적절하게 대처하지 못한 것도 커다란 요인으로 작용하였다 하겠다. 사실상, 지식기반 사회에 접어들면서 교사들은 협동학습, 멀티미디어 교육, 포트폴리오 평가 등을 실시하고 교과별, 프로젝트별로 학습공동체를 형성하며 팀워크를 시도하였다. 어떤 교사도 넘치는 지식과 정보에 정통할 수 없고 교수방법이나 전공교과에 능통하다고 할 수 없다고 보았기 때문에 공동체적 마인드로 교사의 전문성을 이해하고 적용하였던 것이다.

그러나 협동적 전문성으로만은 학교 밖 사회의 급속한 변화를 따라잡기 어렵게 되었다(Hargreaves, 2000). 이러한 상황에서 그동안 정부는 그 대응 방안으로, 교육과정의 분권화를 추구하고 규제를 완화하기보다는 국가수준 교육과정에서의 지역화를 명분으로 교육과학기술부, 시도교육청, 지역교육청, 학교 순으로 다단계의 위계구조를 만듦으로써 교육과정 운영과 편성에 관한 현장 교사의 결정권을 통제하고 교직을 탈전문화시켰다. 따라서 전공교과에 '고립된' 전문가로부터 벗어나서 교육과정 전문가로서 다른 전공분야에 있는 교사들과 동반자적 관계를 가지고 '연계' 할 수 있는 전문가로 거듭나려는 교사의 마음가짐이 매우 중요하게 되었다. 교과중심의 교육을 하고 있는 초등학교와 다르게 유아교육기관(유치원과 보육시설)은 교육과정을 통합하여 운영하기 때문에 이 부분에서는 자유로울 수 있겠으나, 교육과정 전문가로서 초·중등 교육과정과의 연계는 앞으로 심도 있게 연구, 논의되어야 할 과제로 남아 있다.

유아교육의 궁극적인 지향점이 유아의 일상생활과 삶의 질 향상에 있다고 본다면 유아교육과정 전문가로서 유아교사의 전문성 또한 '가르침' 뿐 아니라 '보살핌' 의 관점에서 논의될 필요가 있다. 보살핌은 개인의 인지적 감정에 의해 표출되는 사랑이나 배려와 같은 도덕적인 행위이기도 하지만 사회적인 책임감이나 문화적으로 생성된 사회 윤리적인 특성이라고 할 수 있다. 이러한 보살핌의 윤리에서 보면 가르치는 일에 부합되는 것만이 유아교육과정의 본질이 되지 않는다(양옥승, 2004b). 그럼에도 불구하고 지금까지의 전문성 담론은 인식론적인 틀 속에 갇혀 윤리적 측면을 상대적으로 평가 절하한 상태에서 진행되었다 해도 과언이 아니다. 따라서 앞으로 교사들은 전공 분야 이외의 영역에 대한 이해와 아울러, 보살핌 윤리의 차원에서 교육과정이나 수업을 설계할 때 유아교육에 대한 영향력이 커가고 있는 가족이나 지역사회의 공공 관심사를 어떻게 반영할 것인가를 보다 심도 있게 고민해야 한다.

유아교육기관은 지역사회의 핵심적인 학습센터이자 다문화 공동체다. 사회가 다원화하고 저출산으로 인해 가족구조가 변화하면서 문화적 다양성의 수용이 유아교육기관의 중요한 역할이 될 것이라는 게 또 다른 진단이다. 유아교육은 끊임없이 변화하고 성장하는 사회와 역동적이고 유기적인 관계에 있으므로 사회적 요구와 유리되어 이루어질 수 없다. 앞으로의 유아교육과정 전문가로서 교사의 전문성 논의는 다문화주의의 관점을 가지고 보다 광범위하게 교실 밖 삶의 세계까지 포괄하는 방향으로 새롭게 규정될 필요가 있다(Milner, 2005a, 2005b). 당면한 유아교육의 현안을 풀기 위해서도 교사가 다문화 주의를 수용, 발전시킬 수 있는 역량을 갖추지 않으면 안 된다. 가족 및 지역사회와의 상호작용적이고 협력적인 관계 유지가 어린이의 삶의 질을 높이는 주요 변인임을 인식하고 상호협력의 파트너 관계를 형성해 나갈 수 있어야 한다.

부모 및 지역사회와의 파트너십은 서로의 의견, 습관, 문화적 차이를 인정하고 요구에 부응하며 지원할 때 가능하므로, 교사는 개방적인 태도로 대화를 나누고 정보를 교환하며 상반된 의견을 조정할 수 있는 능력을 갖추어야 한다(양옥승 외, 2003). 부모 및 지역사회에 대한 교사의 진지한 자세는 유아들의 민주적 참여와 인간관계에 대한 진정성 터득에도 영향을 줄 수 있을 것이다. 이것은 또한 교사의 주변화와 타자화를 막고 다양한 삶의 맥락에서 유아교육과정을 이해할 수 있도록 교사의 살아 있는 자서전적 이야기에 귀를 기울일 필요가 있음을 시사한다. 여성의 전통적인 육아 역할이 교직에서도 가장 큰 몫을 할 것이라고 생각하고 교직을 택했던 여교사가 전문직으로서의 교직 실재와의 사이에서 얼마나 큰 갈등을 겪었는지, 그리고 그 갈등을 어떻게 풀어나갔는지를 여성주의 시각에서 기록한 최근의 자서전적인 여러 연구들(Pinar et al., 1995)로부터도 많은 아이디어를 얻을 수 있을 것이다.

삶의 맥락에서 유아교육과정을 탐구한다는 것은 급격하게 변화하고 있는 이 시대를 서로 다른 조건에서 살고 있는, 심지어 양극화된 삶의 조건에서 불평등한 출발을 하고 있는 어린아이들의 입장에서, 삶과 교육 문제를 조망하고 담론화하는 것이다. 이러한 학문적 탐구 작업은 어린이를 보육하고 교육하는 사람들이 얼마나 어린이의 현재 삶에 대해 경외심을 가지고 있는가를 따져보면 분명해질 수 있다. 그러나 영유아보육이나 유아교육이라고 분리되어 있는 한정된 틀 안에서 유아교육과정을 연구해 오던 사람들의 의식구조 역시 단단하기 때문에 기존의 탐구방식에서 벗어나 새롭게 접근한다는 것은 결코 쉬운 일이 아닐 것이다.

삶은 오늘과 어제가 다르듯 매 순간 변화하기 때문에, 어떤 개념이나 학문에 새로운 이름을 붙일 때에는 그것과 관련된 역사적 의미와 논리 또한 새로워질 것을 기대한다. 오늘의 사회가 획일성보다는 다양성을 추구하듯이 유아교육과정 또한 이런 삶의 맥락에서 다시 검토될 필요가 있다. 그러나 여러 담론들이 탐구될 만한 잠재적 가치를 지니고 있다 하더라도 여기에 너무 많은 것을 기대하거나 지나치게 몰입하는 것은 지양되어야 할 것이다. 오히려 우리 사회는 이념적 스펙트럼이 양극화되어 있고, 삶의 맥락이나 현실의 문제를 이념 논쟁으로만 풀 수 없음에도 불구하고 정치적으로 불필요하게 이념 문제를 부각시키고 있다는 점에서 다양한 담론을 개발하고 이념적 스펙트럼의 폭과 지평을 넓혀 나가는 데 주력해야 할지도 모른다. 나아가서 유아교육기관이나 교사양성기관과 같이 가르치고 배우는 삶의 현장에서는 만나는 모든 사람들이 서로 질문하고 답하는 그런 분위기를 만들 수 있어야 할 것이다.

제1부

# 이론적 탐구 분야로서의 유아교육과정

제2장

# 유아교육과정 탐구의 변천사

유아교육과정이란 무엇인가? 유아교육의 목적을 유아의 일상생활과 삶의 질 향상에 둔다면 유아교육과정이 어떤 방향으로 나아가는 것이 바람직한 것인지에 대해서는 학문적 배경과 관점에 따라 의견이 분분해질 수밖에 없을 것이다. 어떤 이는 지성이란 모든 유아에게 선험적으로 잠재해 있는 능력이므로 타고난 이성을 깨우치고 발현시켜주는 것이 바람직하다고 말하는가 하면, 어떤 이는 이성이란 타고난 것이 아니므로 사전에 정선되고 정제된 유형의 지식을 반복적으로 경험케 하는 것이 좋다고 주장할 것이다.

한국에 유치원이 생긴 이래 백여 년 동안 이어져 내려온 유아교육과정 전통을 들여다보면 관념주의에서 출발하여 발달주의로 이행해 왔음을 알 수 있다. 그리고 그 과정에는 미국의 유아교육과정 전통이 이론적 토대로 작용한 것으로 나타난다. 비록 1949년부터 교육법에 준하게 되었고 1969년 이후에는 보다 구체적으로 국가수준에서 규정한 '유치원 교육과정' 에 따르게 되었다 할지라도 국가수준에서 유치원 교육과정이 개정될 때마다 미국의 유아교육 동향에 매우 민감하게 반응했음을 볼 수 있다. 따라서 한국의 유아교육과정을 이해하기 위해서는 미국에서 유아교육과정이 어떤 이론이나 관점에서 탐구되어 왔는지 그 변천과정을 분석하는 것이 필요하다.

이 장에서는 유치원이 창립 이후 백 년여 동안 한국 유아교육과정 연구의 초석이 되었던 Froebel의 관념론, Hall의 발달론과 Gesell의 성숙론, Thorndike의 연합이론 및 유·초 교육연계론, Dewey의 경험중심 교육과정 이론, Freud의 정신분석 이론, Piaget의 인지발달 이론, Vygotsky의 발생학적 인식론(사회적 구성주의) 등을 역사적으로 분석하고자 한다.

## 1. Froebel의 관념론

유치원의 창설자인 Froebel에 있어서 교육과정은 유아 개인의 내재적인 본성을 발현할 수 있도록 준비된 환경이다. 이러한 설명의 배경에는 인식의 근원으로 물질보다 정신세계를 강조하고 인식 대상보다 인식 주체를 우월하게 생각하는 19세기 독일의 사상계를 지배한 Kant, Hegel, Schelling 등의 관념론(idealism)이 크게 작용하였다고 할 수 있다. 관념론적 시각에서 볼 때 인간성은 고유한 천부적인 실체이며 인간이 곧 도덕적인 행위를 이끌어 가는 주체적인 존재다. 진리는 가변적인 것이 아니며 인간의 이성이 진리의 판단 기준이 된다. 관념주의는 진리의 절대성을 믿고, 지식을 인식의 결과로서 보는 지식관을 가지고 있고, 인간 고유의 인성과 정신 우위의 인간관을 강조한다(Horne, 1942). 이러한 입장에서는 교육을 경험 이전의 '선험(a priori)'에 준하여 논하는 것이 특징이다.

유아교육과정에 대해 Froebel이 가진 구체적인 생각에는『독일 국민에게 고함』이라는 저서를 냈던 그 당시 Fichte의 낭만주의 교육관과 Pestalozzi의 직관론이 크게 작용하였다. 특히 모든 인식은 직관에 그 근원을 두고 있으므로 직관의 원리에 따라 유아의 타고난 활동적 본성을 중심으로 교육을 실천하고자 했던 Pestalozzi의 교육관은 유아교육에서의 놀이와 놀잇감(은물)의 중요성을 일깨워주는 이론적이고 실천적인 아이디어를 제공하였다. 여기에는 1805년 Pestalozzi 촌에서의 3개월간의 교사 경험이 함께 작용하였을 것이다.

모든 교육은 감각에 대한 지각에서부터 시작해야 하며 구체적인 사물을 제시하는 것은 유아의 학습에 대한 흥미 유발을 위해 필요하다는 Froebel의 주장은 그 당시 경험에서부터 나온 것이다. 그의 생각은 1826년 출판된 저서 『인간교육』에 삽입된 다음의 글에 가장 잘 나타난다.

> 만물을 지배하는 근저에는 모든 것을 작용하게 하고 그 자체에 있어 뚜렷하고 생생하고 스스로를 인식하고, 그렇기 때문에 영원히 존재하는 통일자가 필연적으로 존재하고 있다. … 이 통일이란 곧 신이다. 만물은 신성 내지 신에서 나왔고 또 신에 의해서 제약되는 존재다. 즉, 신은 만물의 유일한 근원이다. 신성 내지 신은 만물에 깃들어 작용하고 또 이것을 지배한다. 만물은 신성 내지 신을 통해서 살고 존재한다. … 인간 본성에 깃들어 있는 신성, 즉 인간의 본질은 교육에 의해서 의식에 까지 발전, 표현되지 않으면 안 된다(김선양 역, 1973, pp. 392-394).

Froebel은 독일의 관념론에 기초하고 Pestalozzi의 단점을 보완하여 1837년 게임과 작업에 기초하여 유아의 신성을 발현할 수 있는 교육기관을 설립하였고 그 기관을 1840년부터 유치원(kindergarten)이라고 불렀다. Froebel에게 유치원 교육과정은 계열성에 기초하여 교사의 지시대로 사용할 수 있도록 사전에 고안된 은물(gifts)이나 작업(occupation), 놀이, 자연 그 자체라고 할 수 있다. 특히 유아에게 은물을 제공하는 가장 큰 목적은 외적 신체활동을 위한 것이기 보다는 정신활동과 같은 내적인 활동을 양성하게 하는 데 있다(Froebel, 1826). 그리고 소근육적인 활동을 통해 수학적으로 상징화된 여러 개의 은물들을 연합해 하나의 형태로 구성해 보는 경험은 전체와 부분간의 유기적 관계에 대한 이해를 돕는다. 이 점에서 유치원에서 은물을 사용하는 경험을 해 볼 수 있도록 유아교육을 일찍이 제도화하는 것이 필요하다. 그에 따르면 사실상 유아가 유치원에 들어갔을 즈음에는 가정에서 다양한 색깔과 형태를 접하여 제1은물과 제2은물에 대해 어느 정도 익숙해져 있다. 제1은물(직경 6cm의 빨강, 파랑, 노랑, 주황, 초록, 보라색으로 된 6개의 색공)의 경우, 가정에서 유아의 감각이나 근육 발달을 위해서뿐 아니라 유아의 느낌, 지각, 지능, 창의성 등을 계발할 목적으로 영아 때부터 사용해 왔던 놀잇감과 유사하다. 따라서 유치원에서 제1은물을 제공하게 되면 유아는 쉽게 상징화된 자유와 통일의 개념을 직관할 수 있다고 믿었다.

유아가 더 나이가 들어 5세가 되면 제1은물이나 제2은물보다 복잡한 유형의 활동을 할 수 있게 되므로 보다 진보된 은물들, 즉 제3은물(기본 치수 3cm의 입방체 8개), 제4은물(3×6×1.5cm의 직방체 8개), 제5은물(기본치수 3cm의 입방체 21개, 삼각주 6개, 2분의 1 크기의 삼각주 12개)을 가지고 기하학적 모형을 만들어 보는 경험이 필요하다. 제3은물의 예를 들면 교사는 한 변의 길이가 3cm인 입방체 여덟 개가 들어갈 수 있는 한 개의 상자 속에서 입방체들을 꺼낼 때 조심스럽게 다루도록 가르친다. 이때 교사는 원래의 통일을 상징하는 상자와 그 상자를 구성하고 있는 요소들, 즉 여덟 개의 입방체간의 관계를 개인 유아와 전체 학급 그리고 개인과 사회로 비유하여 설명하기 위해서 유아 개인의 자유로운 활동을 중단시킬 수 있다. 은물은 전체와 부분 간의 관계를 이해시키기 위해서 사전에 고안된 자료다. 따라서 유아가 마음대로 다루는 것은 허용되지 않는다. 각각의 작은 부분은 전체, 즉 통일 아래에 위치해 있다는 등의 물질 세계의 질서를 존중하도록 가르치는 것에 그 목적이 있기 때문이다.

은물에 대한 충분한 경험을 가진 이후 유아는 작업 활동을 하는 것이 필요하다. 짜기, 구슬 끼우기, 바느질하기, 막대 쌓기와 같은 감각 운동적인 활동을 통해 스스로 형태를 창작할 수 있게 한다. 작업에 대해서도 은물에서와 같이 유아의 신성은 형이상학적인 실재를 반영한 잘 짜여진 교육과정을 통해 발현되고 구현된다는 유아교육과정에 대한 관념론적 사고가 작용하고 있다. 이밖에도 유치원은 물리적 환경구성에 세심한 배려를 해야 한다. 유치원은 정원을 가꾸고, 벽면이 밝아야 하며, 식물과 그림 등으로 가득 차고 햇볕이 잘 드는 곳이어야 한다. 교실의 책걸상은 유아의 체구에 맞아야 하며 교실 공간은 활동에 방해받지 않은 정도로 넓어야 한다. 유치원은 유아가 자연의 경관과 소리뿐 아니라 동식물을 사육하고 재배할 수 있는 그런 공간이 되어야 한다. 그는 글씨판이나 교리문답 책을 거부하고 유아에게 일상적이면서도 만족을 줄 수 있는 간단한 도형, 크기, 색상 등을 바탕으로 기하학적으로 제작한 은물이나 작업을 통해 교육할 것을 주장하였다.

은물과 작업 활동은 놀이와 간단한 게임을 통한 도덕교육으로 이어진다. Froebel이 제안한 유치원 교육과정을 살펴보면 블록을 이용한 추상적이고 개인적인 놀이는 게임의 사회적 원칙에 의해 일반화되고 강조된다. 은물을 이용한 놀이 활동과 직업은 대체로 도덕 수업을 겸하는 노래와 게임으로 이어진다. 게임은 대부분 대집단으로 시작한다. 유아는 교사가 치는 피아노에 맞추어 리듬 운동으로 게임을 배운다. 점차로 대집단은 소집단으로 나누어지지만, 게임은 모든 유아가 다시금 하나의 큰 집단으로 모일 때까지 계속된다. 이러한 교육을 하는 배경에는 부분은 전체의 필수조건이 된다는 간단한 사회 규칙을 터득케 하려는 Froebel의 관념론적 사고가 작용하고 있다. 아울러 그는 이야기, 시를 통한 교육활동을 장려하였다. 정원 가꾸기는 보이지 않는 힘을 파악할 수 있는 기회를 준다는 점에서 특히 강조되었다.

## 2. Hall의 발달론과 Gesell의 성숙론

아동중심주의자였던 Hall(1883)은 Froebel의 상징적 측면을 신랄하게 비판하고 유아교육이란 유아의 신체적 건강에 역점을 두어야 한다고 주장하였다. 은물과 작업은 유아에게 소근육적인 과다한 활동을 요구하는 것으로 이것은 유아의 성장상태를 무시한 것이라고 보았던 것이다.특히 '개체발생은 계통발생을 반복한다' 는 다윈의 진화론을 믿었던 그는 Herbart 주의자들이 제안했던 문화기원론(culture-epoch)에 기초하여 '발달주의(developmentalism)' 교육과정관을 형성하였다.

Hall은 또한 발달론에 기초한 '아동중심' 개념과 실험과학을 중시했기 때문에 어떤 유형의 구조화된 교육과정도 허용하지 않았다. 그리고 그는 교육에 대한 사회적 요구를 철저히 배제했다. 진정 교육과정이 아동을 위한 것이 되기 위해서는 아동의 필요(요구)와 흥미(관심)에 초점을 맞추어야 한다고 보았던 것이다. 아동이 자발적으로 선택한 교육활동, 즉 자유선택 활동을 중시한 나머지 교사의 개입도 인정하지 않았다. 그래서 후일 Hall의 '아동중심 교육과정은 자유방임 교육과정' 이라는 레테르가 붙여지기도 했다.

아동의 자연적 성장 순서와 패턴을 그대로 따르는 것이 교육이라고 보았던 그는 모래, 진흙 등을 다루어 보는 자유놀이를 통한 마음 개발이 2, 3세부터 6, 7세에 이르는 유아를 위한 교육과정의 근간이 되어야 한다고 주장한다(Hall, 1883). 그리고 아동 중심의 교육과정을 구성하기 위해 교사는 무엇보다도 아동발달에 대한 과학적 연구결과에 주목할 것을 역설하였다. 그는 유아교육과정 구성을 위한 기본 틀로서 아동연구의 필요성을 제안하였던 것이다. 아울러 그는 아동의 발달 단계를 고려한 '개별화' 교육의 중요성을 역설하였다. 그러나 그의 개별화 교육론을 모든 아동을 대상으로 하기보다는 우수 아동 중심으로 전개되었기 때문에 교육적 기여에도 불구하고 후일 진보주의자들로부터 많은 비판을 받았다.

Hall의 뒤를 이어서 아동연구에서 발생학적 예정설의 개념을 형성하고, 그의 생각을 확장한 사람은 Gesell이다. Gesell(1931)은 성숙(maturation)이라 일컬어지는 개념을 발전시키고 이를 유아교육에 적용한 성숙 이론가다. 성숙은 유전자가 발달 방향을 특정 순서로 진행토록 하는 내재적인 힘을 뜻한다. 이는 지적 영역뿐만 아니라 신체적 현상에까지도 똑같이 적용될 수 있다. 성숙 이론의 관점에서 보면 아동발달에서 행동의 차이는 유전자에 의한 유기체의 내적 환경구조의 차이에서 기인한다. 이러한 입장에서 Gesell은 아동의 성숙 효과를 보여 주는 자료를 방대하게 수집하고자 노력하였다. 그 방법의 하나로 기본적인 성장패턴들을 관찰하는 방법을 통하여 그것을 찾고자 하였다. 그는 나아가서 예일 아동발달 클리닉에서 일방 스크린과 필름관찰의 연구기법을 사용하여 연령별 성장의 규준(norm)을 제시하기도 했다. 그는 거듭 말하기를 성장변화는 아동기의 보편적인 발달단계를 밝혀 주기도 하지만, 동시에 발달 속도에서의 개인차를 설명해 주기도 한다는 것이다. 따라서 부모나 교사의 역할은 각 유아의 개인차를 나타내는 학습 준비도를 파악하여 그에 적합한 교육적 경험을 제공하는 것이다(이은화, 양옥승, 1988).

성숙과 준비도에 대한 성숙론적 생각은 1930년대부터 1950년대에 출판된 유아교육 관련 다른 문헌에서도 발견된다. 대표적인 예는 1946년 출판된 Jersild의 『아동발달과 교육과정』이다. 이 책에서 Jersild는 아동연구의 중요성과 아울러 아동발달에 대한 이해는 아동연구로부터 얻은 지식을 아동교육에 응용하는 데 목적이 있다고 역설하였다. 성숙주의 관점에서 교육적 성과를 올릴 수 있는 적절한 때, 즉 적기가 있다고 가정하며 유아교육자는 적기를 제시해 주는 기준으로서, 그리고 개인의 학습 준비도를 가늠하는 기준으로서 성장규준을 이해하고 적용할 필요가 있다고 주장하였다. 아울러 총체적인 성장, 즉 읽기와 셈하기 등의 지적 성장뿐만 아니라 신체적, 정서적, 사회적 성장을 교육과정을 계획하는 데 중요한 준거로 할 것을 강조하였다.

## 3. Thorndike의 연합이론 및 유초 교육연계론

### 1) Thorndike의 연합이론

실험 심리학은 유치원 교육과정의 기반 구축에 일찍이 매우 강력한 영향을 주었다. 특히 행정적으로 인가받을 필요가 없었던 20세기 초의 상황은 실험 심리학이 유아교육과정 구성에 상당한 영향력을 행사할 수 있게 만들었다. 1903년 출판된 『유치원 아동을 위한 심리학 개요』에서 Thorndike는 다음과 같이 유치원은 유아의 습관형성에 주력할 것을 말하였다.

> 마음의 기능은 인상과 그것에 대한 우리의 반응 간의 연합을 형성하는 것이다.

> 그리고 심리학 문헌에서 사용되고 있는 '사고와 행동의 건강'이란 구절은 이것들의 연합을 일컫는 것이다. 이것의 실천은 간단하다. 습관형성의 측면에서 교육성과를 측정하지 않는 한 '정신(soul)' '인성(personality)' '발달(development)' '성장(growth)' '영적 본성(spiritual nature)'의 변화에 대한 헛된 희망을 버리지 않을 것이다. 정신이나 성격에서의 변화란 곧 행동에서의 변화이다. 영적본성의 변화는 삶이라든가, 볼 수 없는 신에 대한 사고와 행동습관에서의 변화다(p. 386).

구체적으로 습관형성은 복종, 자조, 즐거움, 겸손, 용기를 길러 주는 것이다. 그는 또한 자기지도 및 사회적 협동과 같은 습관형성 이외에 행동변화에 대한 측정의 필요성, 즉 평가의 중요성을 주장하였다. 결과적으로 Thorndike는 유아교육과정의 구성에 있어서 자극·반응 심리학 및 양적 측정을 통한 교육평가를 강조하는 또 하나의 전통을 만들었다. 이러한 Thorndike의 교육관은 1920년대에 유아교육과정에 지대한 영향을 끼쳤다. 특히 그의 생각은 유치원과 초등학교 교육 간의 연계를 중시하는 Hill(1923)의 유·초 교육연계론으로 이어진다.

### 2) 유초 교육연계론

유치원 교육과 초등교육 간 연계의 필요성을 제기했던 Hill은 Temple과 더불어 1900년대 초 유치원에 새로운 이론을 도입하여 유치원 교육과정 변혁 운동을 주도했던 인물이기도 하다. 유아교육과정에 대한 Hill의 아이디어는 1960년대에 이르기까지 유아교육과정의 구성기초가 되었던 것으로 보수적 교육정신을 갖고 수년간에 걸친 연구와 실험에 더하여 Froebel식 교육과정을 재구성한 것이다. 그에 따르면 학교조직은 자유의 개념에 충실할 수 있는 민주주의 원칙을 적용할 수 있어야 한다. 즉, 유아학교는 유아가 민주시민이 되는 기술을 획득할 수 있도록 민주주의 실험실이 되어야 한다는 것이다. 그리고 민주시민이 되는 길은 곧 자기지도와 사회적 협동과 같은 습관을 형성함으로써 가능하다고 보았다.

Hill에 의해 주관된 『유치원과 1학년을 위한 행위교육과정』을 살펴보면, 실험에 대한 일반적 원칙을 제시하는 것보다는 일련의 계획된 교육목표와 활동을 제시한 것으로, 사고, 감정, 행위에서의 계획된 변화에 초점을 맞추고 있다. 변화는 일회적으로 일어나는 것이 아니고 단계적으로 일어난다. 예컨대, 유치원은 1단계에서 3단계까지 가능하고, 1학년이 되면 마지막 단계인 4단계에 접어든다고 보았다. 계획된 교육과정을 운영할 경우, 장학사나 교사는 습관형성의 속도와 개선상태를 용의주도하게 관찰할 것이며, 나아가서 사고, 감정, 행위에서의 변화라는 점에서 교육성과가 측정될 수 있음을 제안하였다. 이러한 그의 관점은 Thorndike의 연합이론에 기초한 것으로 교육에 의한 유아의 성장 발달은 유아가 실제로 보여 주는 좋은 행위, 나쁜 행위 등의 객관적인 사실에 비추어 귀납적으로 추론할 수 있다고 보는 것이다. 이는 관념론적 차원에서 유아를 내성적인(introspective) 주관적 존재로 보고, 발현을 교육적 성장이나 발달과정으로 간주하는 Froebel과는 근본적으로 다른 견해다.

또한 Hill은 1920년대까지 유아원 교육의 초기 지지자로서 미국 유아교육 성립에 지대한 영향을 주었다. 그는 새로운 교육과정 계획에 유치원보다 낮은 연령의 유아들이 다니는 유아원까지 하향하여 포함시켰을 뿐 아니라, 유아기를 초등학교 저학년까지로 확대 연장하여 해석하고, 초등학교 1학년과 유치원교육의 일원화에 힘썼다. 교육경험이나 활동의 계획이 유아원에서 초등학교 1학년까지 위계적으로 이어질 수 있도록 배려하였다.

행위교육과정의 출판에 뒤이어서 나타난 Temple과 Parker가 집필했던 『일원화된 유치원과 1학년 수업』에서도 유치원과 초등학교 교육의 연계를 중심으로 다루고 있다. Temple은 인식론 상에서 Froebel의 관념론적 상징주의 시각에서 유아교육과정을 논하는 보수진영에 반대하며, Hill과 더불어 실용주의에 입각한 자유주의자편에 서서 유치원 교육과정의 재구성을 꾀하고, 유치원과 초등학교 교육에 대한 연계성을 주장하였다. Temple의 구체적인 생각은

Dewey가 세운 시카고 대학의 실험학교에서 주로 나온 것으로, 학습자의 경험을 교육과정 계획의 출발점으로 삼아야 한다는 것을 그 특징으로 하고 있다.

유·초 교육연계를 주장한 Temple(1923)에 따르면 유아는 교과를 포함하고 있는 상황과 상호작용하는 과정에서 성장하기 때문에 유치원 교육과정의 내용은 교사에 의하여 사전에 미리 계획되는 것이 아니고, 유아 스스로 자신의 흥미나 관심 속에서 선정·조직되어야 한다. 아울러 그는 교육과정 내용의 선정과 조직에 있어서 계열성(sequence)은 교사에 의해서 인위적으로 결정될 수 없고, 학습자의 심리적 계속성에 기초해야 한다고 보았다. 1920년대 미국의 유치원은 그들의 위상에 걸맞은, 새로운 교육과정을 고안해 낼 수 있을 만큼 자유로웠음에도 불구하고, 유치원의 공교육화를 목적으로 초등학교와의 연계성 유지에 많은 정력을 쏟았다. 1929년에 발간된 미국의 「교육연구회」 연보에는 다음과 같은 내용이 실려 있다(Whipple, 1929).

> 자선 사업가들은 공립학교 측에 유치원을 공립학교 조직의 일부로 포함시켜 줄 것을 요청하는 방향으로 나가고 있다. 그것의 시초는 공립학교의 빈 교실을 사용하도록 허가하는 것이었다. 교사의 월급과 기타 재원은 여전히 유치원을 자선사업일 뿐만 아니라 교육이라고 확신하고 있는 자선사업 단체에 의해 충당되고 있었다. 다음 단계는 교육위원회로 하여금 모든 책임을 지도록 하는 것이었다. 따라서 조만간 유치원은 여러 학교제도의 일부가 되었다(p. 248).

## 4. Dewey의 경험중심 교육과정 이론: 상호작용주의

유치원과 초등학교의 교육 일원화에 교량 역할을 한 대표적인 인물은 Dewey이다. Dewey의 진보주의 교육이론은 초등학교 저학년의 전통을 이루었던 성인의 관심에 기초한 교과중심 교육과정 접근을 비판하고 학습자에 조화로운 발달을 위한 경험중심 교육과정의 기틀을 형성하는 데 지대한 영향을 미쳤다. 그는 특히 단순한 교과들의 집합을 교육과정으로 여기는 전통적이고 고전적인 사고를 비난하고, 교육과정의 기본 요소로 교과 이외에 학습자와 사회를 포함시킬 것을 주장하였다(Dewey, 1902). 이러한 그의 생각과 때를 같이하여 미국의 공교육 제도에서 두 가지 변혁이 일어났다. 하나는 학교의 기능을 어린이의 사회화에 두어야 한다는 입장에서 교육의 보편화와 대중화를 추구하는 것이고, 또 다른 하나는 학교가 지적 훈련의 장인가에 대한 문제 제기다. 이에 대해 실용주의적 사고를 가졌던 Dewey는 학교란 학교 안과 밖의 생활 괴리를 메워 주고 산업사회를 이끌어 나갈 민주시민을 육성하는 사회화의 장이라고 주장하였다.이러한 그의 생각은 1897년 『나의 교육 신조』, 1899년 『학교와 사회』, 1902년 『어린이와 교육과정』, 1916년 『민주주의와 교육』, 1938년 『경험과 교육』 등에 잘 나타나 있다.

그는 경험 이전의 선험을 강조하는 관념주의를 배격하고 실용적이고 진보적인 시각에서 구성된 경험 중심 교육과정의 필요성을 제안하였다. 그에게 있어서 Froebel처럼 직접적인 경험이나 지각을 거치지 않고 선험의 공식을 적용하여 상징적으로 교육을 논하는 것은 낭만적인 환상에 지나지 않는다(Dewey, 1916). Froebel이 비록 유아에 관하여 깊은 이해를 가지고 있었다 할지라도 관념론적인 상징주의를 따르게 되면 외적인 강요에 의한 통제식 교육을 지향할 수밖에 없다. 발현의 개념에 기초한 교육은 개인의 계속적인 내부의 발달보다 외부의 고정된 목표에 초점을 맞추고 있기 때문에 현재 개인의 능력은 무시되고 마침내는 추상적이고 불확실한 미래가 현재의 힘과 기대를 통제하는 결과를 낳는다는 것이다. 1900년 초 사회 · 경제적으로 과도기에 있는 미국 사회에서 학교가 할 수 있는 역할을 찾아내고자 했던 그는 학교를 외부 사회의 실험장으로 1896년에 시카고 대학교 내에 세운 실험학교와 후에 1901년에 세운 또 다른 시범학교를 통하여 그의 실용적 가설을 검증하였다.

Dewey(1938)에 따르면 교육은 경험의 의미를 증대시키며 뒤따르는 경험의 방향을 지도할 수 있는 능력을 증가하는 것과 같은 경험의 재구성이다. 사람은 생물학적 존재일 뿐 아니라 사회적 존재로서 사회와의 상호작용 속에서 새로운 경험을 생성하고, 거듭된 경험을 통해 도덕적이 된다. 그러나 성장을 논하는 데 있어서 반드시 전제되어야 할 것은 미성숙이라고 그는 말한다. 이미 성숙된 사람은 교육을 통한 성장을 기대할 수 없기 때문이라는 것이다. 그렇다면 성장의 구체적인 특성은 무엇이라고 말할 수 있는가. 이에 대해 그는 성장이란 유기체적 개념으로서 자연의 연속성이며 사회에 대한 인간의 의존성을 뜻한다고 설명한다. 의존성은 일방적인 관계가 아니라 상호 의존의 관계를 의미한다. 이 점에서 성장에 대한 Dewey의 개념은 개인의 '사회화(socialization)' 이고 도덕적 성장이라고 할 수 있다.

이러한 논리에서 보면 개인의 흥미나 관심 위주의 사회화는 심리적이며, 흥미 파악을 위해서는 아동에 대한 호의 및 아동의 자연적 충동에 대한 지식이 필요하다. 또한 경험중심 교육과정 이론에서 교육내용의 중요성에 대한 판단 기준으로 사회적인 유용성 이외에 학습자 개인의 현재 흥미나 관심과의 관련성을 포함시키는 것은 매우 타당하다. Dewey(1912)는 '흥미(관심, interest)' 의 개념을 다음과 같이 정의하고 있다(이홍우 역, 1987).

> '흥미' 라는 단어는 어원적으로 볼 때 '사이에 있는 것(interesse: what is between)' , 즉 거리가 있는 두 사물을 관련짓는 것을 뜻한다. 교육의 경우에, 두 사물 사이의 메워야 할 것이라는 시간적인 것으로 생각할 수 있다…. 학습의 경우에, 학생이 현재 가지고 있는 힘은 시작단계이며, 교사의 목적은 그 반대쪽 끝이다. 이 두 가지 사이에 있는 것이 '수단' , 즉 '중간 조건' 으로서 활동을 하고 난관을 극복하고, 장비를 쓰고 하는 것들이 여기에 해당된다. 이 수단을 '통해서만' (여기서 '통한다' 는 것은 문자 그대로 시간적 의미를 지닌다) 맨 처음의 활동이 만족스러운 최종 결과에 도달하게 된다(p. 200).

흥미에 대한 Dewey의 개념은 매우 포괄적인 것으로서 인간생활을 통하여 계속적으로 나타나는 하나의 힘이며 일상적인 생활 속에서 이루어지는 개인적인 활동 그 자체를 의미한다. 이렇게 보면 흥미나 관심은 유기체로서 인간이 지닌 활동적인 본성이다. 유아가 어떤 활동에 흥미나 관심을 보이지 않는다면 그것은 그 활동이 어떤 목적과 연결되는지를 모르기 때문이라고 할 수 있다. 그러므로 연결적 목적이 유아에게 중요한 것이라는 것을 알게 하기 위해서는 유아에게 이 문제를 질문하고 발견할 수 있는 반성적 사고의 기회를 제공하는 것이 필요하다. 기회란 곧 학교 사회가 민주적인 교실 분위기 속에서 자유로운 상호작용과 경험의 자유로운 교류를 차단하지 않는 범위 내에서 이루어지는 것을 의미한다. 이 점에서 Dewey의 반성적 사고에 대한 생각은 사회적 상호작용론의 한 모형으로 인식되기도 한다.

그는 또한 교육이란 아동으로 하여금 자연적인 충동과 본능을 사용하여 의식 세계를 확장해 나갈 수 있도록 돕는 데 있다고 주장한다(Dewey, 1900). 그는 어린이의 자연적 충동을 타인과 경험을 나누고 싶어 하는 사회적 충동, 사물을 이용하여 유용한 것을 만들고자 하는 건설적 충동, 사실을 발견하고 결과를 얻기 위해 탐구하고자 하는 실험적 충동, 의사소통이나 세련된 표현을 하고자 하는 표현적 충동 등의 네 가지 유형으로 구분하고 충동 유형을 고려하여 목공, 요리, 재봉과 같은 실용적인 교과를 구성하는 것이 교육과정 연구자의 할 일이라고 보았다.

## 5. Freud의 정신분석 이론

20세기 초 미국 유치원의 교육과정 역사를 보면 독일의 관념론에서 출발했으나 미국화하는 과정에서 Froebel에 대응되는 논리로 Dewey의 경험중심 교육과정 이론이 주류 자리를 차지하고, Hall의 아동발달론과 Gesell의 성숙론에 Thorndike의 연합이론이 부가되는 양상을 띤다. 그러나 유치원보다 어린 연령을 대상으로 한 유아원(nursery school)은 다소 다른 시각에서 교육과정을 개념화했던 것으로 나타난다.

미국의 유아원은 영국에서처럼 빈민층 유아를 대상으로 건강 발달과 신체적 보호를 목적으로 했으나 Freud의 정신분석 이론이 전파되면서 신체적 건강 이외에 정신 건강에 초점을 맞춘 정서적 보호에 큰 의미를 두기 시작하였다. 유아원이 기능을 다하기 위해서는 비합리적인 유아의 특성을 이해하는 것이 필요하다고 보았던 것이다. 유아원 교사의 역할은 개별 유아의 내적 갈등과 동일시 상태를 파악하고 유아가 자신의 느낌과 생각을 표현할 수 있는 수단과 기회를 제공하는 데 있었다. 아울러 애정적이고 동정적인 분위기를 조성함으로써 유아가 자신의 욕구와 요구를 충족시킬 수 있게 하는 것이 유아원 교육과정의 핵심이었다. 1920년대 후반에 이르러 유아원수가 유치원을 필적할 만큼 증가하게 되자 유치원 교육과정도 유아원 교육과정을 따르는 양상이 나타났다. 유아원과 함께 유치원에서도 어린 시절의 경험이 후일의 인성발달이나 성격발달에 결정적으로 영향을 준다는 Freud의 정신분석 이론이 교육과정 이론으로 활용되었던 것이다. 정신분석 이론은 특히 놀이와 창의적 표현을 중심으로 한 교육을 유아교육과정의 기본원리로 채택하게 만들었다는 점에서 교육사적으로도 큰 의의가 있다. 놀이나 창작 활동에 대한 교육적 가치는 이들과 다르게 Froebel이나 Dewey에 의해서도 중시되었지만 정신분석 이론에서는 인간을 합리적 존재가 아니라 본능적 욕구에 의해 지배되어 있는 비합리적인 존재로 인식했다는 점에서 차이가 있다.

정신분석 이론에 의하면 유아는 자신의 비합리적이고 비사회적인 요구를 관철시키는 과정에서 부모를 포함한 현실 세계와 스스로 감당해 내기 어려울 정도의 갈등을 경험하게 되는데, 이때 제공되는 놀이나 창의적 표현활동은 교육적으로 의미가 있다. 자유로운 놀이 속에서 유아는 자신의 내부 깊숙이 있는 충동이나 욕구와 같은 정서적 요구를 표출하게 되고, 성장 과정에서 나타나는 갈등들을 해소할 수 있으리라고 보았다. 그리고 예술적인 표현활동을 통하여 자신의 억압된 감정을  승화시킬 수 있을 것으로 생각되었다. 그래서 유아원과 유치원에서는 여러 가지 놀이자료를 내놓게 되었으며, 감정표현의 매개물로서 블록(block)을 진열하여 흥미와 요구에 따라 블록놀이를 할 수 있도록 했고, 무의식적인 충동을 내보일 수 있도록 물감, 크레용, 종이, 이젤 등을 제시하여 유아가 자유롭게 필요에 따라 그림 그리기를 할 수 있게 했다.

이처럼 Freud의 고전적 정신분석 이론이 실제로 유아교육과정에 상당한 영향을 끼쳤음에도 불구하고, 많은 교사들은 그의 이론에 접할 기회를 갖지 못했다. 그 이유는 Freud의 이론이 정신병의 발생학적인 경험적 기원을 다루고 있다는 점과 사회문화적 요소를 배제한 채 유기체의 본능적인 욕구에 바탕을 두고 유아의 행동을 분석하는 데 따른 것이다. 이러한 풍토에서 신프로이트 학파에 속하는 Erikson, Prescott, Frank 등은 행동의 역동성과 그것의 출처로서 주변 문화를 인식하고 유아와 유아교육에 대한 새로운 시각을 제시하였다. 이들에 의하면 유아는 독창적이고 역동적인 존재이고, 유아의 자유는 윤리적인 차원에서가 아니라 심리적인 차원에서 설명되어야 하며, 유아교육의 목적은 창조적 자아실현에 두어야 한다.

아동과 사회가 상호작용하는 양식을 중심으로 심리 사회적인 차원에서 Freud의 정신분석 이론을 해석하고자 하였던 Erikson은 특히 유아교육에서 상호작용자로서 부모를 포함한 사회가 얼마나 중요한 역할을 하는지에 대해 자세히 설명하였다. Erikson(1950)에 따르면 자아 정체성(ego-identity) 형성 과정에서 가장 중요한 것은 개인과 개인, 개인과 집단, 개인과 역사나 사회 사이의 상호작용이다. 예컨대, 어머니에게 자식은 모성 본능을 충족시키고 어머니가 된다고 하는 발달 단계를 실현할 수 있는 대상이다. 이런 의미에서 어머니와 자식은 대등한 위치에 서 있으면서 서로에게 의존하고 영향을 주는 존재다. 이러한 설명은 자아에 대한 그의 8단계 발달론에서 구체화된다.

Erikson의 8단계 발달론을 관통하는 핵심적인 개념은 '심리사회적 위기(psycho-social crisis)' 로서 사람은 어느 누구도 완벽할 수 없기에 '정체성 대(versus) 정체성 혼란' 과 같은 양면성으로 심리사회적 위기를 겪게 된다는 것이다. 그는 Freud의 고전적 정신분석 이론을 발전시켜 발달의 개념을 청소년기까지가 아니라 평생을 거쳐 지속되는 과정으로 확대하여 해석하였다. 뿐만 아니라 인간의 자아 발달은 부모 및 가족과의 상호작용으로부터 시작하여 이웃, 학교, 또래집단, 사회문화적 제도 그리고 궁극적으로 자기 자신과의 상호작용을 통하여 이루어진다고 주장한다. 특정한 시기에 특정한 순서로 나타나는 심리사회적 위기는 개인의 생물학적 성숙과 사회적 기대나 압력 사이의 상호관계에 의해서도 일어난다는 것이다. 예를 들어, '주도성 대 죄의식' 의 위기에 처한 만 3세부터 6세 사이의 유아는 공격적인 언행, 맹렬한 근육활동, 강한 호기심 등을 발동해 놀이나 활동에 대한 계획과 목표를 주도적으로 정하고 그것을 달성하고자 하는 노력을 할 수 있다. 이러한 측면에서 볼 때 유아교육기관에서 제공된 교육과정은 유아의 자아형성에 큰 역할을 한다.

유아교사의 역할에 대해 구체적으로 언급한 정신분석이론가는 Prescott이다. Prescott(1957)에 의하면 교사는 유아 행동의 이해를 위해서는 동기와 감정에 민감할 뿐만 아니라 독창적이고 역동적인 존재로서 개인적 가치를 인정해 줄 수 있어야 한다. 특히 '요구(필요)' 에 대한 그의 심리학적 설명 방식은 이에 대한 새로운 교육적 의미를 부여하게 만들었다. 그에 따르면 인간은 음식물의 산화 에너지에 의해 발산되는 내적인 힘과 외부 환경 사이에서 평형을 유지하는 역동적인 유기체이자 에너지 체계다. 유기체로서 개인이 외부의 자극과의 균형 상태를 유지하려면 개인의 내적 요구가 충족되어야 한다. 긴장을 해소하지 못하게 되면 불균형한 상태를 일으키는 긴장을 초래하기 때문이다. 따라서 교육은 개인의 요구를 충족시킴으로써 사회적으로 수용될 수 있는 행동을 하게 만들고 동시에 평형 상태를 유지하여 긴장을 완화하고 해소할 수 있게 해야 한다.

Prescott의 입장에서 보면 모든 유아들은 동일한 요구를 가지고 있기 때문에 유아교육기관은 이러한 요구를 충족시킬 수 있는 환경을 조성해 주어야 한다. 그는 요구의 유형을 음식물, 활동, 성(sex)과 같은 신체적 요구, 사랑, 소속감, 사회적 지위나 존경과 같은 사회적 요구, 어떤 무한하고 초월적인 존재와 자아를 연결짓고 삶의 세계를 확대하고자 하는 철학적 요구 등 세 가지로 구분하였다. 그리고 유아교육과정을 구성하기 전에는 유아의 심리적 요구가 무엇인지를 파악하는 요구조사를 수행해야 한다고 보았다. 요구 조사를 통해 교사는 유아의 심리적 상태를 이해하는 것뿐 아니라 유아에게 학습 동기와 의미를 부여할 수 있는 적절한 교육방법과 활동을 찾을 수 있기 때문이다.

정신건강의 초석으로 놀이의 교육적 가치를 논한 사람은 Frank다. 그에 의하면 놀이는 복잡한 세계에서 개인의 독창적인 성격을 이해하고 적응하는 수단이다(Hartley, Frank, & Goldensen, 1952). 유아교육기관은 기존 교육의 틀을 벗어나서 놀이나 창작 활동을 제공함으로써 유아 스스로 감당하기 어려운 갈등으로부터 자신을 해방하고 사회적으로도 유용한 방향으로 감정을 승화시킬 수 있게 해야 한다. 이러한 그의 생각은 1940년대와 1950년대에 걸쳐 유아교육이 블록 놀이, 물 놀이, 점토 놀이, 물감풀 놀이, 시각적 예술자료를 이용한 놀이, 극 놀이 등을 통하여 사회 정서적 발달을 강조하는 데 일익을 담당하였다. 정신분석에 대한 새로운 해석으로 교사는 자유스러운 교실 분위기 속에서 이루어지는 놀이나 그리기, 만들기, 음률활동 등의 창작적 표현활동은 내면의 자아를 표면화시킬 수 있도록 할 뿐 아니라 이를 계발 · 확장시킬 수 있다는 생각을 하게 되었다.

## 6. Piaget의 인지발달 이론

1970년대부터 1990년대까지 유아교육과정 분야에서 유아교육과정의 이론적 기초로 가장 많이 적용되었던 이론은 아동의 보편적 지식구성 단계를 제시했던 Piaget의 인지발달 이론이다. Piaget는 내성과 사변에 의거하고 있는 철학자들과 다르게 생물과학의 탐구방식을 통하여 인식론의 문제를 해결하고자 했다. 그의 과제는 지식의 의미와 지식의 형성과정을 발달적으로 밝히는 것으로 저급의 지식이 고급한 수준으로 이행하는 경로를 설명하는 데 있었다(Piaget, 1970). 그는 특히 논리적이고 합리적인 성장 과정과 심리적 성장 과정 간에는 대응관계가 있다는 전제로부터 공간, 시간, 인과성, 수, 논리 · 수학적 지식이나 개념이 언제 나타나고 어떻게 변형되는지에 대한 가설을 설정하였다.

지식의 원천과 지식획득의 과정에 관한 문제를 탐구하는 데 있어서 철학분야에는 경험주의자(empiricist)와 합리주의자(rationalist) 간에 크게 대립된 입장이 있다. 경험주의자들은 지식의 근원이 외부세계에 있다고 보고 사람은 감각을 통하여 그를 에워싸고 있는 외부 세계인 자연을 직접 관찰, 경험하는 것이 지식을 획득할 수 있는 길이라고 생각한다. 반면에 합리주의자들은 경험보다 사람의 이성에 근거하여 지식을 획득할 수 있음을 강조한다. 합리론의 옹호자였던 Kant는 감각적 경험에 의한 지식획득을 인정하면서도 이성의 중요성을 내세움으로써 경험론과 합리론을 종합하고 조정하려 노력하였고 나아가서 경험이나 이성으로 설명할 수 없는 선험적인 범주가 있음을 시인하고 이를 증명해 보이고자 하였다.

Piaget는 타고 난 이성에 의하여 지식이 구성된다는 Kant의 주장에 대해서는 동조하지만 지식이 인식 주체의 내부에서 선험적으로 형성된다는 주장에 대해서는 동조하지 않는다. 그는 경험론과 마찬가지로 선험론적으로도 엄밀한 의미에서 새로운 지식이 어떻게 형성되는지를 설명하지 못한다고 보았다. Piaget(1970)에 의하면 이것은 발생학적 인식론에 의해서만이 잘 설명될 수 있다.

> 발생학적 인식론자에 의하면 이해의 행위는 어느 정도의 발전을 내포한다는 점에서 지식은 계속적인 구성의 결과다. 발달에 있어서 한 단계에서 다음 단계로 통과한다는 것은 곧 외부세계에서나 인식주체의 정신세계에서 그 이전에 존재하지 않았던 새로운 구조를 형성하는 것을 말한다. 발생학적 인식론의 주된 문제는 이처럼 새로운 것들이 구성되는 기체를 밝히는 것이다(pp. 77-78).

Piaget에 따르면 인간 유기체는 지식을 구성할 수 있는 몇 가지 생물학적 기제, 예를 들면 적응, 동화, 조절, 평형과 같은 기제를 가지고 태어난다. '적응(adaptation)' 이란 동화(assimilation)와 조절(accomodation) 간에 평형(equilibrium)을 유지하려는 생물학적인 경향성을 의미한다. 여기서 동화는 인식의 대상이라 할 수 있는 환경적 요소를 자신의 '인지구조(쉐마)' 에 맞추어 가는 과정이고, 반면에 조절은 자신의 인지구조를 인식 대상에 맞추어 수정해 가는 과정을 뜻한다. 또한 인간 유기체는 이러한 지적 적응과 더불어, 보다 높은 수준으로 인지 구조를 '조직화(organization)' 할 수 있는 능력을 지니고 있다. 조직화는 분리되어 있는 인지구조를 결합하여 보다 높은 인지 수준으로 발전시켜 가는 생물학적 경향성을 의미한다. 예를 들어, 4개월 된 영아는 대상(사물)을 볼 수도 있고 쥘 수도 있다. 만일 영아가 이 두 가지 능력을 결합시켜 사물을 보는 것과 동시에 잡았다면 이미 조직화가 이루어진 것이다.

지식은 계속적인 구성의 결과이며 인지발달 이론은 지식이 구성되는 기제를 밝힌다는 점에서 그의 인지발달 이론은 '발달적 구성주의' 라 일컫는다. 유아교육과정 탐구가 발달적 구성주의에 기초할 수 있다는 생각은 곧 Piaget가 제기한 발달 단계별 학습자의 학습 방법의 차이를 인식한다는 것이며 유아의 지식구성을 위해 유아의 발견과 탐구 과정에 유아교육과정이 초점을 맞추어야 한다는 것을 의미한다. 발달 단계에 대한 그의 입장은 연령을 기준으로 하여 모든 지식의 구성 과정을 설명할 수 있다는 보편주의적 사고에 기인한다. 그러나 아동발달에 대한 보편적 시각은 사회문화적 맥락이 유아의 지식 구성이나 사고 발달에 주는 많은 영향력을 간과하기 쉽다는 제한점이 있다.

## 7. Vygotsky의 발생학적 인식론: 사회적 구성주의

지식의 형성 과정을 발생학적이면서도 사회문화적 관계 속에서 설명하는 시도는 Vygotsky에 의해 이루어졌다. Vygotsky(1978)에 따르면 개인의 사고가 저급한 수준에서 고등한 수준으로 발달하는 과정에는 그가 속한 사회의 문화적이고 역사적인 조건이나 상황이 크게 작용한다. 인간 역사는 문화의 창조와 변형을 거듭하는 과정이고, 문화는 사회적 지식으로서 개인 밖에 외재하고 있다가 교육을 포함한 사회적 상호작용을 거치면서 개인의 의식 세계에 내재하게 된다는 것이다. 이러한 '외적 조작(operation)의 내적 재구성'을 그는 '내면화(internalization)'라고 부르고 내면화 과정에서 나타나는 질적 변환의 특징을 다음과 같이 사회적인 것과 개인적인 것의 두 수준으로 구분하여 묘사하였다.

> 일반적인 발달과정은 질적으로 다른 기원을 가지고 있는 두 개의 발달 라인으로 구별된다. 하나는 생물학적인 기원을 갖는 초등 과정이고 다른 하나는 사회문화적인 기원을 갖는 고등 심리(정신)기능이다. 아동 행동의 역사는 이들 두 개 라인의 혼합으로 발생한다. 고등 심리 기능의 발달 과정은 역사나 생물학적 기원, 기타 유기체의 기질에 관한 연구 없이는 불가능하다(Vygotsky, 1978, p. 48).

사고 발달은 객체와의 사회적 상호작용 과정의 범주인 '사람들 사이'에서 일어나다가 주체 내적인 사고과정의 범주인 '개인 내면'에서 나타나게 된다는 Vygotsky(1978)의 견해는 개인 내적인 과정, 즉 평형화 과정에 기초하여 지식의 구성과정을 논하는 Piaget의 인지발달 이론과 근본적인 차이가 있다. Vygotsky의 입장에서 보면 사회적으로 생성된 문화의 내면화는 필연적으로 언어(말)의 정신적 내면화를 수반한다. 그에 따르면 말의 발달은 기호의 사용을 포함하는 다른 정신적인 조작의 발달과 유사한 내면화 과정을 거친다. 그리고 사회적인 말의 내면화 과정은 '고등정신의 사회화'라고 할 수 있다. 유아의 경우에는 행위를 계획하고 실행할 때 언어와 사고를 도구로써 사용한다. 사고가 지각과 행위를 조직하는 양식으로 작용하지만 언어는 대상과 사고를 분리하는 기능을 한다는 것이다 그렇지만 일정 시기가 되면 사고와 언어가 서로 교차하게 되어 언어적 사고와 합리적 언어 사용이 가능해진다(Vygotsky, 1962). 언어와 사고 간의 상호작용적 관계는 동물에게는 결여된 것으로 인간 고유의 기능적 특징이라고 보았다.

Vygotsky는 2차 상징체계의 하나로서 인간 언어가 가지고 있는 의미의 본질을 사회와 개인 간의 상호 의존적인 관계 속에서 파악하려 했다. 그는 언어의 1차적 기능이 의사소통, 즉 사회적 교류에 있기 때문에 아동의 초기 언어는 근본적으로 사회적이라고 주장한다. 발달상 초기에는 전체적이고 다기능적이었던 언어의 기능은 후기에 가서야 분화된다고 본 것이다. 그렇다면 말은 어떤 과정을 거쳐 정신 세계에 내면화되는가. 이에 대해 내면화는 유기체의 생물학적 조건과 사회의 역사문화적 맥락에 따라 전 언어의 단계, 외적 말의 단계, 자기중심적 말의 단계, 내적 말의 단계 등으로 발달한다고 주장한다(Vygotsky, 1962).

언어 발달의 첫 번째 단계는 인지적 언어나 언어적 인지를 할 수 없는 전 언어의 수준으로서 말과 사고의 조작이 원초적인 형태로 나타난다. 인간 발달 중에서 영아기가 여기에 해당된다. 두 번째의 단계는 의사소통을 위한 외적 말이 나타나는 시기다. 따라서 외적 말은 사회적이다. 그리고 외적 말은 사고가 단어로 변환된 것으로서 사고의 구체화이고 객관화다. 이 단계에서는 실제적 지능과 분명한 언어 발달이 나타나기 시작한다. 이때부터 사고의 언어적 도구인 말과 유아의 사회문화적 경험이 사고 발달과 지식의 형성 과정에 결정적인 영향을 끼칠 수 있게 된다. 세 번째 단계는 자기중심적 말이 출현하는 단계로서 두 번째 단계의 경험 누적과 함께 나타난다. 이 단계에서는 외적 기호를 내적 문제해결의 보조 수단으로 사용하게 된다. 발생학적으로 볼 때 대체로 3세에서 6세 사이가 이 단계에 속한다고 할 수 있지만 개인이 처한 사회문화적 조건에 따라 달라질 수 있기 때문에 유아기의 보편적 특성이라고 일반화시켜 말할 수도 없다.

자기중심적 말의 기능이나 발달 순서와 구조 등에 대한 해석은 Vygotsky와 Piaget가 상이하다. Piaget(1955)는 사고 발달에는 쾌 원리가 현실 원리에 앞서 나타난다는 Freud의 정신분석 이론에 기초함으로써 자기중심적 사고를 자폐적 사고와 지향적 사고의 중간에 위치한다고 보았다. 자폐적 사고는 비현실적인 차원에서 언어적인 의사소통 없이 욕구를 만족시키고자 하는 사고의 수준을 의미하지만 지향적 사고는 의식적이고 현실적인 차원에서 언어를 사용한 의사소통이 가능한 지적 수준으로 규정되는 특징이 있다. 이러한 관점에서 보면 언어 발달도 언어 이전의 단계에서 출발하여 개인적이고 의사소통할 수 없는 자폐적 단계, 현실에 적응하려는 시도는 있으나 의사소통이 불가능한 자기중심적 단계, 사회화되고 논리적인 의사소통을 할 수 있는 탈중심화된 지향적 사고의 단계 등의 발생학적인 순서로 진행된다는 것이 Piaget의 설명이다.

Vygotsky 이론은 Piaget 이론과 다르게 욕구 충족과 현실 적응의 충동은 결코 대립된 것이 아니라는 기본 가정에 근거한다. Vygotsky(1962)에 의하면 자기중심적 말은 현실 세계와 분리되어 있지 않다. 오히려 욕구는 현실 적응을 통해서만이 충족될 수 있기 때문에 현실 적응과 욕구는 불가분의 역동적 관계에 놓여 있다. 또한 자기중심적 말은 합리적 활동 과정의 구성 성분이 되어 아동 초기의 목표 지향적 행위로부터 소위 지능을 이끌어 주는 기능을 한다. 아동의 행위가 점점 복잡해짐에 따라 자기중심적인 말은 표현이나 긴장 완화의 수단으로 그치지 않고 문제에 대해 쉽게 사고케 하는 기능을 한다는 것이다. 그의 입장에서 보면 자기중심적 말은 어린이가 사회적이고 협동적인 행동 형태를 개인의 내적 정신 기능의 영역으로 변환시킬 때 나타나며 행위를 변화시킬 수 있다. 타인과 의사소통하는 것처럼 자기 자신과 대화하기 시작할 때 출현하는 것으로서 상황이 행동을 중지하고 생각하도록 요구하면 자기중심적 말을 하는 유아는 소리 내어 생각하는 경향이 있다.

자기중심적 말은 형태상으로는 외적 말과 같지만 기능적인 면에서는 지향적인 내적 말과 유사하며 연령의 증가와 더불어 사라지는 것이 아니라 언어 발달의 마지막 단계에서 볼 수 있는 내적 말을 구성하는 기초로서 작용한다는 것이다. 자기중심적 말이 이론상 커다란 관심을 불러일으키는 이유가 바로 여기에 있다. 내적 말은 기능적으로나 구조적으로 자기중심적 말이 점진적으로 누적됨으로써 발달한다. 이때부터는 개인이 숙달한 언어 구조는 사고의 기본으로 기능하게 된다. 예컨대, 내적 말의 단계가 되면 머릿속으로 수를 세면서 논리적으로 기억할 수 있다. 성인의 내적 말은 사회적 적응보다는 '자신을 위한 사고', 즉 '의식'으로 나타난다.

저급한 형태의 사고가 성장과 더불어 주어진 교육적 상호작용에 의해 고등한 형태로 변형되어 간다고 주장하는 Vygotsky(1978)에 있어서 가장 고등한 정신기능은 의식 그 자체다. 의식이란 비의식적인 상태에서 '의식화되는 것'(p. 91)으로 정신활동에 대한 자각 또는 의도적 통제를 뜻한다(Vygotsky, 1983). 의식은 자신의 사고에 대한 사고로서 반성적 사고이자 사회문화적 환경과의 상호작용을 통해 창조되는 자기 조절적 사고를 의미한다(Wertch, 1985a, 1985b). 그의 논리에 따르면 사회적으로 발달된 문화가 개인의 의식 세계에서 자기조절적인 사고로 내면화되기까지는 상당한 기간이 걸린다. 발생학적으로 볼 때 자기 조절적 사고는 영아기 이후에야 그 가능성이 조금씩 나타나기 시작한다. 민감기에 대한 Montessori의 견해를 지지했던 Vygotsky의 입장에서 보면 자기조절의 기초를 형성하기 위한 최적의 시기는 3세이고, 이때부터 제공되는 교육과정은 사회문화적 환경으로서 큰 의미를 갖게 된다.

# 제3장

# 유아교육과정 이론

유아교육과정에 대한 관점은 삶의 양태만큼 다양하다. 그러나 교육과정의 실체는 교육과정을 연구하는 과정에서 어떤 가치나 태도를 중시했는지, 그리고 어떤 지식을 강조했는지에 따라 대체로 결정된다. 그래서 교육과정학자들은 교육과정을 이론적으로 탐구할 때 인식론과 윤리학에 의존하여 연구를 수행한다(Beyer & Liston, 1996; Eisner, 1992; Kohlberg & Mayer, 1972). 따라서 유아교육과정학자나 유아교육과정 연구자가 유아교육과정에 대한 관점을 탐구하거나 유아교육과정을 이론화할 때 어떤 인식론적인 가정을 하고 있는가, 윤리학적으로 어떤 입장을 가지고 유아교육과정을 논하고 있는가를 분석하고 분류하는 작업은 유아교육과정 개발이나 운영에 앞서 수행되어야 한다.

유아교육과정 연구의 궁극적인 지향점은 의도적으로 선택된 '사회문화적 환경'을 제공함으로써 유아들의 '일상생활과 삶의 바람직한 변화'(이은화, 양옥승, 1988), '삶의 질 향상'(양옥승, 2001a; Yang, 2004), '사회적 능력(social competence) 개발'(Zigler & Trickett, 1978; Zigler & Valentine, 1979)을 촉진할 수 있는 방법들을 탐구하는 데 있다고 할 수 있다. 그렇다면 유아가 생활하고 있는 사회가 공유하고 있는 신념이나 가치관을 분석하는 일은 유아교육과정의 개념체계나 이론적 관점을 이해하는 데 도움을 줄 것임에 틀림없다. 그러나 어떠한 삶이 과연 바람직한 것인가에 대한 믿음은 사회적 조건에 따라 다른 것처럼, 교육과정에 대한 탐구는 교육과정을 어떻게 조망하는가에 따라 달라진다. 따라서 다원화된 사회에서 유아교육과정에 대한 이론체계가 다양화되고 상반된 양상을 띠는 것은 당연한 현상이다.

최근 몇 년 동안 국내의 초·중등교육 연구 분야에서는 교육과정의 이론화를 주장하면서 교육과정 탐구를 위한 개념적, 방법론적 체계를 독자적으로 분석하고 그에 따른 대안들을 제시한 연구들이 나오고 있다(윤병희, 1998; 최성욱, 1996; 허숙, 1995). 그러나 유아교육과정 분야에서는 교육과정을 이론적으로 조망하고 분석하려는 시도가 거의 이루어지지 않고 있다. 그동안 자체적으로 생성된 고유의 이론체계나 방법론적 틀을 갖추지 않고 타 분야에 의존한 채 유치원이나 어린이집 교육에 관한 상식 수준의 이론이나 실제적인 방법 내지 원리를 제공하는 것으로 그쳤던 것이다. 상식을 크게 넘지 못하는 주제와 내용에 매달려 있을 경우에는 연구 논문의 질을 평가할 때에도 인식론이나 방법론상에서 심리학과 같은 특정 학문에 의존한다거나, 유아를 교육한 경험이 있는지와 같은 학문 외적 속성을 전문성이라 여기며 연구하는 사람의 자격을 놓고 따지기 쉽다. 그런데 이러한 현상은 한국의 유아교육 역사와 깊이 연관되어 있다.

한국 유아교육과정 연구의 변천과정을 살펴보면 교육학이 아닌 타 학문 분야, 특히 심리학이 절대적인 영향을 주었음을 알 수 있다. 유치원 교육과정이 국가 수준에서 개발된 1969년 이래 유아교육 연구자들은 심리학의 제반 이론들을 유치원이나 어린이집에서 제공하는 교육내용이나 방법에 대한 발달적 적합성을 여과하는 기준으로서가 아니라 유아교육과정을 개념화하는 이론 그 자체로서 적용하였다. 그리하여 일반 교육과정 분야에서 논의되고 있는 쟁점 사항이나 방법론들이 유아교육과정 분야에서 거의 참조되지 않는 결과를 초래하였다.

유아교육과정 연구자가 교육과정을 개념화할 때 교육학이 아닌 심리학 분야에 전적으로 의존하게 된 배경은 현행 유아교육 제도에서도 찾아볼 수 있다. 유치원과 어린이집이 행정적으로 이원화된 상태에서 공교육의 제도권 밖에 있기 때문에 학교교육(schooling) 연구에서 논의되고 있는 교육과정 주제나 연구 방법론이 유아교육과정 연구에서 쟁점화되기 어려웠던 것이다. 더욱이 끊임없이 제기되는 영유아보육과 유아교육에 대한 일원화나 통합 논쟁은 교육과정 분야의 연구 동향에 맞추어 유아교육과정을 조망하고 탐구할 것을 기대하기 어렵게 만들었다. 물론 여기에는 무조건적으로 외국 연구를 모방하고 답습하려는 유아교육계 자체의 연구 풍토가 일정 부분 작용된 면도 적지 않다. 이러한 맥락에서 교육과정은 철저히 교육프로그램이라 명명되었고 유아교육과정 이론 또한 심리학적인 용어를 빌어 성숙이론(성숙주의), 행동주의, 인지발달 이론 등으로 분류되었다.

그동안 인식론이나 윤리적인 전제를 중심으로 유아교육과정에 대한 이론체계를 분류, 분석한 연구는 Kohlberg와 Mayer(1972), 양옥승(1987), Beyer와 Bloch(1996), 양옥승(2000b) 등을 들 수 있다. Kohlberg와 Mayer(1972)는 '교육목적으로서의 발달' 이라는 제목의 논문에서 심리학, 인식론, 윤리적 가치체계 등의 세 가지를 기준으로 하여 유아교육 이념을 크게 셋으로 나누었다. 개인의 자아실현을 강조하는 낭만주의 이데올로기, 사회의 가치나 규범, 지식의 전달을 중시하는 문화전달 이데올로기, 인지 발달을 강조하는 발달 이데올로기가 그것이다.

이와 다소 다른 각도에서 일반 교육과정 분야에서 나타나고 있는 교육과정의 재개념화 현상을 반영하여 1987년 필자는 유아교육과정 탐구를 위한 기존의 접근 방식을 낭만주의와 행동주의로 구분하고 유아교육과정 연구에 대한 재개념화가 필요하다는 입장에서 제3의 방법론으로 재개념주의를 적용할 것을 제안한 바 있다. 그 이유는 Kohlberg와 Mayer(1972)가 제안한 발달 모형은 유기체적인 생물학의 패러다임으로 사회적 상호작용이나 유아의 발달 과정을 제한적으로 설명하고 있어서 기존의 낭만주의와 이질적인 요소를 크게 발견하기 어렵다고 보았기 때문이다. 이런 입장에서 필자는 유아교육과정 이론화를 위한 대안적 방법론으로 '중심화' 의 개념을 강조한 Macdonald(1978)의

'초월론적인 발달적 교육 이데올로기'를 제안하였다. Macdonald에 따르면 현대 사회에 살고 있는 아동은 특정 맥락 하에서 다른 사람, 자신의 생각, 사물 등과 상호교류할 수 있어야 한다. 그리고 상호교류를 위해 사회문화적 맥락에 비추어 보는 반성적 사고 능력과 자기 내면을 들여다볼 수 있는 심미적 사고 능력을 갖추어야 한다(양옥승, 1987).

한편, 유아교육 역사를 분석했던 Beyer와 Bloch(1996)에 따르면 유아교육과정 이론은 플라톤, Froebel 및 Piaget의 일부 연구에 나타난 입장 등에 의한 형이상학적 관점, Rousseau, Hall, Gesell, Freud, Erikson, Piaget, Kohlberg 등을 중심으로 한 자연 이론, 현대성과 과학적 방법을 통한 경험적 검증을 강조하는 Thorndike, Canter, 구조주의자나 기능주의자의 관점 등을 포괄하는 지배적 이론체계와, 이에 상응하는 현상학, 구성주의, 해석학, 비판이론, 포스트모더니즘, 페미니즘(여성주의) 등으로 구성된 대립적 이론체계가 있다. 2000년 인식론과 윤리적 가정, 그리고 교육과정 개념화를 중심으로 유아교육과정 이론 체계를 논한 문헌들을 재차 분석했던 필자는 유아교육과정 이론체계를 관념주의, 행동주의, 발달주의, 재개념주의 등으로 분류하기도 했다(양옥승, 2000b; Yang, 2001).

최근 유아교육 현장을 들여다보면 생태적 관점(양옥승, 2001b, 2006; 임재택, 2005), 다중지능이론(신화식, 김명희, 2006), 다문화주의(양옥승, 1997b) 등에 기초하여 유아교육과정 이론이 다양화되고 있는 추세다. 이러한 시도는 발달주의에 매몰되어 있는 유아교육과정 분야의 연구 풍토를 다양화하기 위해서도 필요하다. 유아교육과정 이론의 다양화는 유아교육 논의에서 빠뜨리기 쉬운 잠재적 교육과정이나 영 교육과정의 문제를 명시화하는 데도 많은 아이디어를 제공할 것이다.

이 장에서는, 교육과정 분야뿐 아니라 인문학이나 사회과학 분야에서 거론되고 있는 다양한 관점이나 이론들, 예를 들어 포스트모더니즘, 다문화주의, 생태주의 등을 유아교육과정으로 이론화하는 시도가 필요하다는 가정에서, 유아교육과정 이론을 관념주의, 행동주의, 발달주의, 기타 이론들로 구분하고 기타 이론에 재개념주의, 포스트모더니즘, 다문화주의, 생태주의를 포함시켜 함께 설명하고자 한다. 참고로 이 책에서는 독자적인 이론 체계와 계보를 형성하며 세계적으로 유포되었으면서도 유아교육 분야에서 공론화되지 못하고 예외적인 것으로 인식되고 있는 유아교육과정 이론은 제외시켰다. 대표적인 예가 Montessorri의 유아교육 이론으로 이 이론의 핵심개념들을 분석해 보면 '흡수정신' 이나 '자기교육' 은 관념론적이지만, '민감기' 는 발달주의에 가깝다. 앞으로 그의 이론은 Eisner(1992)가 어떤 학술 이론에 따르지 않고 종교적 신념과 세계관에 따라 학교의 교육과정을 운영하는 경우를 '종교적 이념' (religious ideology)이라 범주화했던 것처럼, 'Montessori 교육이론' 이라 칭하고 독자적인 이론체계로 받아들일 수도 있을 것이다.

## 1. 관념주의

유아교육과정에 대한 관념론적 시각은 유치원 창시자이며 유아교육학의 학문적 기틀을 마련한 Froebel에 의해 집대성되었다. Froebel의 관점은 고대의 플라톤에서 유래된 19세기 초 독일의 사상계를 지배한 독일의 철학, 즉 관념론(idealism)에 기초하고 있다. 인식론상에 있어서 관념론은 물질이 아닌 정신이 설명의 근원이 되며 인식 대상 이전의 인식 주체의 우월성을 강조한다. 관념론적인 입장에서 볼 때 인간성은 고유한 천부적인 실체이고 인간은 곧 도덕적 행위자이며 진리는 불변한다. 그리하여 관념론적 접근 방식을 통해 유아교육과정을 연구할 때에는 진리의 절대성, 인식의 결과로서의 지식, 미래의 삶을 위한 준비로서의 교육, 인간 고유의 인성을 지닌 정신 우위의 인간성, 도덕률 우위의 당위성 등을 강조한다. 이러한 관념론적 접근은 유아교육과정에 대한 고전적 또는 전통적 입장이라 할 수 있는데 현대에 와서도 유아교육 문헌에서 이를 지지하는 유아교육과정 연구자를 찾는 일은 그리 어렵지 않다.

유아교육과정 연구에 대한 Froebel의 관념론적 사고의 기원은 플라톤으로 거슬러 올라간다. 플라톤에 따르면 교육의 본질은 물질과 대립되는 절대적인 관념적 존재를 형상화하는 것이며, 교육의 목표는 경험이나 감각에 선행하는 관념(이데아, idea)을 파악하도록 이끄는 데 있다. 플라톤의 『이상국가』에서는 유아교육에 관한 직접적인 언급이 없고 건강이나 기본생활습관 지도와 관련된 부분에 일부 유아교육을 언급하는 것으로 그치고 있다. 그렇다 할지라도 교육의 본질에 대한 플라톤의 입장은 후일 Froebel이 유아교육의 목표와 방향을 제시하고 유치원 교육과정의 이념적 틀을 마련하는 데 근간으로 작용하였다.

그러나 무엇보다도 Froebel의 유아교육과정 연구에 영향을 준 철학자는 Kant다. 그는 Kant의 영향을 받아 감각적 경험에 의한 지식 획득을 인정하면서도 다른 한편으로 초월론적 세계, 즉 경험으로 설명할 수 없는 선험(a priori)의 세계를 강조한 이성론을 적극 옹호하였다. 그에 따르면 Kant 철학에서 말하는 '초월론적(transcendental)' 이란 인식을 성립시키는 주관 쪽의 선천적인 여러 조건을 말하는 방식을 뜻하는 것으로 '내재적인(immanent)' 과 다소 다른 의미를 지닌다.

Froebel(1826)은 또한 Pestalozzi의 학교 교육을 "외적 포괄성과 완벽성에서뿐 아니라 내적 통일과 상호 의존성에 있어서 한계가 있다."고 비판하고, "만물을 지배하는 근저에는 모든 것을 작용하게 하고… 영원히 존재하는 통일자가 필연적으로 존재한다."는 만유재신론(panentheismus)적인 세계관의 교육적 의의를 피력하였다(양옥승 외, 2001). Froebel은 Pestalozzi가 인간을 영원한 존재로서 인식하지는 못했다고 보았던 것이다(Shapiro, 1983). 그는 세계를 하나의 살아 있는 유기적 통일체로 간주하고 그 중심에 신을 두어 신과 인간과 만물에 동일한 신성이 내재하고 있다고 생각하였다. 신성에 대한 그의 개념은 인간, 자연, 신을 보다 큰 개념적 통일로 재통합하려는 교육적 시도로 연결된다. 사람의 일생은 연속적으로 통일해가는 과정이므로 사람은 태어나서부터 죽을 때까지 교육이 필요하다고 보았던 것이다.

Froebel에게 있어서 유아교육의 궁극적인 목표는 신성으로 표현되는 인간의 이성을 깨우치는 데 있다. 그리고 인간의 이상(이데아, idea)은 신성에 상응하는 상징을 접하는 과정을 통해 실현될 수 있다. 예를 들어, 유치원에서 이야기를 나누거나 게임을 위해 모든 아이들이 둥그렇게 앉는 경험을 유아가 집단생활의 의미를 자발적으로 깨닫게 한다. 유아에게 원의 상징을 제시하게 되면, 유아의 내부 정신세계 속에 잠재해 있던 인간의 집단적 삶을 총체적으로 파악할 수 있는 능력과 절대적인 능력이라 할 수 있는 신성이 깨어난다는 것이다. 이러한 상징의 논리에서 보면 유아교육과정은 유아의 이성을 계발하고 발현할 의도로 계획된 활동들을 의미한다(양옥승, 1987). 그리고 교육의 주된 방법은 교사가 제시하고자 하는 상징의 내적 의미를 잘 보여 주는 은물과 작업, 게임과 놀이가 된다.

유아교육과정 연구에서 Froebel이 제작한 은물은 교육과정에 대한 그의 형이상학적 개념을 잘 표상하고 있다. 그에 따르면 정신을 객체화하여 형상화시킨 것이 곧 은물이다. 따라서 교사의 안내대로 계열화된 순서에 따라 은물을 사용하는 활동을 해 보았던 유아는 후일 형이상학적 패턴을 쉽게 직관할 수 있게 된다. 그리고 유아의 놀이는 내적 요구와 충동으로부터 기인된 유아의 가장 순수하고 고귀한 정신활동이다. 자발적인 놀이를 통해 아동은 절대적인 신성을 발현시키고 신적인 통일을 향할 수 있다는 것이다. 그의 이런 생각들은 교육과정을 구성하는 기본을 아동에 두고 있다는 점에서 아동중심이라고 볼 수 있다. Froebel은 1826년 그의 저서 『인간교육』에서 유아의 활동적 본성을 실현할 수 있는 교육 활동으로서 놀이에 대해 다음과 같이 예찬하였다.

> 놀이는 아동발달의 최고 위상이다. 그 이유는 놀이가 내적 필요성과 충동으로부터 온 내부의 자기 활동적 표상이기 때문이다. 놀이는 어린 시기에 있어서 가장 순수하고 고귀한 정신활동이며, 동시에 전체로서의 인간생활, 즉 인간이나 사물 속에 잠재해 있는 자연성이기도 하다. 그러므로 놀이는 세상에 기쁨, 자유, 만족, 내·외적인 휴식, 세계와의 평화를 준다. 놀이는 선의 원천이다. 육체가 피곤할 때까지 끈질기게 자기 활동적 본성에 의해 놀이하는 어린이는 자신이나 타인

> 의 복지를 추구하기 위하여 자기희생을 할 수 있는 완벽하고, 결의가 굳은 인간이 될 것이다. 이 시기에 어린이 생활을 가장 아름답게 표현한다면 그것은 바로 놀이 속에 자신을 완전히 몰두하고 있는 그리고 몰두하다가 잠들어 버린 어린이가 아닐까? … 이 시기에 있어서 놀이는 하찮은 것이 아니다. 그것은 매우 진지하고 깊은 의미를 담고 있다. 어머니여, 이것을 기르고 양성하시오! 아버지여, 보존하고 지키시오! 인간성을 제대로 알고 있는 침착하면서도 예리한 통찰력을 지닌 사람에 있어서, 자발적인 놀이는 후일 인간 내부생활을 보여 준다. 아동기의 놀이는 후일 생활의 기본이다. 그 이유는 놀이 속에서 인간은 자신의 온화성과 심연의 내적 성향을 계발하고 보여 왔기 때문이다(이은화, 양옥승, 1988, pp. 44-45 재인용).

## 2. 행동주의

국가 수준에서 개발된 한국의 유치원 교육과정을 분석해 보면 초 · 중등 교육과정의 영향을 받아 일부 교육목표와 내용이 Tyler의 관점에서 진술되고 선정되었음을 쉽게 발견할 수 있다. Tyler(1949)에 있어서 교육과정 개발은 학습자 및 사회에 대한 연구, 목표에 대한 교과전문가의 제안 등을 원천으로 하여 목표를 선정하고 학교가 추구하는 교육철학과 학습심리학에 의해 여과시킨 뒤, 행동과 내용을 구체화한 형태로 교육목표(수업목표)를 진술하는 것에서 시작된다. 교육과정의 복잡한 현상을 단순하게 행동적인 교육목표 진술로 환원하여 설명하려 했다는 점에서 Tyler의 이론은 환원주의(reductionism)적이다.

Tyler에 따르면 교육목표를 달성할 학습경험(learning experience)을 선정할 때에는 학생에게 다양하고 충분한 경험의 기회를 제공하고, 학생이 만족할 수 있고 수행 가능해야 하며, 학습결과는 개인에 따라 다를 수 있다는 등의 원칙을 고려해야 한다. 그리고 학습 경험을 효과적으로 조직하기 위해서는 같은 경험을 반복하게 하는 계속성(continuity), 경험의 폭과 깊이를 단계적으로 확대하고 심화하는 계열성(sequence), 학습자가 경험과 행동을 연결짓는 통합성(integration) 등의 세 가지 기준을 고려해야 한다. 아울러 그는 학습경험을 효과적으로 조직하려면 최고, 중간, 최저 단계별로 어떤 구조를 취할 것인지 결정해야 한다고 주장한다. 최고 단계에서는 교과중심 교육과정, 광역 교육과정, 중핵 교육과정, 미분화된 교육과정(통합교육과정) 중에서 하나의 구조를 선택한다. 그리고 한 교과를 쪼개 계열화할 것인지 아니면 한 학기나 학년을 단위로 하여 조직할 것인지는 중간단계에서 결정한다. 최저 단계에서는 '과(lesson)' '주제(topic)' '단원(unit)' 중에서 어떤 것을 취할 것인지를 결정한다. 교육과정 개발을 위해 마지막으로 수행해야 할 작업은 평가다. 평가는 사전에 설정된 교육 목표를 기준으로 하여 달성 정도를 판단하는 과정으로 교육과정 영역에서 빠질 수 없는 부분이다. 평가활동은 아동의 행동 변화를 분석하는 것임과 동시에 교육과정이나 교육 프로그램의 효과를 종합적으로 검증하고 교육과정과 교수에서 개선되어야 할 부분이 무엇인지에 대한 유용한 정보를 제공하는 이점이 있기 때문이다.

그러나 유아교육과정 분야에서 행동주의라 함은 Tyler의 교육과정 개발 이론에 근거한 초·중등 교육과정 분야와 다소 다른 입장에서 규정된다. 넓은 의미에서 보면 Tyler의 관점이 행동주의 심리학에 기초하고 있다는 점에서 유아교육과정 분야에서 정의하는 행동주의와 동일한 맥락에 있다고 할 수 있다. 그러나 유아교육과정 분야만을 놓고 보면 교육학보다는 심리학에 전적으로 의존하고 있다는 점에서는 차이가 있다. 유아교육과정에 대한 행동주의적 시각은 Tyler의 교육과정개발 이론보다 Thorndike의 연합이론에 근거하고 있으며, 그에 따라 유아교육과정에서 기본생활습관을 강조해 왔던 것이 특징이다. Thorndike의 연합이론은 또한 그 당시 자극·반응 심리학 및 양적 측정을 통한 교육평가의 중요성을 강조하는 행동주의 유아교육과정 개발의 초석이 되었다.

Thorndike에 따르면 유아 때부터 자기 지도나 사회적 협동을 통해 기본생활 습관을 형성하는 것은 복종, 자조, 즐거움, 겸손, 용기를 길러 주는 것이다.

나아가서 1903년 출간한 『유치원 아동을 위한 심리학 개요』라는 저서에서 Thorndike는 다음과 같이 교육평가의 측면에서 기본생활습관 형성의 교육과정적 의의를 밝히기도 하였다.

> 마음의 기능은 인상과 그것에 대한 우리의 반응 간의 연합을 형성하는 것이다. 그리고 심리학 문헌에서 사용되고 있는 '사고와 행동의 건강' 이란 구절은 이것들의 연합을 일컫는 것이다. 이것의 실천은 간단하다. 습관형성의 측면에서 교육의 성과를 측정하지 않는 한 영혼, 인성, 발달, 성장, 영적 본성의 변화에 대한 헛된 희망을 버리지 않을 것이다. 정신이나 성격에서의 변화란 곧 행동에서의 변화이다. 영적 본성의 변화는 삶이라든가, 볼 수 없는 신에 대한 사고와 행동 습관에서의 변화다(p. 386).

실험 심리학의 우수성을 교육과정 분야에 소개했던 Thorndike는 심리검사와 측정의 개념을 정립하고 20세기 초 미국에서 행동과학적 교육과정 운동을 주도했으며, Dewey와 더불어 교육과정 분야에 지대한 영향력을 행사했던 인물이기도 하다(Eisner, 1985; Pinar et al., 1995). Thorndike(1913)는 특히 기존의 정신도야 이론에 반기를 들고 자극과 반응의 행동주의 심리학에 기초하여 교육과정을 재정립할 것을 주장하였다. 자극과 반응의 행동주의에 기초했을 때 교육자는 바람직한 인간행동을 선택할 수 있고 인류의 발전에도 공헌할 수 있다고 본 것이다. 어떤 자극에 아동이 반응했다면 그 행동은 곧 학습이라고 가정했던 그의 입장에서 보면 인간의 마음은 인간 본성과 환경을 변화시키는 일종의 행동적 도구이고(Rippa, 1988), 교육은 인간 공학이다. 이러한 그의 이론은 1920년대 행동과학적인 차원에서 교육과정을 연구하는 것이 타당하다는 여론 형성의 토대가 되었다.

Thorndike의 유아교육관은 후일 유치원 교육과정 변혁운동을 주도하고 초창기 유아원 교육의 필요성을 주장했던 1923년 Hill의 주관 하에 집필된 『유치원과 1학년을 위한 행위 교육과정』 구성에 이론적 토대로도 작용하였다.

Hill(1923)에 의하면 유아교육과정이란 유아의 사고와 감정, 그리고 행위를 계획적으로 변화시키는 데 있으며 유아의 사고, 감정, 행위에서의 계획된 변화를 위한 것이다. 그리고 교육을 통한 유아의 행동 변화는 일회적이기 보다는 단계적으로 나타난다. 따라서 행동주의에 기초한 유아교육과정은 일련의 교육 목표와 활동을 확대 심화시키면서 계속해서 제공해야 한다.

Hill에게 있어서 학교조직은 자유의 개념에 충실할 수 있는 민주주의 원칙을 적용할 수 있어야 한다. 유아가 민주시민이 되는 기술을 획득할 수 있도록 유치원은 민주주의를 연습해 볼 수 있는 실험의 장이 되어야 한다는 것이다. 그리고 유아를 민주시민으로 육성하기 위해서는 기본생활습관 지도를 강화해야 한다. 계획된 교육과정을 운영할 경우 교사는 습관형성의 속도와 개선 상태를 용의주도하게 관찰할 것이며, 나아가서 사고, 감정, 행위에서의 변화라는 점에서 교육성과가 측정될 수 있음을 시사하였다. 이러한 그의 모든 생각은 교육이나 교육과정에 대한 Thorndike의 이론에서 나온 것이다. Hill은 또한 유아원 교육의 지지자로서 유아교육의 범위를 유아원 연령까지 하향함과 동시에 초등학교 저학년까지 확대하고, 초등학교 1학년과 유치원 교육을 연계하여 일원화할 것을 주장하기도 했다.

유아교육과정에 대한 Hill의 행동과학적 접근은 1930년대 기독교 선교를 위해 파견된 미국의 유치원 교사에 의해 한국에 전파되었고, 미국과 마찬가지로 한국에서도 1960년대까지 유아교육과정 연구를 위한 이론적 근거로 작용하였으며, 지금까지도 기본 생활습관 지도를 유아교육의 핵심으로 여기는 전통을 남겼다. 다른 한편에서 행동주의 심리학에 기초하여 유아교육과정을 연구한 사례는 Bereiter와 Engelman(1966a, 1966b)을 들 수 있다. 이들은 유아의 행동 변화와 개인차는 학습이론으로 설명 가능하다고 보고, 1960년대부터 1970년대까지 여러 유형의 직접 교수(direct instruction) 모형을 개발하고 보급하였다. 그러나 한국에서 Bereiter나 Engelman처럼 행동주의자임을 자처하는 유아교육학자나 유아교육과정 연구자는 거의 찾아보기 힘들다.

## 3. 발달주의

유아교육과정에 대한 발달주의 시각은 20세기 초 Freobel의 관념론에 대한 비판과 더불어 등장하였다. 산업화에 부응하려면 유치원이 아동의 사회화를 목적으로 한 대중화된 교육기관으로 선회되어야 한다는 사회적 분위기 속에서 Froebel식 교육이 비판대에 오르게 된 것이다. 관념주의 교육관을 가장 모질게 평했던 사람들은 아동중심주의자들이었다. 그 대표적인 인물이 Hall이다.

Hall은 Froebel의 은물이나 작업은 유아에게 과다한 소근육 사용을 요구하고 아동의 발달을 지연시키므로, 아동의 성장과 발달을 위해서는 발달주의 시각을 도입할 것을 주장하였다. 아동중심주의자였던 Hall(1883)의 관점에서 보면 아동은 성인과는 다른 방식으로 학습하며, 아동의 몸과 마음의 '발달'은 아동중심의 사고와 철학을 가지고 아동의 '자유'를 존중하고 인정하는 자유방임적 교육과정을 통해 이루어진다. Froebel의 은물과 같은 상징물이 아닌 모래나 진흙과 같은 자연물을 자유롭게 다루는 자유놀이를 허용함으로써 유아의 육체와 정신이 함께 성장하고 발달하게 해야 한다는 것이다.

Herbart주의에 기초하여 교육과정에 '발달단계'의 개념을 적용했던 Hall은 교육과정에 대한 발달주의(developmentalism)의 초석을 놓았다. 그리고 유아발달을 위해 교육과정 연구는 아동 관찰에 의한 아동 연구로부터 시작되어야 한다는 그의 주장은 과학적 탐구대상으로 유아교육 분야를 인식하게 하는 계기로 작용하였다. 유아교육학이 이론적 탐구 분야로서 자리매김할 수 있었던 것도 아동중심의 발달주의자였던 Hall의 영향이다.

유아교육과정 연구에서 Hall의 발달론이 폭넓게 쓰이게 된 배경에는 유치원이 공교육의 제도권 밖에 있었던 그 당시 시대적 요인이 크게 작용하였다고 할 수 있다. 유치원의 이러한 특수한 조건은 공교육 제도 안에 있던 초·중등학교와 다르게 교육학보다는 아동발달을 설명해 주는 심리학이나 대안적인 교육이론에 민감하게 만들었다(이은화, 양옥승, 1988; Weber, 1984).

이러한 사회적 상황에서 아동발달에 대한 Hall의 생각은 후일 Gesell의 성숙이론으로 발전된다. Gesell(1923)에 따르면 성숙의 개념은 아동발달의 모든 영역에 적용된다. 이러한 성숙론적 시각에서 그는 아동의 성장 패턴들을 밝히고 그에 따른 아동발달의 규준을 제시하고자 아동관찰의 기법을 사용하여 방대한 자료를 수집하였다. 그는 특히 유아기뿐 아니라 영아기까지 모든 연령대로 아동발달의 범위를 확대하여 영유아의 발달적 특성을 설명하고 관념론에 대한 발날론의 우월성을 입증해 보였다.

유아교육 분야에서 발달적 관점을 가지고 교육과정을 정립하게 한 배경에는 그 누구보다도 Dewey의 생각이 가장 크게 작용하였다. 진보주의에 기초한 Dewey의 경험중심 교육과정 이론은 오늘날에도 유아교육학자들이 발달주의를 유아교육과정의 전통이며 유아교육의 정통적인 입장으로 수용하게끔 하는 초석이 되고 있다. Dewey는 또한 민주주의의 성장은 산업구조의 재조직과 관련되므로 학교교육이 중요하고 학교교육의 효과를 증대하기 위해서는 유치원과 초등학교 교육을 연계해야 한다는 주장과 함께, 유치원 교육과 초등학교 교육 간의 연계에 교량 역할을 했던 대표적인 인물이기도 하다.

Dewey에 따르면 아동의 도덕적 성장과 사회화를 위해 교육과정은 전통적으로 지녀온 초등학교의 경험론적 방법과 유치원의 관념론적 관점에서부터 탈피해야 한다. 이성의 절대성과 불변성을 강조하는 관념론의 폐단으로 인해 유치원 교육이 유아가 현재 가지고 있는 홍미와 기대를 무시하고 추상적이고 불확실한 미래를 향해 유아를 강제적으로 끌고 가는 결과를 빚게 되었다고 주장하면서, 유치원 교육에 대한 Froebel의 초월론적 시각을 맹렬히 공격하였다(Dewey, 1916). 그에 의하면 교육은 고정된 목표를 지향하는 데 있는 것이 아니라 '경험의 계속적인 재구성'이며 계속적인 성장과 발달에 있다(Dewey, 1938). 따라서 교육내용의 선정과 조직에서 그 중요성을 판단하는 기준은 사회적으로 유용하면서도 현재 아동이 가지고 있는 흥미와 관심에 두어야 한다(Dewey, 1900, 1902).

교육과정에 대한 그의 이러한 인식론적이고 윤리적인 관점은 전통적으로 유아교육 분야에서 '흥미중심' 또는 '활동중심' 이라 불리면서 유아교육과정 정통적인 견해로 인정되고 있다. 이러한 관점에서 보면 놀이 또한 유아의 내적 충동에 기초하고 고등의 의식과 행위로 이끄는 것이므로 유아의 표상을 중시하는 상상적인 놀이가 되어야 한다. 상상 놀이에서 나타난 상징적 이미지는 유아의 흥미와 관심에서 출발한 가정과 학교에서의 상호작용적 경험에서 나온다. 그래서 교사를 따라 모방하거나 교사의 지시를 따르는 Froebel식 교육은 부정할 수밖에 없다. 이러한 생각은 다음과 같은 그의 진술에 잘 나타난다 (Dewey, 1900).

> 놀이는 어린이가 외적으로 행한 것으로 동일시할 수 없다. 그것은 오히려 전체적으로 보아 어린이의 지적 태도를 가리킨다. 그것은 어린이 자신의 이미지와 흥미나 관심을 만족할 만한 형태로 구체화한 어린이의 힘, 사고, 신체적 운동에 대한 자유로운 놀이이자 곧 내적 놀이이다. 부정적으로 보아서 놀이는 살아가고 있는 타인을 지지하는 데 필요한 경제적 압력, 그리고 성인의 특별한 부름에 따르는 고정된 책임감으로부터 온 자유다. 긍정적으로 놀이에서 어린이의 절정 상태는 성장의 충만을 뜻한다. 성장의 충만은 곧 어린이 발육에 대한 힘의 실현이며, 한 쪽에서 또 다른 쪽으로 지속적으로 이루어지는 실현의 충만이다. 노골적으로 말하자면, '놀이' 는 어린이의 외부적 수행이 아니고 심리적 태도를 나타낸다는 사실은 어떤 주어진 또는 예정된 체계를 따라야 하는 것 또는 은물, 놀이, 작업의 위계를 따르는 것으로부터의 해방을 뜻한다(p. 144).

그러나 Dewey의 실용주의 교육철학은 윤리 내지 가치관의 차이에서 야기되는 사회적 갈등을 간과한다고 평가되기도 한다. Karier(1981)는 Dewey의 교육철학에 따르면 다수의 사람들이 비판적 시민이 되기보다는 사회를 통제하고 있는 권력을 추종하는 시민이 될 수밖에 없다며 그의 교육관을 혹독하게 평했다. 사회개선주의자인 Brameld 또한 Dewey의 진보주의는 사상의 혼란,

가치관의 갈등, 확실성의 상실, 불안과 공포와 불공평, 기타 상반된 이해관계, 핵무기의 유치 등의 시대 사회적 위기를 극복하는 데 커다란 한계가 있음을 다음과 같이 비판한다(오천석, 1972 재인용).

> [진보주의]는 비록 과학적 방법에 있어서는 강하지만 이 방법의 구체적, 포괄적 결과에 대한 관심은 약하다. 사고방식을 가르치는 데도 강하지만, 무엇을 향하여 사고할 것인가 하는 목적을 제시하는 데는 약하다. 능동적 지성의 특성을 기술하고 장려하는 데는 강하지만, 그 효율적인 작용을 방해하는 세력과 제한을 측정하고 저항하는 데는 약하다. … 진행 중인 역동적 경험의 과정에 있어서는 강하지만, 이러한 경험의 합의를 조성하는 데는 약하다. 현재가 중요하고 참된 것으로 믿는 데는 강하지만, 잠재가 그에 못지않게 중요하고 참된 것으로 믿는 데는 약하다. 경험의 복잡성과 다원성을 추출하는 데는 강하지만, 이를 포괄적이고 호소력이 강하며, 의도적인 설계로 융합시키는 데 약하다. 요언하면 진보주의는 자유주의의 강점에 있어서는 전적으로 강하지만은, 자유주의의 약점에 있어서는 전적으로 약하다(p. 196).

Dewey의 경험중심 교육과정 이론에 기초한 '활동중심 교육과정'(Freud의 정신분석 이론에 기초한 것과는 다른 의미임)의 전통은 1960년대 미국 정부가 빈곤의 악순환 타파를 위해 유치원 취학전 저소득층 유아를 대상으로 Head Start 프로그램을 실시하고 프로그램의 효과를 다년간에 걸쳐 종단 평가하면서 또 한 번 새로운 전기를 맞게 된다. Head Start는 빈곤은 건강 뿐 아니라 IQ 저하, 학업성취에 대한 동기 약화, 학습 지체, 청소년 비행을 초래하고 다시 빈곤을 낳기 때문에 가난의 대물림이나 빈곤의 악순환을 타파하기 위해서는 연방정부와 지역사회가 공동으로 3세부터 유치원 취학 전 5세에 이르는 저소득층 가정의 유아에게 종합적이고 포괄적인 아동발달 서비스가 제공되어야 한다는 취지에서 미국 연방정부가 고안해낸 유아교육복지 프로그램이다(이은화, 양옥승, 1988).

유아교육에 의해 '문화적 박탈' '문화실조'를 치유하고 보상하는 정책(Bruner, 1996)으로서 Head Start 프로그램의 초안 작성에는 유아와 그들의 가족을 위한 '사회적 능력' 향상을 목적으로 하여 생리학자, 의료전문가, 심리학자, 사회사업가, 유아교육자들이 대거 참여하였다(Zigler & Valentine, 1979). Head Start 프로그램이 공통적으로 가정하였던 바를 제시하면 다음과 같다(Weikart, Epstein, Schweihart, & Bond, 1979).

> 유아는 세계가 어떻게 움직이는지 직접적인 경험을 통해 스스로 발견해 냄으로써 동기화되고 학습하고 발달한다. 그러나 그들의 학습하려는 동기는 불안정한 정서나 제한된 환경에 의해 질식될 수도 있다. 유아는 서로 다른 흥미와 요구 그리고 재능을 가지고 있으며 다른 속도와 방식으로 발달한다(p. 8).

Head Start 교육과정은 관념주의, 행동주의, 발달주의 등 다양한 관점에서 연구되고 적용되었으나 이 중에서 Piaget의 인지발달 이론에 기초한 발달주의가 단연 으뜸이었다. 이러한 현상은 1960년대 심리학의 인지혁명에서 나온 Bruner의 학문구조 이론에 기초한 교육과정 개혁 운동에 따른 것이기도 하다.

보편적 아동발달의 개념을 중심으로 한 Piaget의 인지발달 시각에서 볼 때, 새로운 인지 구조를 형성한다는 것은 엄밀히 말해 환경보다 유기체로서 유아의 능동적인 인지 활동을 통해 가능하다. 일생의 어느 시기에도 적응이나 조직화는 일어나지만 유기체가 다룰 수 있는 인지 구조는 질적으로 다르며 감각운동기, 전조작기, 구체적 조작기, 형식적 조작기와 같은 일련의 단계를 거쳐서 형성된다는 것이다.

이러한 설명에도 불구하고 Piaget의 인지발달 이론은 전조작기에 있는 유아가 사회적 상호작용을 통해 새로운 지식을 어느 정도 형성할 수 있는지를 설명하기 어렵다는 취약점이 있다. 전조작기에 대한 그의 견해가 유아교육과정 연구에 주는 시사는 6세 이하 유아의 논리 · 수학적 지식의 형성은 환경적 자극과는 무관하다는 것이다. 보편적 아동발달을 핵심개념으로 하여 인지발달을 설명하는 Piaget의 논리를 따르면 교육은 유아가 이러한 지적구조를 가질 때까지, 즉 구체적 조작기까지 기다려야 한다.

교육이 현재의 자연 상태 또는 과정에 변화를 초래하는 것이라고 볼 때 학교가 단순히 유아의 자연적인 인지발달 순서만을 뒤좇아 갈 수만은 없을 것이다. 자연에 위배되지 않는 방향에서 보다 더 적극적으로 유아의 자연적인 사고과정을 촉진시키는 작업을 할 수 있다. 이러한 필요성은 실제로 성인을 포함하여 13세 이상의 사람들의 25% 정도만이 형식적 조작이 가능하다는 여러 연구들이 뒷받침해 주고 있다. 한편 유아는 이미 유아원이나 유치원에 입학할 때 상당한 경험과 지식(부분적이긴 하지만)을 가지고 있다. 교육이란 유아가 이미 친숙해진 것을 중심으로 이루어져야 한다는 점에서 Piaget의 전조작기 사고에 대한 설명은 교육 현장에 그대로 적용될 수 없을지도 모른다.

Dewey 및 Piaget의 발달적 이론에 기초하여 개발된 대표적인 유아교육과정 모형으로는 1979년 High/Scope 교육연구재단이 발표한 『인지중심 유아교육과정』(Hohmann, Banet, & Weikart, 1979)과 1987년 미국유아교육협회(NAEYC: National Association for the Education of Young Children)가 발표한 『출생에서 8세까지의 아동을 위한 발달에 적절한 유아 프로그램의 실제(*DAP: Developmentally appropriate practice in early childhood programs serving children from birth through age 8*)』(Bredekamp, 1987)를 들 수 있다. 특히 유아교육과정의 '발달적 적합성' 에 대한 청사진을 제시한 NAEYC의 DAP는 그 자체가 유아교육과정의 개념적, 이론적 틀로 응용될 만큼 그 영향력이 지대했다. 이 밖에 발달론적인 관점에서 교수 · 학습 이론과 방법을 제시했던 대표적인 연구자로는 Kamii(1984, 1992)와 DeVries(1984, 1992)가 있다. 그러나 Piaget의 인지발달 이론은 마음속의 문화나 사회속의 마음이 배제된 형식주의적인 측면이 많다는 점에서 이에 대한 근본적 검토가 불가피하게 되었다.

이러한 상황에서 Piaget의 자기 충족적이고 형식적인 논리가 지닌 한계를 극복하고자 하는 시도가 나타났다. 문화나 역사가 아동의 학교 학습에 어떠한 영향을 미치는지에 대한 현장 연구들이 1960년대 후반부터 1970년대에

Vygotsky의 후계자인 Luria 등에 의해 여러 문화권에서 수행되었고 그 과정에서 Vygotsky의 발생학적 인식론이 사회적 구성주의라 불리며 사회문화적이고 역사적인 발달 이론으로 소개되었다.

Vygotsky의 발생학적 인식론은 심리학의 어떤 학파에도 의존하지 않고 동물학, 인류학, 언어학, 사회학, 역사학 등을 자유롭게 넘나들며 삶의 맥락에서 유아교육과 교육과정을 논할 수 있는 새로운 근거를 제시하였다(양옥승, 1991, 1993, 2004a; Yang, 2000). 더욱이 교육 개혁의 기본을 '생각하는 것을 가르치는 것'(Haroutnunian-Gordon, 1998)에 두는 21세기 지식기반 사회에서는 발달주의자 중에서도 Vygotsky가 단연 유아교육과정 연구자들의 관심을 끌 수밖에 없었다. 특히 그는 '발달에 선행한 교육'이나 유아교육의 중요성과 가능성을 사회적으로 설명하고 있어서 유아교육과정 개념화를 목적으로 그의 관점을 도입하는 것은 Piaget이론의 한계를 극복하는 데 기여할 수 있을 것이다.

Vygotsky는 객관적 현실과 주관적 인식이 합치되는 고등한 형태의 정신 과정에 대한 이해는 사회문화적이고 역사적인 상황과 유기체의 발생학적 조건 간의 상호작용에 대한 인식에서부터 출발한다고 보고, 상호작용의 접근 방법을 사용하여 '아동의 문화적 발달' 과정을 밝히고자 하였다(Vygotsky, 1978, 1981). 이러한 그의 접근은 모든 아동에게 동일한 보편적 단계를 연령적 기능으로 설명하는 Piaget의 입장과 많은 차이가 있다. 그의 이러한 논의 방식은 학문적인 탐구의 대상으로서 개인의 정신 현상과 사회 현상을 서로 개방하여 연구하기를 꺼려했던 기존의 입장들을 불식시키고 고등정신 발달 연구에 있어서 방법론상 일대 변혁을 가져왔다. 그에 따르면 인간의 사고 발달은 사회적 상호작용으로 이루어지지 유기체의 단일한 힘만으로 이루어지는 것이 아니다. 역사적인 진화의 과정을 거쳐서 사회 현실 속에 내재해 있는 문화가 사회적인 상호작용을 통해 개인의 내면세계로 전환되면서 가능해진다. 영아기 이후보다 고등한 형태로 정신 기능이 발달하는 것은 생득적인 요인뿐 아니라 사회문화적인 요인에 기인한다는 것이다.

사회적 구성주의자였던 Vygotsky의 입장에서 보면 객관적 현실과 주관적

인식이 만나서 생성되는 고등한 형태의 정신과정을 이해하려면 개인이 처한 사회문화적 또는 사회역사적 상황과 발생학적 조건과의 상호작용을 인식할 때에만 가능하다. 교육을 통한 지식의 형성 또한 근접발달지대(ZPD: zone of proximal development)를 분명히 밝힐 때만 가능하다. 이러한 그의 생각은 지금까지 Dewey나 Piaget의 발생학적 인식론에 기초하여 유아교육과정을 개념화했던 기존의 발달주의와 다른 점이다. 이러한 관점에서 필자는 Piaget의 발달적 구성주의의 대안으로 Vygotsky의 발생학적 인식론(양옥승, 1991, 1993)을 제안하였다.

Vygotsky 사후 몇몇 Vygotsky주의자들은 유아의 근접발달지대 형성에 기여하는 성인과 또래 중에서 성인의 역할에 주목하여 새로운 개념을 발전시켰다. 이를 테면 Wood 등(Wood & Middleston, 1975; Wood, Bruner, & Ross, 1976)은 건축 관련 용어인 스캐폴딩(비계설정, scaffolding)의 개념을 도입하여 유아의 잠재적 발달수준을 촉진하는 발판으로서의 성인의 인지적 지원을 강조하였다. 유아의 학습을 위해 성인이 제공할 수 있는 인지적인 지원과 지지를 의미하는 스캐폴딩을 위해 교사는 유아에게 관심 끌기, 자유 절감, 방향유지, 중요특성 표기하기, 과제완수와 관련된 욕구불만 통제, 시범 등을 적용할 수 있다. 그러나 스캐폴딩은 그 과정에서 유아의 자유로운 생각을 제한할 가능성이 많다는 점에서 Vygotsky의 이론을 제대로 반영한 것인지에 대한 의문이 남는다.

흔히 Dewey의 교육철학, Piaget의 발달적 구성주의, Vygotsky의 사회적 구성주의 등을 토대로 개발된 유아교육과정 모형으로 이탈리아의 Reggio Emilia 접근법(Edward, Gandini, & Forman, 1993)와 1997년 NAEYC의 『발달적으로 적합한 유아교육 프로그램 실제』 개정판(Bredekamp & Copple, 1997)을 들고 있다. 그러나 NAEYC의 모형은 여전히 구조주의적이고 형식주의적인 입장을 견지하고 있다는 점에서 Vygotsky의 사회문화적이고 역사적인 이론을 활용한 것이라고 보긴 어려울 것이다.

## 4. 기타 이론들

유아교육과정 분야에서 절대적인 위치를 차지하고 있는 이론은 Dewey와 Piaget의 발달적 이론이다. 그러나 20세기 후반에 접어들면서 Piaget의 발달적 구성주의가 안고 있는 한계를 극복하고 새로운 대안을 찾고자 일부에서 유아교육과정을 재개념화하는 연구들이 수행되었다. 필자 또한 보편적 아동발달을 중심 개념으로 하고 있는 Piaget의 발달적 접근에 대한 대안으로 Macdonald의 초월적 발달론(양옥승, 1987)과 Vygotsky의 발생학적 인식론(양옥승, 1991, 1993)을 제안하며 유아교육과정에 대한 재개념화를 시도하고, 다문화주의(양옥승, 1997b), 비판이론과 현상학(양옥승, 2000a), 포스트모더니즘(양옥승, 2002b; 황윤세, 양옥승, 2002) 등에 의해 유아교육과정을 새롭게 이해할 필요성을 제안하였다.

### 1) 재개념주의: 유아교육과정의 재개념화

교육과정에 대한 재개념화는 기존의 관념론적, 경험 과학적, 발달론적 관점에서 개념화했던 방식을 비판하고 등장한 여러 대안적 이론들, 예를 들어 사회과학의 비판이론이나 현상학, 해석학 등이 집합된 것으로 특정 틀로 정형화하기 어렵다는 특징이 있다. 이런 점을 감안하면 교육과정을 재개념화하고자 했던 교육과정학자들을 한데 묶어 재개념주의자라고 부르는 것은 어색할 수 있다. 그러나 1970년대에서 1990년대까지 교육과정에 대한 기존의 개념화를 벗어나서 인문학이나 사회과학의 힘을 빌려 교육과정을 새롭게 이해하려 했던 사람들을 재개념주의자라고 불렀던 것도 사실이다. 따라서 Vygotsky의 사회적 구성주의를 제외한 상태에서 비판이론이나 현상학 또는 해석학에 의거하여 유아교육과정의 재개념화를 시도했던 연구들을 재개념주의의 범주에 포함시키는 것은 큰 무리가 없을 것으로 보인다.

비판이론에 기초한 유아교육과정 연구들은 유아교육기관이 어떻게 민주주의를 강화하여 평등하고 정의로운 사회를 구현하며 진보적으로 사회를 변화시킬 수 있는지를 밝히고자 했다는 특징이 있다(양옥승, 1987; Kellner, 1998; King, 1992). 이들은 유아교육의 비역사성을 비판하면서 교육과정의 개념을 학교 밖의 정치, 경제, 사회, 문화적 제 구조와 관련 속에서 정의하고자 하였다. 이 관점에서 이루어진 유아교육과정 연구들(Bloch, 1991; Kessler, 1991; Kessler & Swandener, 1992)은 주로 Freire(1968, 1972), Giroux(1989), Giroux 등(1981), Pinar(1975)의 교육과정 이론을 배경으로 하여 유아교육과정이 불공평하고 정의롭지 못한 사회구조를 재생산하는 데 교량 역할을 했음을 비판한다. 예를 들어, 유아교육기관에 보내는 부모들은 교육과정이 자기들의 요구를 반영하고 있는지, 그리고 유아교육기관이 잠재적 교육과정(hidden curriculum)을 통해 자기들이 원치 않는 이념으로 자녀를 사회화하고 있는 것은 아닌지를 알 권리가 있다는 것이다.

다른 한편으로 교육은 개인적이면서도 상황적이어야 한다는 관점에서 기존의 발달주의가 안고 있는 문제를 해결해야 할 필요성이 있음을 제안하기도 한다. 이러한 재개념주의적 생각은 교육과정 분야에서 재개념화의 기틀을 마련해 주었던 Macdonald의 초월론적 발달 이념(transcendental-developmental ideology)으로부터 찾을 수 있다. Macdonald(1978)에 의하면, 개인은 사회문화적이고 역사적인 현실을 파악할 수 있는 반성적 사고와 더불어 내부의 자아를 통찰할 수 있는 심미적 사고 능력을 갖추어야 한다. 개인은 자신이 의식하고 소망하는 것과 주어진 사회적 상황 간의 반성적인 교류(transaction) 과정에서 새로운 가치를 창조할 수 있다고 보았다. 나아가서 그는 Jung의 개체화(individuation) 개념을 빌려 교류의 과정에는 특정 맥락에서 사람들 사이에서 또는 사람과 사물 간에 이루어지는 반성적 교류만 있는 것이 아니라 특정 맥락에서 사람과 생각 사이에 이루어지는 심미적 교류도 있다고 말한다. 그렇기 때문에 개인이 어떤 가치를 판단하고 결정하는 데 있어서 지나치게 사회적 관계에 의존하는 반성적 교류에 치우치게 되면 개인 내적인 심미적 교류는 사라지게 되어 자신을 이해하지 못하는 그런 결과를 낳게 된다. 개인과 사회 간의 반성적 교류나 대화 못지않게 자아의 두 부분이 되는 개인의 의식과 개인의 잠재의식 간의 심미적 교류가 필요하다는 것이다. 이러한 관점에서 보면 유아교육과정은 유아의 학습을 촉진하기 위해 선택된 사회문화적 환경으로 규정되고, 주관성과 관계성 모두가 교육과정의 중심 개념이 된다.

### 2) 포스트모더니즘

유아교육과정의 다양화는 주로 포스트모더니즘의 탐구 양식을 적용하는 것에서부터 시작되었다고 할 수 있다. 합리와 진보를 내세우며 서구를 풍미했던 모더니즘에 대한 반기로 등장한 포스트모더니즘은 현대의 지적 활동과 비판 양식이 낡은 지적 유산에 의존하고 있는 과학주의적이고 근대주의적 차원에서 벗어나 교육과정을 탐구할 것을 강조한다. 예컨대, 과학적 지식과 서사적 지식(narrative knowledge)은 서로 다른 규칙을 가진 언어적 게임의 산물이기 때문에 양자를 동일 체계로 묶을 수 없음에도 불구하고, 현대의 과학주의나 사회과학의 비판이론 등은 진리의 정당성을 확보할 목적으로 이 두 개의 지식을 통합하고자 했다고 비난한다.

포스트모던 관점에서 보면 지식은 맥락과 상황의 영향 속에서 형성된다. 모든 삶의 형식을 총괄하는 보편적 진리라는 것은 없으며 진리나 지식이라는 것도 상황들을 이해하고자 사람이 만들어낸 사회적 구성물이자 창출일 뿐이라는 것이다(양옥승, 2002b). 포스트모더니즘에서의 진리의 확실성이나 절대성에 대한 부정은 곧 모든 현상을 파악하는 데 있어서 불확실성과 상대성을 인정해야 한다는 주장으로 이어진다. 따라서 교육과정 분야를 지배해 온 이론적 주제들과 담론을 해체하는 것은 지배적인 담론 속에 숨겨 있는 모순적인 내용과 편견을 파악할 수 있게 한다.

이러한 관점에서 유아교육과정 연구자들은 유아교육 이론이나 담론의 근간을 이루는 개념이나 이론적 주제들이 어떠한 사회적 맥락 속에서 어떤 의도로 개념화되었는지를 추적함으로써 유아교육 분야를 지배하고 담론 속에 숨어 있는 편견과 모순들을 드러내고자 하였다. 그 대표적인 예로 Cannella의 연구를 들 수 있다. Cannella(1997)에 따르면 보편적 아동발달의 원리를 신봉하는 구조주의적 관점에서 유아교육 이론이 성립되는 과정에서 가장 외면당한 것은 바로 아동의 목소리다. 그리고 아동기, 아동발달, 모성, 여성, 아동중심 교육, 놀이중심 교육과 같은 이론적 주제와 용어들은 인식론 상에서 인간의 절대성과 합리성을 신봉하는 계몽주의의 여파로 나타난 합리주의적이고 실증주의적인 관점에서 유래한다.

해체론적 관점에서 보면 유아교육과정 분야는 1859년 다윈이 출간한 『종의 기원』 이후에 등장한 발달주의자, 이를테면 아동중심주의자였던 Hall이 아동연구를 강조하고 아동연구센터를 미국 전역에 걸쳐 개설하면서 아동발달을 교육과정의 핵심 개념으로 받아들이기 시작하였다. 아울러 1920년대의 행동주의 심리학, 심리측정 및 습관 형성 이론, 1930년대의 Freud의 정신분석 이론, 1940년대와 1950년대 사이의 성숙 이론, 그리고 20세기 후반의 Piaget의 인지발달 이론 등은 심리학이라는 과학을 통하여 아동의 성장과 발달을 이론적으로 이해할 수 있게 만들었다. 1960년대에는 국가수준에서 Head Start와 Follow Through 프로그램이 개발되고 1980년대와 1990년대에 Piaget의 인지발달 이론에 기초한 유아교육 프로그램 연구가 활발하게 전개됨으로써 구조주의적 사고뿐 아니라 보편적인 아동발달의 원리가 인지 능력과 사고 행위를 조정하고 결정한다는 믿음을 강화시켰다.

비판적 입장에서 볼 때 보편적인 아동발달의 개념은 서구 중산층의 이미지를 세계의 모든 아동으로 보편화하고 제도화함으로써 비서구적인 문화를 가졌거나 저소득층 가정의 아동을 사회의 주변부에 위치시키는 결과를 초래하였고, 아동에 대한 성인 규제와 지배를 정당화시킴으로써 아동의 다양한 목소리를 듣는 방법을 개발해 내지 못했다. 그러나 진리나 지식이란 사회 내 여러 집단 간 힘(권력)의 역학 관계에 의해 구성되고 정당화된 것으로 고정적이기보다는 상대적이다. 따라서 침묵당한 유아의 목소리를 듣고 의미를 공유하는 연구가 필요하다(Cannella, 1997).

이런 맥락에서 어린이의 삶 속에 들어가 그들의 다양한 목소리를 듣고 현실적으로 적용 가능한 실천적 지혜를 찾고자 하는 현장 연구가 1990년대에 수행되기 시작하였다. 같은 지역사회에 거주하는 유아들로 구성된 유치원 내에서 유아들 사이에 또는 유아와 교사 사이에 힘의 관계가 어떻게 형성되고 소멸되는지를 밝힌 김진영(1998)의 연구나 발달상 가장 연약한 시기에 있는 영아를 보육하고 있는 보육시설에서 영아들과 보육교사 간 힘의 관계를 밝히고자 했던 이정란(2004)의 연구에서 그 예를 찾을 수 있다. 또한 포스트모더니스트들은 획일적인 통일, 질서유지, 안전성을 이루려는 모더니즘적 사고에 불신과 거부감을 나타낸다. 질서의 보편성마저 부정하며 위계질서 정립은 간섭을 낳고 간섭은 다시 타인을 억압하는 양상을 빚는다고 보기 때문이다(양옥승, 2000b). 이 점에서 시간과 공간에 대한 모던적 관점 또한 해체의 대상이 될 수 밖에 없다.

모던적인 시각에서 수업 시간은 교육목표를 효과적으로 달성하고 학급을 개선할 수 있는 최고의 조건으로 고정화되지만 포스트모던 관점에서 보면 수업시간을 고정하는 것은 교사들을 보다 짧은 시간에 보다 많은 일을 처리하는 '시간의 포로(prisoners of time)' 로 만든다(Slattery, 1995). 유아교육기관에서 자유선택 활동 시간이라는 것도 이러한 관점에서 보면 전체 하루 일과 중에서 일정 시간을 할당하고 정해진 시간 내에서 유아에게 자유롭게 선택하여 활동하게 하는 것이기 때문에 자유선택 활동이라는 근본취지에 맞지 않게 유아를 시간에 얽매이게 한다(양옥승, 2002b).

포스트모던 관점에서 보면 교육 공간도 단순히 보편적인 지식을 전달하거나 습득하는 공간이 아니라 다양한 개인들에 의해 지식이 구성되고 있는 과정적이고 변용적인 공간이다. 만일 유아교육이 한정된 공간에서 이루어지고, 규정된 장소 밖으로 유아가 이동할 경우 제재를 가한다면 유아에게 교육공간은 규제를 경험하는 곳이 된다. 공간에 대한 이러한 이해는 일찍이 교육기관에 다니는 영아에게서도 나타난다(Leavitte, 1994). 따라서 교육공간에 대한 정전화된 사고를 해체하고, 교실이나 유아교육기관이 유아와 교사 사이, 공간과 시간 사이, 미지의 것과 알아가는 것 사이, 과거와 현재 사이, 개인과 집단 사이, 사람과 사물 사이를 연결 짓고 교류하는 역동적인 삶의 공간으로 변용되어야 한다. 유아와 교사가 사회문화적인 의미를 공유하는 공간으로 유아교육기관을 인식하고 있는 예로는 Reggio Emilia 접근법을 들 수 있다.

### 3) 다문화주의

다문화주의(multiculturalism)는 이민, 노동력의 국제이동, 국제결혼, 난민, 망명, 유학 등으로 인해 민족 구성이 다양화되는 과정에서 한 국가 내에서 발생하는 이민족간, 이문화간 갈등을 극복하기 위한 방안으로 등장한 사회과학적 개념이자 이론이다. 다른 한편으로, 다문화주의는 다양한 문화적 배경을 가진 사람들의 지각, 신념, 태도, 행동에 영향을 미치고 상호작용을 이끄는 일련의 행동규범, 원칙 또는 접근방법으로 민주 사회가 추구하는 문화의 다양성, 인권 등에 대한 개인의 가치관, 신념, 인식 상태 등을 분석하는 틀(framework)을 가리킨다. 이런 관점에서 보면 사적으로는 다의성을 허용하면서도 공적으로는 단일의 공통문화를 고집하는 보편주의보다 발전된 이론이 다문화주의다(유정석, 2003).

유아교육 분야에서도 소수 민족(에스닉 집단)이나 소수자의 문화에 대한 편견 불식과 공동체적인 삶을 추구하는 방향에서 다양한 교육과정이 연구, 수행되고 있다. 대표적인 유아교육과정 모델로는 Derman-Sparks(1992)의 '반편견 교육과정(Anti-bias curriculum)' 을 들 수 있다. 그러나 이 모델은 문화 정체성 형성과 타문화에 대한 수용과 이해 촉진을 중시하는 다문화 교육(Hermandes, 2001)과 같은 선상에 있는 것으로, 사회통합의 차원에서 공동선과 관련된 가치관 교육이나 공동체적인 삶을 지원하는 교육에 대한 배려가 부족한 측면이 있다.

다문화 교육의 관점에서 수행된 여러 연구들(Bigler & Liben, 1993; Laupa,

1994; Neugebauer, 1992; Ramsey, 1987; Ramsey & Derman-Sparks, 1992)에 기초하여 한국 유아의 다문화 이해 능력을 분석해 보면 2, 3세에 이미 타인의 피부색, 성, 신체 구조 등 외현적인 차이뿐 아니라 타인의 문화화된 사회적 행동에도 관심을 보이는 것으로 나타난다(양옥승, 1997b). 2, 3세 때부터 자기가 무언가를 원할 때는 물론이고 타인이 자기에게 해롭게 할 경우 자신의 감정을 어떻게 표현해야 하는지를 학습할 수 있다는 것이다. 그러다가 4세가 되면 인종, 민족, 에스닉 집단, 성에 대한 정체성을 가질 수 있고, 자신이나 친숙한 사람이 소속하고 있는 하위문화(subculture)와 타문화 간의 공통점과 차이점을 찾는 데까지 관심의 범위가 확대된다. 그리하여 타인에 의해 손상된 자신의 감정과 생각을 다스리는 갈등 해결 기술을 익힐 수 있다.

한국 유아들은 5세가 되면 집단 구성원으로서 자신을 이해할 수 있고 교육을 통해 쉽게 자기 가족의 생활 방식을 일반화하거나 가족이 가진 편견이나 고정관념에 따라 행동하는 것을 줄일 수 있는 것으로 나타난다. 성인의 도움을 받게 되면 고정관념, 편견, 부당한 시회적인 행위에 대해 비판적으로 생각할 수 있으며, 에스닉 집단이나 성별에 따른 문화 차이를 반영하여 타인의 행동을 수용할 수도 있다. 그러나 개인적인 관심과 달리 주변 환경이 변하지 않는 한 유아들 스스로 고정관념의 틀을 벗어나지 못하고 인종, 민족, 에스닉 집단, 성, 계층, 장애, 지역 등에 대한 사회적 편견을 그대로 내면화하는 한계가 있다. 6세가 되어서야 에스닉 집단이나 성별 차이 이외에도 계층이나 장애, 지역별에 따른 생활 방식과 하위문화의 차이를 인식하고 집단 구성원으로서 자신을 동일시할 수 있게 된다. 나아가서 교사의 도움을 받아 학교나 지역사회에서 발생하는 차별적인 상황에 대해 문제를 제기하고 해결할 수 있다(양옥승, 1997b).

다문화주의 관점에서 볼 때, 민주사회를 이끌어 갈 시민을 육성하기 위한 교육과정은 지식, 행위, 지역사회, 권리와 책임, 도덕성, 지역성과 같은 요소들을 상호존중, 합리적 의사소통, 정치적 권리인정의 측면에서 어떻게 개념화하느냐에 따라 다르다. 더욱이 세계는 인종, 민족, 에스닉 집단, 종교적인 차이, 지역에 따라 다양하게 구획화되고 있고 국지적 갈등이 보다 빈번해지고 있다. 이러한 상황에서 최근의 교육과정 논의는 반편견의 관점으로부터 벗어나고 있는 추세다.

그러나 2007년 국가수준에서 개정된 교육과정을 분석해 보면 아직 다문화교육이 기존의 범교과 학습주제에 추가되는 차원에 머물고 있거나(양영자, 2007), 반편견 모델을 적용하는 데 그치고 있다. 이러한 현상은 유아교육 현장에서도 크게 다르지 않을 것으로 예측되는데(지성애 외, 2006), 교육과정 이론의 하나로서 다문화주의에 대한 충분한 검토와 연구가 없었던 연구 풍토에서 기인한 것이라고 할 수 있다. 따라서 사회 통합의 차원에서 세대간, 성별간, 계층간, 장애자와 비장애자 간에 나타날 수 있는 하위문화의 차이에 대한 고려와 함께 인종간, 민족간, 에스닉 집단간, 종교간, 지역간, 계층간 갈등을 최소화할 수 있도록 다문화주의에 기초한 유아교육과정 연구가 보다 활발하게 수행되어야 할 것이다.

### 4) 생태주의

인류는 자연을 삶의 터전으로 이해하고 활용하면서 문명을 이루었다. 그러나 자연을 생활의 편익과 효율성을 제공하는 경제·사회적인 수단으로 이용함으로써 생태계가 파괴되는 지경에 처해 있다. 이러한 위기를 낳게 된 데에는 근대 이후에 지속된 인간중심적인 사고가 크게 작용했다고 보는 것이 일반화된 생각이다.

사전적 의미에서 인간중심주의(anthropocentrism)는 인간이 세계의 중심이며 궁극적인 목적이라고 보는 세계관을 가리킨다. 이 입장에 서면 인간만이 생태계에서 이성을 지닌 유일하고 우월한 존재로서 자연을 지배하고 정복할 수 있다고 생각한다. 인간은 만물의 영장이고 우주 만물은 인간을 위해 존재하는 것이기 때문에 자연을 이용하고 착취하는 것은 결코 부당한 것이 아니다. 자연은 인간을 위한 탐구의 대상이며 인간에게 필요한 지식과 자원을 끊임없이 제공하는 도구로서 존재의 가치가 있을 뿐이다. 이러한 견지에서 자원 생산을 위한 기능 훈련과 지식 위주의 교육이 강조된다. 인간중심의 교육은 무분별한 생명공학의 적용, 생명 윤리에 대한 불감증, 환경을 훼손하는 삶의 방식을 양산하고 자연 재앙과 환경 오염을 유발할 가능성이 높다(양옥승, 2001b).

이러한 상황에서 1992년 브라질의 리우에서 지구 정상회의가 개최됨으로써 환경 문제가 전 세계적인 관심사로 부상하였고 생태주의 철학을 도입하여 자연을 이해하기 시작하였다. 생태중심주의(ecocentrism) 또는 생태적 관점(ecological perspective)이라고 불리는 생태주의에 따르면 생태계의 각 존재들은 나름대로의 가치를 지니고 있기 때문에 자연의 일부로서 인간은 자연과 상호 의존적인 관계를 유지하면서 순환적인 삶을 영위할 수 있어야 한다. 또한 자연은 인류가 존재하는 한 동반자적 문화로 규정되며, 자연 개발에는 미래 세대까지 이어가는 지속 가능한 활용의 의미를 지닌다. 이 입장에서 보면 교육의 목적은 자연 생태계에 대한 배려와 보살핌, 나눔과 상생의 가치관, 사회적 책임감 등을 포괄하는 생태적 세계관 형성에 있다(구승회, 1995, 1996; 박이문, 1998; 심성보, 1999; 최미현, 2000).

교육과정에 대한 생태주의 시각은 생태계를 구성하는 모든 존재들의 생명과 권리를 인정하는 생명존중이나 자연친화 사상과 그 맥을 같이 한다. 이런 관점에서 보면 최근 유아교육과정 분야에서 논의되고 있는 자연친화 교육은 자연을 탐구대상으로 한 과학교육으로 보기보다는 생태적인 세계관을 형성하는 사회교육 또는 도덕교육으로 이해하거나 통합교육의 차원에서 접근하는 것이 더 타당하다. 유아교육과정 또한 생태적 지식 이외에 모든 생명에 대한 경외심과 생태계의 순환성을 인정하는 인지와 정서를 통합한 것이 된다. 통합교육의 관점에서 보면 생태주의 유아교육에서는 자연과 함께 살아가는 소중함을 느끼고 생명 공동체의 필요성을 깨달을 수 있는 감성교육을 강조하고, 유아교육 내용에 환경에 대한 지식 전달, 환경으로부터 배우는 교육, 환경을 위한 의식 고양과 행동 실천, 그리고 생태적인 삶의 방식 습득 등을 중요하게 다룰 수밖에 없다(양옥승, 2006).

유아교육과정에 대한 생태주의 시각은 20세기 후반에 접어들어서야 나타나기 시작하였다. 사실상 그동안 유아교육에서는 자연의 순리에 따르는 기다림의 여유 속에서 나올 수 있는 보살핌이나 배려에 대해 큰 가치와 비중을 두지 않았다. 그러나 최근 10여 년 동안 생태주의에 기초한 유아교육과정 연구가 활발해지고 있다. 대표적인 실천 사례로는 사단법인 공동육아와 공동체교육에서 운영하고 있는 어린이집을 들 수 있다. 공동육아 어린이집에서는 협력적 참여, 민주주의, 차이성(공동체), 생태, 학습을 기본 가치로 내세우고 있다. 이러한 이념을 비탕으로 교육내용은 생태적 능력 배양을 위한 생태교육, 민속문화 이해를 위한 생활문화 교육, 소통능력을 형성하기 위한 관계교육, 차이와 연대를 중시하는 통합교육 등의 네 가지 축을 중심으로 구성되어 있다(이부미, 2006).

공동육아와 공동체교육에서 실시하고 있는 생태주의와 다소 다른 각도에서 생태주의를 유아교육 패러다임으로 적용하고 있는 예는 생태유아교육학회를 중심으로 한 생태공동체 운동을 들 수 있다. 이 운동을 주도하고 있는 임재택(2005)에 따르면 이 시대 유아들은 산업화에 의한 지구 파멸의 위기 속에 살고 있기 때문에 이 어린아이들의 생명을 살리고 삶의 질을 높이기 위해서는 '생태유아교육'이 필요하다. 이런 입장을 가지고 있는 생태유아교육자들은 생명과 공동체와 전인(몸 · 마음 · 영혼)을 중시하는 삶교육, 땀교육, 관계교육, 감각교육, 앎교육, 감성교육, 영성교육의 과정을 통해 유아에게 잃어버린 자연과 놀이와 아이다움을 되찾아 줄 수 있다고 여긴다(임재택, 2005; 하정연, 2004).

# 제4장

# 아동중심 교육과정의 의미 탐구

교육과정 분야는 지난 20여년 사이에 많이 변화했다. 교육과정 연구의 재개념화에 이어 나타난 이 변화는 Schwab(1970)이 우려했던 '죽어가던' 교육과정 분야를 살리고 Pinar 등(1995)이 제안한 대로 교육과정 개발에서 '교육과정 이해' 로의 패러다임 전환으로 이끌고 있다. 이제 교육과정 이론을 탐구하는 것은 교육과 삶의 의미를 '보는 것' (이홍우, 유한구, 장성모, 2003)이자 교육과정의 의미를 '이해하는 것' (Pinar et al., 1955)이 되고 있다. 따라서 유아교육과정 분야도 국가 수준에서 개발된 유치원 교육과정이나 표준보육과정에 얽매어 교육과정 개발의 기술과 방법에 치중하기 보다는 유아의 일상생활과 삶의 의미를 볼 수 있는 유아교육 현상에 초점을 맞추어 교육과정 의미를 탐구하고 이해하려는 방향으로 이동할 필요가 있다.

한국의 유아교육과정을 이해하는 것은 유아교육 분야에서 자주 사용하고 있는 언어에 주목하는 것에서부터 가능할 것이다. 지금까지 유아교육과정과 관련하여 자주 거론되는 언어로는 '아동중심' (child-centered)을 들 수 있다. 유아교육과정 담론의 역사(이은화, 양옥승, 1988)는 아동중심 교육과정(child-centered curriculum)의 역사라 해도 과언이 아닐 만큼 아동중심은 유아교육과정의 특성을 함축하는 개념으로 한국에서 폭넓게 적용되고 있으며, 오늘날에도 '바람직한 유아교육'(양옥승 외, 2003)과 같은 의미로 대체, 사용되고 있다.

원래 아동중심 교육과정은 아동에 대한 인식이 확고하게 형성되기 시작한 근대 이후의 산물(최양미, 1994; Cannella, 1997; Kliebard, 1995; Raines, 1997; Tanner & Tanner, 1990)로서, 사회중심, 성인중심, 교사중심, 서적 중심 등 과거의 전통적 교육에 대항하여 일어난 아동중심 교육운동에 기원을 두고 있다. 그러나 일반 교육과정 분야에서의 아동중심에 대한 논의는 유아교육 역사나 현상과 무관하게 진행되었기 때문에 Froebel이 유치원을 창설한 이후 오늘날까지 아동중심 교육과정의 전통을 계승해 오고 있는 유아교육과정 분야에서 아동중심의 의미가 역사적으로 어떻게 변화되었는지를 탐구하는 것은 한국의 유아교육과정을 이해하는 데 필요한 절차이고 과정이라 하겠다.

아동중심 교육과정은 유아교육의 역사와 함께 그 의미가 조정되고 변화하였다. 유아교육과정을 최초로 실천에 옮긴 Froebel이 생각하는 것과, 유아교육과정에 또 다른 이론적 기초를 제공한 Dewey, 그리고 발달적 구성주의에 기초하여 유아교육을 논한 Piaget에 이르기 까지 아동중심 교육에 대한 해석은 분명히 다를 것이다. 교육과정 담론이란 기본적인 교육 철학의 차이에서 뿐 아니라 삶과 관련된 것으로 정치, 경제, 사회적 맥락에 따라(Beyer & Liston, 1996; Carlson, 1992; Eisner, 1992), 그리고 어떤 텍스트로 이해했느냐에 따라 달라지기 때문이다. 따라서 이 장에서는 아동중심의 개념이 유아교육과정을 이론화하는 과정에서 어떤 의미로 받아들여졌는지를 역사적으로 밝히고자 한다.

20세기 초 유치원이 소개된 이래 한국의 유아교육과정 연구는 미국의 연구조류를 따랐다는 사실(이은화, 양옥승, 1988)에 비추어 볼 때, 아동중심 교육과정 연구사 분석은 미국에서의 연구사를 중심으로 할 수 있다. 아동중심 교육과정에 대한 입장을 역사적으로 분류하는 방식은 Tanner와 Tanner(1990)의 기준을 적용하는 것과 Dopyera와 Dopyera(1990)의 기준을 적용하는 것을 들 수 있다. Dopyera와 Dopyera(1990)의 분류방식은 유아교육과정을 중심으로 분석했다는 장점이 있으나 아동중심의 의미를 교육과정 개발의 측면에서 지나치게 단순화하여 낭만주의와 진보주의로 이원화하였다는 단점이 있다. 이에 비해 교육과정 분야에서 가장 보편화되어 활용되고 있는 Tanner와 Tanner(1990)의 분류는 그 범위가 초·중등학교 교육과정으로 제한되어 있다 할지라도 역사적 맥락에서 아동중심 교육과정의 의미를 아동중심 학교(child-centered school), 흥미(interest)의 개념 강조, 활동중심 교육과정(activity curriculum), 프로젝트 방법 등으로 포괄적으로 분류하였다는 장점이 있다.

한편, 유아교육과정 탐구의 변천사를 보면 Froebel의 관념론, Hall의 발달론과 Gesell의 성숙론, Thorndike의 연합이론, Dewey의 경험중심 교육과정 이론, Freud의 정신분석 이론, Piaget의 인지발달 이론, 그리고 Vygotsky의 발생학적 인식론(사회적 구성주의)이 유아교육과정 분야를 주도해 왔던 것으로 나타난다. 이러한 역사적인 맥락에 비추어 볼 때 유아교육과정 분야에서 아동중심의 의미는 놀이와 발현의 개념 강조, 발달의 개념 강조 및 자유방임 교육과정, 성숙과 준비도의 개념 강조, 흥미중심 교육과정, 활동중심 교육과정과 프로젝트 접근법, 인지중심 교육과정, 사회문화적 환경으로서의 교육과정 등으로 변화되었다고 할 수 있다.

## 1. 놀이와 발현 중심의 교육

아동중심 교육운동은 아동을 소중히 여기고 교육의 중심에 놓아야 한다는 소박한 의미를 가지고 시작된 것으로 Comenius의 실학주의에서 그 뿌리를 찾을 수 있다(최양미, 1994). 그러나 아동중심 교육의 실질적인 영향은 아동의 본성을 강조하고 아동이 자연(본성)에 따르도록 교육하는 것이 교사의 역할이라고 보았던 Rousseau와 그 후계자들의 낭만적 자연주의(romantic naturalism) 교육사상에 기인한다. 이성의 시대를 끝내고 낭만주의 사상의 기반을 닦은 Rousseau는 인간은 원래 선하고 행복하고 자유롭게 태어났으나 인간사회에 의해 타락했다고 주장한다. 1762년 출판된 『에밀』에서 그는 사회악에 물들지 않고 본성을 유지할 수 있도록 사회로부터 격리된 교육이 필요하다고 말했다. 아울러 연령별 발달 단계에 맞는 교육을 실시할 것을 제안하였다. 이러한 낭만주의 교육사상은 Pestalozzi를 거쳐 유아의 놀이를 교육과정의 중심에 놓고 발현의 개념에 기초하여 유아교육과정을 이해하고 실천한 Froebel에 의해 교육과정적인 의미를 갖게 되었다.

Froebel(1826)에게 있어서 유아교육은 인간의 타고난 본성(자연)을 '발현(개화)하는 것' 이다. 사람은 본래 진리를 이해하고 추구할 수 있는 정신세계를 가지고 있으므로 교육은 가급적이면 보편적이고 영원한 법칙이라 할 수 있는 고유성, 절대성에 근거하여 정신과 마음을 계발하는 데 주력해야 한다. 인간성은 자연적인 천성이므로 인간이 하는 행위는 곧 도덕적이다. 그러므로 유아를 위한 교육과정은 유아가 가지고 태어난 자기 활동적 본성을 최대한 키우는 것에 목표를 두어야 한다. 그래서 유아를 잘 가르치기 위해서는 놀이와 작업의 방법을 활용해야 한다. 특히 유아의 놀이는 내적 요구와 충동으로부터 기인한 유아의 가장 순수하고 고귀한 자발적인 정신 활동으로서 인간이 가진 신성과 같은 타고난 이성을 드러내고 발현시킴으로써 유아의 발달과 학습을 도모할 수 있는 최적의 교육 방법이라고 보았다.

Froebel의 입장에서 보면 아동중심 교육과정의 의미는 유아의 타고난 마음(본성)을 발현하는 것이다(양옥승, 2000b). Froebel의 아동중심 교육과정은 아동에 의해 주도되는 혹은 아동의 흥미나 발달에 따른다는 의미보다는 아동의 본성을 지원하기 위한 통합적인 교육과정이 마련되어야 한다는 의미를 담고 있다(Chung & Walsh, 2000). 이러한 입장에서 보면 Froebel이 제작한 은물의 형상 또한 유아교육의 형이상학적 핵심이라 할 수 있다. 은물은 '정신이 객관화된 것' 이라는 믿음에서 연유한다(이은화, 양옥승, 1988). 위계적인 순서에 따라 유아에게 이들을 제시함으로써, 유치원 교사는 확실히 유아 이해를 초월한 상태라고 여겨지는 형이상학적 패턴을 직관할 수 있도록 촉진할 수 있다는 것이다. 그리고 유치원은 유아들이 놀이를 통해 자발적으로 성장하고 발달하는 일종의 정원이다. 그러나 유아교육과정에 대한 관념론적인 관점이 지나치게 상징적이라는 비판을 받게 되자, 유아교육자들은 Herbart주의자로부터 '발달 단계'의 아이디어들을 도입하여 여러 차례의 시행착오를 거듭하면서 발달론에 기초한 유아교육과정 탐구를 시도한다.

## 2. 발달에 적합한 교육

1920년대 '아동중심 교육과정은 자유방임 교육과정(laissez-faire curriculum)이다'는 표현은 아동의 개인적 필요에 초점을 맞추고 사회적 요구에는 전혀 주목하지 않았던 1920년대 Hall의 아동중심 교육과정관을 대변한다. 개체발생은 계통발생을 반복한다는 다윈의 진화론을 신봉한 나머지 스스로 '마음의 다윈(Darwin of the mind)'으로 인정받기를 원했던 Hall(1883)은 개인 아동의 발달은 인류가 걸어왔던 역사의 단계를 반복한다는 Herbart주의자들의 문화기원론에 바탕을 두고 교육과정을 개념화하였다(Kliebard, 1995). 그는 무엇보다도 교육과정을 개념화하는 데 '발달 단계'의 개념을 적용함으로써 발달주의(developmentalism) 교육과정 이론을 형성하고 실천에 옮겼다는 점에서 교육과정 역사에서 중요한 인물로 꼽힌다(Kliebard, 1995).

또한 Hall은 아동 자신의 자연적 충동이 무엇을 가르칠 것인가를 답할 수 있을 것으로 보고, 교육과정은 과학적인 '아동연구(child study)'를 통해 나타난 아동의 필요에 의해 결정되어야 한다고 주장하며 이러한 생각을 전파하는 데 주력하였다. 교육과정의 내용을 결정하는 데 아동발달에 대한 연구의 중요성을 주창한 그의 입장은 1890년대 당시 교육과정 분야에 지대한 영향을 미쳤을 뿐 아니라 미국 교육과정 분야에 아동중심주의자를 낳는 계기가 되었다. 이후에도 자유방임적인 Hall의 교육과정에서는 어떤 획일화된 교육방법은 물론 조직화된 교육과정도 아동중심과 실험과학이라는 이름으로 배척하였다(Kliebard, 1995).

아동중심주의자였던 그는 아동을 학교에 적응시켜야 한다는 교육학자들의 주장에 반대하고, 학교가 아동의 필요(요구)와 흥미(관심)에 맞추어야 한다고 역설한다. 아동의 순간적인 흥미와 필요에 기초하여 교육과정을 구성하는 것을 강조한 나머지(Tanner & Tanner, 1990), 아동의 자유로운 활동을 제한하는 어떠한 교육활동도 부정하였다. 유아는 놀이중심으로 교육해야 한다는 것에 동의하면서도(Hall, 1901), 그는 Froebel의 상징적 측면을 신랄하게 비판하고 유아교육과정은 유아의 즉각적으로 나타나는 흥미와 필요를 충족시키는 '건강'의 관점에서 결정되어야 한다고 주장하였다(Kliebard, 1995). 이와 아울러 Froebel의 은물과 작업은 유아에게 소근육적인 과다한 활동을 요구하는 것으로 이것은 유아의 성장상태를 무시한 것이라고 비판하였다.

Hall에 따르면 교육과정이란 아동이 학교에 입학한 순간부터 개별화되어야 한다. 그러나 '개별화(individualization)' 교육에 대한 그의 관점은 일반 아동보다는 우수아에게 아동중심의 교육과정을 만드는 데 적용해야 한다는 매우 보수적인 것이었다. 더욱이 그는 교육을 통해 아동의 발달을 촉진시킬 수 있다고 생각하지 않았을 뿐 아니라 사회의 변혁을 바라는 것은 적절치 못하다고 보았다. 개인적 요구만을 중시하고 사회적 요구에는 무관심했다는 점을 들어 그 당시 진보주의자들은 Hall의 진보주의, 즉 자유방임주의는 사회 변화에서 학교의 역할을 중시했던 진보주의의 기본 생각과 다른 위험하고 극복되어야 할 것으로 비판하였다(Tanner & Tanner, 1990). 그 결과, 1920년대에 아동중심의 발달론에 기초한 Hall의 자유방임 교육과정은 막을 내리고 말았다. 그럼에도 불구하고 유아교육과정 분야에서는 Hall의 교육과정 관점은 관념론의 철학에 기초하여 유아교육과정을 개념화했던 유아교육의 전통을 발달론으로 전환케 하는 데 크게 기여하였다. 역사적으로 볼 때, Hall이 교육과정을 개념화하는 데 적용했던 발달단계의 개념은 1930년대 유아원 교육운동을 주도한 Gesell에 의해 성숙론으로 계승되었고, 1960년대와 1970년대에 Piaget의 인지발달 이론에 기초하여 교육과정을 개념화하는 기저로 발전되었다.

# 3. 성숙과 준비도

Hall의 제자이기도 했던 Gesell은 아동연구에서 발생학적 예정설의 개념을 따와 유아교육에 적용하였다. 그는 특히 성숙(maturation)이라 일컬어지는 개념을 발전시켰고 그의 성숙에 대한 입장 진술은 후학들에 의해 아동중심의 개념을 성숙론이라는 새로운 입장으로 분류화하는 기초로 작용하였다. 다년간에 걸친 영유아 관찰을 통한 아동의 발달과 행동규준에 관한 연구결과는 오랫동안 유아교육의 내용을 선정하는 기준으로 작용하였다. Hall과 Dewey가 유치원 운동에 적극적이었던 것에 비해 Gesell(1923)은 유아원 운동에 보다 적극적이었다. 1911년 Gesell은 예일대학교에 학교적응에 문제가 있는 유아들을 대상으로 조그만 클리닉을 개원하였다. 여기에서 그는 발달에서 성숙이 차지하는 역할에 관심을 갖고 자신의 독자적인 이론을 펼쳐 나갔다. 그 과정에서 인간발달에서 유아기는 매우 중요한 의미를 지닌다는 사실을 밝혀냈다. 특히 특수아동에 대한 연구를 통해 아동들이 학교에 적응하지 못하는 것은 발달적으로 준비가 되어 있지 않기 때문이라고 보고 초등학교 취학 전에 유아원이나 유치원에서 아동을 진단, 관찰하고 건강, 심리, 교육 검사를 실시하여 학교 준비도를 파악할 수 있어야 한다고 주장하였다(Beatty, 1995).

성숙의 개념에 입각해서 볼 때 아동발달에서 행동의 차이는 유전자에 의한 유기제의 내석 환경구조의 차이에서 기인한다. 따라서 부모나 교사의 역할은 각 유아의 개인차를 나타내는 학습 준비도를 파악하여 그에 적합한 교육적 경험을 제공하는 것이다. 성숙과 준비도에 대한 Gesell의 생각은 1930년대부터 1950년대에 출판한 유아교육 문헌의 여러 곳에서 발견된다(이은화, 양옥승, 1988).

그러나 1960년대 이후 준비도의 개념은 성인들이 만든 심사기준으로 미성숙과 성숙을 판단하게 만들고, 유아들의 자연스러운 놀이를 감시, 감독하는 근거를 주는 사회적 구성물에 불과하다(Graue, 1993)는 비판을 받았다. 또한 성숙론은 삶과 교육에서 사회문화적 조건이 얼마나 영향을 미치는지를 간과한 면이 많아 실제로 그의 아동중심 교육과정은 소득 수준이 매우 높은 가정의 유아들을 대상으로 시행되었다(Beatty, 1995). 이러한 모든 사실들은 그가 얼마나 사회경제적 요인에 무관심했는지를 알려 주는 것으로 차츰 많은 사람들로부터 멀어지게 만들었다. 성숙론에 기초한 교육과정 역시 사회적 요구에는 주목하지 않고 유아의 개인적 필요만을 중시했던 Hall의 자유방임 교육과정과 그 시각이 크게 다르지 않았던 것이다.

## 4. 흥미중심 교육과정

아동연구 운동에 대한 Dewey의 반응은 매우 복합적이었다. Dewey는 아동에 대한 과학적 연구의 필요성에는 공감했으나 학교 교육현장에 아동연구 결과를 즉각 적용해야 한다는 데에는 불편함을 드러냈다(Kliebard, 1995). 그는 Harris를 위시한 인문주의자들이 정신훈련을 위해 강조하고 있는 '의지' (will)의 가치에 대해 뿐 아니라 Hall를 위시한 아동중심주의자들이 강조하는 '흥미' 와 '필요' 의 개념 정의에 대해서도 동의하지 않았다. 그는 아동을 적절한 상황이 주어진다면 그 속에서 지적으로 자기 자신을 지시할 수 있는 능동적인 존재로 보았다. 그의 아동연구 운동에 대한 경계심은 Hall을 비롯한 발달주의자들이 갖는 아동중심 교육과정 관점에 대한 비판에서도 엿볼 수 있다. Dewey(1902)는 교육과정의 심리화를 주장하며 아동중심주의자와 다른 관점에서 아동의 '흥미(관심, interest)' 를 교육내용을 선정하는 기준으로 삼아야 한다고 보았다. 아동의 현재 경험 속에서 나타나는 흥미는 아동의 성장하고 발달하는 경험의 과정에 비추어서 그 의미와 성격을 파악해야 한다는 것이다.

Dewey(1902)에 의하면, '흥미' 는 아동의 경험을 중시하는 사람들(아동중심주의자)이, 그리고 '학문' 은 교육과정(교과)을 중시하는 사람들(인문주의자)이 내세우는 것이지만 양자는 대별될 만큼 다른 종류의 것이 아니다. 아동의 흥미와 교육과정은 서로 연속선상에 있는 것으로 단지 정도상의 차이를 보일 뿐이라는 것이다. 아동의 흥미는 성장의 가능성을 내포하고 있기 때문에 교육과정은 아동의 흥미와 무관한 것이 아니라 아동의 경험 속에서 계속해서 발달하게 된 가능성들이다. 아동의 흥미가 학습의 출발점이라면 교육과정은 현재의 경험을 다루는 목표 지점이라 할 수 있다. 그러므로 Hall을 위시한 발달론자가 갖는 교육과정 관점이나 기존의 교과중심주의자들의 주장은 아동과 교육과정을 이분화 시키는 오류를 범하고 있다는 것이 그의 지적이다. 그럼에도 불구하고 1902년 『아동과 교육』에서의 흥미에 대한 Dewey의 견해는 발달론자들의 아이디어들을 통합하고 재해석하는 차원에 머물렀다는 비판을 받았다 (Kliebard, 1995).

그러나 1916년 발간한 저서 『민주주의와 교육』에서는 흥미에 대한 개념을 보다 분명히 하고 자신만의 독자적인 교육과정 이론을 전개한 것으로 나타난다. Hall의 흥미나 필요의 개념과 다르게 Dewey(1916)는 흥미를 인간생활을 통하여 계속적으로 나타나는 하나의 힘으로 규정하였다. 이러한 그의 개념 정의는 이전과 다른 매우 포괄적인 것으로서 일상적인 생활 속에서 이루어지는 개인적인 활동 그 자체를 의미한다. 만약 유아가 어떤 활동에 흥미나 관심을 갖지 않는다면, 그것은 그 활동이 어떤 목적과 연결되는지를 모르기 때문이다. 그러므로 교사는 교육목적이 유아로 하여금 중요한 것이라는 것을 알게 하기 위해 유아에게 일상생활 속에서 문제 사태를 의식할 수 있는 기회를 주어야 한다. 기회란 곧 학교사회가 민주적인 교실 분위기 속에서 자유로운 상호작용과 경험의 자유로운 교류를 차단하지 않는 것을 뜻한다. 일상적인 생활과정에서 접하는 문제를 아동이 능동적으로 참여하여 해결하기 위해서는 그 문제 상황이 아동에게 중요하고 의미 있는 것, 즉 유아가 흥미를 가질 수 있는 것이어야 한다(Dewey, 1916). 유아의 흥미는 일상생활에서 유발한다는 관점에서 흥미중심 교육과정은 '생활중심 교육과정' 이라 불린다.

Dewey에게 있어서 필요나 흥미는 아동이 중요하다고 보는 프로젝트나 활동의 목적이 있을 때 나타나는 그 무엇으로 아동이 구두로 표현한 '선택' 의 의미를 지닌다(Tanner & Tanner, 1990). 그러나 선택으로서 흥미가 교육과정적으로 의미 있고 바람직한 것이 되기 위해서는 '상호작용'과 '경험의 계속성'의 원리가 함께 고려되어야 한다. 1938년 저술한 『경험과 교육』에서 그는 교육을 통한 삶의 진보를 논하면서, 교육은 개인이 삶의 사태에서 갖게 되는 경험에 기초해야 한다고 진술하였다. 그러나 경험 안에서 학습할 내용을 찾아낸다는 것은 첫 번째 작업에 불과하다. 아동이 일상적인 생활과 삶의 과정에서 경험하는 것 그 자체만으로는 교육이 이루어진다고 볼 수 없으므로, 교육과정상에서 새로운 경험이 제공되어야 한다. 새로운 경험이란 아동이 이전보다 능숙하게 다룰 수 있도록 하는 것이어야 하고 이전의 것들과 지적으로 관련성을 가져야 한다. Cremin(1961)에 따르면 20세기에 나타난 진보주의는 그 당시 산업화 과정에서 혼란을 겪고 있는 국민들에게 '국민의, 국민에 의한, 국민을 위한 정부'와 같은 대국민 약속을 적용한 일종의 인도주의적인 견해라고 할 수 있다. 이러한 가정에서 보면, Dewey가 정의하는 민주주의는 정부의 의미보다는 개인의 흥미와 경험을 존중한다는 의미를 담고 있다고 하겠다. 그러나 Dewey의 흥미중심이나 경험중심 교육과정 이론은 아이러니컬하게도 1930년대까지 실제로 적용되지 않았고, 그의 흥미중심 교육과정이 아동중심 교육과정이라는 것도 후일 역사학자들이 붙여 준 표현에 불과하다(Tanner & Tanner, 1990).

## 5. 활동중심 교육과정과 프로젝트 접근법

### 1) 활동중심 교육과정

활동중심 교육과정(activity curriculum)이란 아동중심 교육과정의 또 다른 표현이라 할 수 있는데, 이는 많은 부분 인성과 창의적 자기표현을 강조한 Freud의 정신분석 이론에 기초하였다(Tanner & Tanner, 1990). Freud의 정신분석 이론은 아동의 자유로운 표현의 기회를 극대화시키는 교육적 경험이나 교육과정에 대해 심리적 정당성을 제공함으로써 활동중심 교육과정의 기본 철학이 되었다. 활동중심 교육과정 이론은 1920년대와 1930년대의 유아교육과정 형성에 큰 영향을 끼쳤다. 그러나 유아원이 교육적 출발의 첫 단계로서 유치원을 대신할 만큼 증가하자 차츰 유치원에도 영향을 미치게 되었다. 유아교육과정의 담론화 과정에서 Freud의 이론은 유아기의 경험이 후일 성격(인성)발달에 지대한 영향을 준다는 가정을 하게 만들었다. 그리하여 유아교육과정은 유아 스스로 창의적이고 역동적인 성격을 형성할 수 있는 감성적인 분위기를 조성하는 데 초점을 맞추었다. 무엇보다도 활동중심 교육과정에서는 아동의 흥미, 충동, 주도성, 자유 등의 개념을 교육과정 구성의 핵심에 놓는다는 특징이 있다(Tanner & Tanner, 1990). 실제로 활동중심의 유아교육과정은 유아의 충동이나 흥미에 기초한 자유로운 놀이나 창의적인 표현활동을 중요시하게 하는 결과로 나타났다(이은화, 양옥승, 1988).

활동중심 교육과정의 개념은 유아교육의 근간을 이룰 뿐 아니라 초등학교의 사회과 교육과정에 영향을 주었다. 사실상 1930년대 초까지 활동프로그램이나 활동중심 교육과정은 교육과정 분야에서 진부한 것이었다. 활동중심은 간혹 단원, 단원학습, 주제중심, 흥미중심 등으로 해석되기도 했다(Tanner & Tanner, 1990). 그러나 활동중심 교육과정이나 단원중심 교육과정, 주제중심 교육과정은 과연 교육과정이라고 부를 수 있을 것인지, 혹시 교수 · 학습방법으로 보아야 하는 것은 아닌지에 대해 많은 논란이 있었다.

### 2) 프로젝트 접근법

프로젝트 접근법(Project approach)은 1989년 Katz와 Chard에 의해 유아교육과정으로 소개되었으나 그 역사적인 기원은 Kilpatrick(1918)의 '프로젝트 방법(project method)' 에서 찾을 수 있다. 20세기 초에 프로젝트 방법(프로젝트 접근법)이라는 용어는 새로운 것이 아니었으며, 그 당시 교육현장에서 빈번히 사용되고 있었던 것이다. 프로젝트 접근법은, 교육과정 이론이 아니라 방법에 불과하다고 Kilpatrick 스스로 주장했음에도 불구하고, 방법으로서만이 아니라 교육과정 개발을 위한 이론으로 적용되었다(Tanner & Tanner, 1995).

Kilpatrick(1936)에 의하면, 교육은 미래의 삶을 위한 준비가 아니라 현재의 삶 그 자체를 의미하므로 아동이 현재 보이는 '목적 있는 행위(purposeful act)'를 존중하고, 이것을 교육과정 조직의 기본 원리로 삼아야 한다. 그는 교육과정을 일련의 경험으로 규정하고 아동이 귀납적으로 생각하는 경험을 하게 하는 교육과정을 제공한다면 아동은 차츰 혼자만의 힘으로 귀납적인 사고를 할 수 있게 될 것이라고 가정하였다. 그리고 이러한 가정 하에서 그는 목적 알기(purposing), 계획하기(planning), 실행하기(executing), 판단하기(judging) 등의 네 단계로 구성된 프로젝트 접근법을 교육과정으로 제안했던 것이다.

프로젝트 접근법에서는 아동의 선택이 가장 중요한 의미를 갖기 때문에 프로젝트를 적용하는 것도 아동이 무엇을 할 것인지를 스스로 파악했을 때 의미가 있다(Kilpatrick, 1918). 그래서 교사의 의견은 의도하고 있는 것에 대해 아동이 '진정'으로 받아들이고 채택하는 한도 내에서 이루어져야 한다. 교사의 의견이나 지도보다 아동의 선택에 큰 비중을 두고 있다는 점에서 Kilpatrick의 프로젝트 접근법은 아동중심 교육과정으로 간주되었다. 그러나 Kilpatrick의 프로젝트 접근법은 사회적 힘을 구축하고 사회적 문제에 대한 통찰력을 기르는 도구로서 귀납적 사고의 과정을 경험하게 하는 Dewey의 문제해결법에 비해 인지적으로나 사회적으로 취약하다는 비판이 일게 되자 차츰 그 빛을 잃게 되었다. 즉, 프로젝트 방법은 아동의 선택에 전적으로 의지함으로써 지적 수준이 낮은 활동만을 조장할 가능성이 많고, 개별화된 교수·학습과정에 치우침으로써 아동의 사회화에 별다른 영향을 주지 못한다는 것이었다(Pinar et al., 1995; Tanner & Tanner, 1995).

# 6. 인지중심 교육과정

1970년대 Piaget의 인지발달 이론은 Kamii(1992)와 DeVries(1992)에 의해 교수·학습 이론으로 적용되면서 '구성주의 교육'으로 소개되기도 했지만, 교육과정적인 의미에서는 High/Scope 교육연구재단이 사용했던 '인지지향(cognitively oriented)'이나 '인지중심'이라는 표현이 일반화되어 있다. 더욱이 Piaget의 인지발달 이론이 유아교육과정 이론으로 채택되기 전에는 Froebel의 관념론, Hall의 발달론과 Gesell의 성숙론, Thorndike의 연합이론, Dewey의 경험중심 교육과정 이론, 그리고 Freud의 정신분석 이론 등이 유아교육과정 분야를 주도했다는 역사적 사실을 감안하면, '인지중심'이 다른 어떤 표현보다 Piaget 이론이 채택된 시대정신을 가장 잘 반영한다고 볼 수 있다. 따라서 Piaget의 인지발달 이론을 적용한 교육과정에 대해서는 인지중심 교육과정이라 칭하는 것이 적절하다.

Piaget에 의하면 인지발달은 환경보다 인지구조와 같은 유기체의 타고난 기제에 의해 이루어진다. 일생의 어느 시기에도 적응과 조직화는 동일하게 작용한다고 하더라도 생물학적으로 볼 때, 유기체가 질적으로 다룰 수 있는 인지구조는 상이하며 인간 유기체는 연령에 따라 감각운동, 전조작, 구체적 조작의 단계를 거쳐 형식적 조작을 할 수 있게 된다는 것이다. 즉, 유아는 성인과 질적으로 다른 사고 수준에 있다는 것이다. 이러한 설명은 아동중심의 교육과정 구성과 더불어 유아의 능동적 학습(active learning)을 교육과정의 핵심개념으로 해야 할 필요가 있음을 시사한다. 이러한 가정에서 인지중심 유아교육과정은 유아의 개인적인 경험이나 지식에 정당성과 가치를 부여하며(Savery & Duffy, 1996), 지식의 주관성(subjectivity)과 상대성을 강조한다.

그러나 그의 인지발달 이론으로는 지식의 형성과정에서의 사회적 맥락의 중요성을 설명하는 데 한계가 있다. 지식의 형성과정에서 환경적 자극이나 교육은 필요조건이 될 뿐 충분조건이 되지 못한다는 것이다. 따라서 그의 이론에 기초하여 유아교육과정을 논하게 된다면 보편적 아동발달의 개념은 성립되지만 과연 개별 유아가 처한 생활 사태, 즉 사회문화적 조건이 인지발달에 얼마만큼 큰 의미를 주는지에 대해서는 설명하지 못한다. 비록 Piaget가 사람, 사물, 사건과의 상호작용의 중요성을 언급했다 할지라도 개별 유아가 처한 사회문화적 맥락이나 환경이 유아발달에 어떠한 영향을 주는지에 대해 충분한 설명도 없을 뿐만 아니라 그 자체에 큰 의미를 두지 않았기 때문에 상호작용이 갖는 교육적 의미는 퇴색될 수밖에 없다. Piaget의 인지발달 이론에 기초한 인지중심 교육과정이 지닌 이런 문제에 대한 해결책은 Vygotsky의 발생학적 인식론에서 찾을 수 있다.

## 7. 사회문화적 환경으로서의 교육과정

무엇보다도 Vygotsky 이론의 특징은 지식의 형성과정을 발달적으로 설명하면서도 고등 인지(사고)의 기원을 사회적 세계 속에서 찾으려 했다는 데 있다. 인간의 마음(사고)은 사회 속에서 발달한다고 보았던 그는 행동의 사회적 조직과 개인적 조작 간의 밀접한 상관성을 강조한다. 개인과 사회는 단일한 상호작용적 체계 내에서 상호교류적인 관계를 하고 있는 구성 요소이고, 개인의 고등정신의 기원은 사회와 문화에 있다. 이러한 입장에서 그는 교육은 사회문화적 맥락과의 관련 속에서 이해되어야 한다고 주장한다(Vygotsky, 1983).

발달과 교육 간의 상호작용적인 관계의 설정은 그 고유의 용어인 근접발달지대에 대한 설명에서 가장 잘 드러난다. Vygotsky는 근접발달지대를 "독립적으로 문제를 해결하는 실제적 발달수준과 성인의 안내나 보다 유능한 또래와 협력하며 문제를 해결할 때 보여 주는 잠재적 발달수준 간의 간격이다."라고 정의하고 있다(Vygotsky, 1978, p. 86). 실제적 발달수준은 이미 완성된 특정 발달주기에 의한 결과로서 나타난 아동의 지적 발달수준이다. 반면에 잠재적 발달수준은 혼자 해결하지 못했던 문제라 할지라도 다른 사람의 도움을 받아

학습함으로써, 즉 교육의 과정을 거쳐 문제를 해결할 수 있게 된 지적 수준을 말한다. 아울러 교육을 성숙케 하는 과정이라고 보았던 그는 교육이나 사회적 상호작용은 발달에 선행하여 제공하여야 한다고 주장한다(Vygotsky, 1962). 이 점에서 아동의 근접발달지대를 진단하는 것은 상호작용을 통한 교육의 효과 증대, 즉 사고 발달을 위한 전제조건이 된다. 교육은 실제적 발달수준과 잠재적 발달수준 간의 간격이라 할 수 있는 '근접발달지대' 를 분명히 밝힌 상태에서 이루어져야 한다.

이러한 그의 설명은 사회적 세계와 교육의 중요성을 일깨워 주는 것으로 잠재적 발달수준을 배제한 상태에서 연령을 기준으로 보편적인 실제적 발달수준만을 논하고 있는 Piaget의 설명 방식과 근본적으로 차이가 있다(양옥승, 1991, 1993). 학문구조 이론가로서 인지심리학의 관점에서 1960년대 미국의 교육개혁 운동을 주도했던 Bruner 또한 이와 유사한 생각에서 '학문들을 통합한' 간학문적인 이론으로서 Vygotsky 이론이 갖는 문화적이고 교육적인 의의를 밝히고 있다. Bruner는 1996년 출간한 책 『교육의 문화』에서 자신이 교육개혁 당시 인지심리학의 관점에서 개인적 수준의 내적 심리과정에 치중하여 교육과정을 개정했던 데에는 1950년대 말과 1960년대 초 미국과 소련(현 러시아) 간의 냉전이라는 시대적 상황이 작용했다고 토로한다. 냉전 상태에서 교육과정 개정은 당연히 과학과 수학에 초점을 맞출 수밖에 없었고, 그래서 아동의 흥미나 문화는 도외시되었다는 것이다. 그러나 1960년대 중반 미국에서 '빈곤의 발견과 시민권 운동' 과 그에 따른 '문화실조' 를 '보상' 하기 위한 Head Start 프로그램과 이후에 아프리카에서 Vygotsky 주의자였던 Luria와의 현장연구를 통해 문화가 마음을 형성한다는 문화심리학적 사고가 확실시 되었고, Vygotsky의 이론은 '자기 충족적이고 형식주의적' 인 Piaget 이론과 다르게 심리학을 초월하여 '문화 역사적' 발달을 설명하는 이론임을 알게 되었다고 말한다(Bruner, 1996, p. XII).

Vygotsky의 입장에서 볼 때 아동의 잠재적 발달수준을 높이고 근접발달지대의 간격을 넓히기 위해서는 부모나 교사에 의한 교육 이외에도 또래에 의한 교육, 즉 또래와의 협동학습(협력적 문제해결)이 필요하다. 발달은 타인조절(other-regulation)에서 자기조절(self-regulation)로 변환할 때 이루어지기 때문에 발달이 앞선 또래의 도움을 받아 문제를 해결해 보는 학습경험은 문화를 내면화하고 마음의 발달을 촉진한다. 근접발달지대와 관련하여 개별 기능이 발달과정에서 어떻게 복합적으로 재구성되어 가는지를 언급한 Vygotsky(1978)의 다음 가설은 Piaget나 Dewey의 인식 토대와의 차이를 잘 보여 준다.

> 그들[기능적 학습체계]은 새로운 통합과 그 과정의 부분적인 상호관계에 의해 특징지어진다. 전체 과정 및 그 과정의 일부는 서로 함께 또는 병행하여 발달한다. 우리는 첫 번째 구조를 초등구조라고 부를 것이다. 그들은 … 생물학적 결정 요소에 의해 주로 조건화된다. 후기구조는 문화 발달 과정에서 일어나는 것으로 고등구조라 부른다. 초기 단계는 첫 번째 구조의 파괴, 재구성, 고등한 형태로 된 구조로의 전이에 뒤따라 나타난다. 후기구조는 직접적이고 반응적인 이전 과정과는 달리 신호와 도구의 사용에 기초하여 구성된다(p. 124).

교육은 삶의 문제로서 아동이 처한 환경과 사회문화적 맥락을 고려한 상태에서 이루어져야 한다는 Vygotsky의 관점에서 보면 교육과정은 사회문화적 환경의 의미를 갖는다. 특히 근접발달지대와 자기조절의 개념은 교육과정을 유아의 마음 발달을 위해 선택된 사회문화적 환경으로 개념화하는 이론적 토대가 되고 있다(양옥승, 1991, 1993, 2002a, 2002b).

## 8. 결론

역사적으로 볼 때, 유아교육과정 구성의 기본 원리로 아동중심 교육과정에서 강조했던 개념들로는 발달, 자유, 의지, 선택, 놀이, 경험, 흥미(관심), 필요

(요구), 활동, 일상생활, 개별화 통합 등을 들 수 있다. 이 중에서 '발달'은 자유방임 교육과정의 기초가 된 Hall의 발달론에서부터 지금까지 일관된 텍스트로서 역사적으로 중요한 위치를 점하고 있다. 그동안 유아교육은 사적 영역에서 성장하였기 때문에 오늘날에 와서도 초·중등교육과 다르게 교육학이나 교육과정 이론보다는 심리학 이론에 민감한 반응을 하게 했으며, 유아교육과정을 아동중심 교육과정으로 개념화하고 발달을 그 중요한 근거로 활용하게 하는 결과를 낳던 것이다. 그러나 Vygotsky의 발생학적 인식론이 교육과정 이론으로 활용됨으로써 심리학을 초월한 간학문적 관점에서 교육과정을 이해하게 되었다. Vygotsky의 이론은 아동중심 교육과정을 '사회문화적 환경'의 의미로 규정하는 기틀을 형성하였다.

교육과정을 어떤 텍스트로 이해했느냐에 따라 교육과정에 대한 개념화가 다르듯이, 아동중심 유아교육과정에 대한 개념화 또한 교육과정을 어떤 텍스트로 이해했느냐에 따라 다를 것이다. 포스트모던을 주장하는 사람들은 근대의 아동중심 개념이 유아를 지나치게 단순화하고 성인이 '발달적으로 적절하게' 조성해 놓은 환경에 의해 변화될 수 있는 존재로 인식하는 데서 출발했다는 비판을 하면서도 자신의 삶을 재구성하는 강하고 능력 있는 유능한 존재로서 유아를 존중하는 시각은 유지되어야 한다고 주장한다(Dahlberg, Moss, & Pence, 1999). 이러한 관점에서 보면 앞으로는 유아의 인권이 실종되고 있는 것은 아닌지, 유아의 일상생활과 삶의 문제가 간과되고 있는 것은 아닌지 등과 관련지어 아동중심 교육과정의 의미를 살피는 연구도 나와야 할 것이다. 다른 한편에서는 아동중심 교육과정에서 중시하는 아동의 흥미나 필요의 개념이 어떤 의미를 담고 있는지에 대한 연구도 수행되어야 할 것이다.

아동의 흥미나 필요는 아동이 자발적으로 형성한 흥미나 필요를 가리킬 수도 있고, 교육을 통하여 새로이 형성될 아동의 흥미나 필요를 가리킬 수도 있다. 전자를 학습에 선행하는(최양미, 1994) '심리적 의미'의 흥미나 필요(이홍우 외, 2003)라고 한다면, 후자는 이미 성인의 가치가 들어간 학습에 후행하는(최양미, 1994) '규범적 의미'의 흥미나 필요(이홍우 외, 2003)라고 할 수 있다.

아동중심 유아교육과정 이론들을 역사적으로 분석했을 때, Froebel의 관념론이나 Vygotsky의 사회적 구성주의를 제외하면 지금까지 유아교육과정 담론에서 아동의 흥미나 필요의 개념은 심리적 의미에 치우쳐 있다. 따라서 앞으로의 연구에서는 아동이 현재 가지고 있는 흥미와 필요를 존중하면서도 규범적인 의미의 흥미를 어느 정도 수용할 것인지 그 방안을 찾는 시도가 나와야 할 것이다. 최근 교육과정 연구에서 교사의 개입을 어느 정도 인정할 것인가를 쟁점화하는 것도 아동 흥미의 심리적 의미와 규범적 의미 간에 조화와 균형을 이루려는 시도로 볼 수 있다.

# 제5장

# 보살핌의 텍스트로서의 유아교육과정 이해

교육과정은 인식론만이 아니라 어떤 윤리적 가정을 하는가에 따라 그 의미, 실체, 구조, 이미지 등이 달라진다. 그런데 그동안의 유아교육과정 탐구에서는 인간 사회에서 진정 어떤 형태의 삶과 교육이 개인이나 공동체에게 최고의 선을 가져다줄 수 있는지에 대한 근본적인 질문을 제기하고 해답을 찾으려는 시도가 거의 없었다. 지금까지 유아교육과정 담론은 인식론적인 틀에 갇혀 윤리적인 문제를 상대적으로 평가 절하한 것이다. 유아기는 기본 생활 습관, 원만한 인간관계 및 도덕성을 포함한 인성의 기초가 형성되는 중요한 시기다(양옥승 외, 2003). 그리고 유아는 인간 발달의 어느 때보다도 발달의 속도가 빠른 시기에 있으면서도 모든 부분의 발달이 미성숙하기 때문에 성인의 적절한 보호가 없는 상태에서 유아의 질 높은 삶이나 교육이란 존재할 수 없다. 따라서 유아교육을 가르침과 보살핌이 결합된 텍스트로 이해하고 윤리적 관점에서 유아교육과정을 조망하는 연구는 반드시 필요하다. 유아교육과정 연구의 궁극적인 지향점이 유아의 일상생활과 삶의 질 향상에 있으므로 '보살핌(돌봄)의 윤리' 편에서 유아교육과정을 탐구하는 것은 교육과정학적으로도 의의가 있다.

이 장에서는 윤리적 관점에서 보살핌의 개념을 정의하고, 교육내용과 교수 · 학습 방법의 측면에서 보살핌의 윤리가 지닌 유아교육과정적 의의와 가치를 논하고자 한다. 아울러 보살피고 돌보는 인간적인 행위를 여성의 본능으로 보는 유아교육 현실을 감안하여 여성주의자들은 보살핌의 윤리를 어떻게 이해하고 있는지에 대해 살펴보고자 한다.

## 1. 보살핌의 윤리와 유아교육과정

### 1) 보살핌의 의미

정신분석적 관점에서 볼 때 '보살핌'의 개념에는 보듬어 안아주는 환경이나 보살펴주는 사람과 공유하는 생활 환경이라는 의미가 내포되어 있다(Moore & Bernard, 1990). 그러나 윤리적인 관점에서 볼 때 보살핌에 대한 입장은 크게 두 가지로 분류된다. 하나는 보호를 필요로 하는 대상자를 보살피는 일반적인 행위를 보살핌으로 규정하는 시각이고, 다른 하나는 교육을 통해 갖게 되는 윤리의식과 가치관을 보살핌이라 보는 시각이다.

보살핌을 윤리적 행위로 이해하는 입장에서는 일시적이거나 영구히 자신을 돌볼 수 없는 사람을 보살펴 주는 실질적인 행동(Parker, 1971)이나 인간의 상황이나 삶의 방법에 있어 건강을 증진시키기 위해 예측되는 욕구 또는 남을 돕기 위한 조력과 같은 행동적인 측면을 강조한다(Leininger, 1996). 이러한 측면에서 보면 유아교육 현장에서 교사가 부모를 대신하여 어떤 방식으로 유아의 건강과 안전을 돌보고 보살피는지가 큰 의미를 지닌다. 그러나 사회윤리의식과 가치관을 보살핌으로 보는 입장에서 보살핌의 의미를 규정하게 되면 보살핌은 보호 대상을 돌보는 행위 이상의 인지적이고 정서적인 요인을 포괄하는 복합적인 사회 도덕적인 특성이 된다(Kyle, 1995). 그리고 남을 보살피는 행동은 물론이고 과거에 여성성이라고 규정해 왔던 따뜻함, 배려, 희생, 봉사, 동정심, 사랑, 상호의존성, 인간관계, 애착, 책임 등과 같은 도덕적 덕목이 강조된다.

### 2) 보살핌의 윤리에서 본 교육과정

오늘날의 사회는 개인이 홀로 육체적으로나 정신적인 건강을 유지하기 어려울 만큼 복잡다기해졌다. 빈곤, 범죄, 소외와 무관심, 자아 상실과 같이 오늘날 사회에서 발생하는 여러 문제들은 단순히 개인적인 것이 아니라 사회문화적인 환경에 의해 형성된 면이 적지 않다. 살아남기 위해 모든 수단과 방법을 가리지 않아야 하는 무한 경쟁 속에서 개인은 어린 시절에 충분한 가르침과 더불어 보살핌을 받지 못하면 자신은 물론 타인의 삶까지도 위기에 빠뜨릴 수 있는 그런 상태에 처해 있다는 것이다. 그런데도 교육 현장에서는 배려나 보살핌의 정서나 윤리를 배제하고 지적 능력만을 중요한 교육적 요인으로 다루고 있다. 교사의 전문성에 대한 논의에서도 지식을 최우선시 한다. 특히 인지 중심의 교육과정 연구는 오늘날 우리 사회에서 발생하는 심각한 도덕적 문제들을 해결하는 데 많은 한계를 안겨주고 있다.

그러나 오늘의 사회적인 문제를 해결하고 미래 사회를 무한 경쟁보다는 창의 · 상생의 사회로 이끌기 위해서는 교육과정 연구에서 보살핌의 윤리가 중요한 요소로 다루어져야 할 것이다. Noddings(1984, 1994, 1995a)에 따르면 사회적으로 이슈가 되는 여러 문제들은 교육적인 실패 이상의 도덕적 실패에 따른 것이다. 그러므로 사회적 문해결을 위해서는 교육이 지적인 학습과 학업 성취보다는 아동이 주변의 다양한 관계에 관심을 갖고, 사랑과 우정, 협력, 보살핌의 덕목을 함양시키는 데 초점을 맞추어야 한다. 그리고 도덕적인 인간 육성을 위해 학교 교육은 지적 성숙보다 도덕적 성숙을 우선시하는 도덕교육을 강조해야 한다.

도덕교육은 보살핌에 대한 헌신적 태도와 마음가짐, 그리고 행동 이면의 동기, 관심, 사랑의 마음을 중시하며 윤리적 이상(ethical ideal)을 고양시키는 것이다. 여기서 윤리적 이상이란 따뜻하게 배려하는 마음을 기르고 유지하는 도덕적 성숙을 의미한다. 보살핌을 사랑, 연민, 배려의 도덕적 감성과 관련이 있다고 본 Gilligan(1982, 1994)에 따르면, 보살핌은 공동체의 일원으로 함께 살아가는 모든 사람에게 필요한 도덕적 덕목임에도 불구하고 '정의' (justice)의 윤리학라고 일컬어지는 현대 윤리학의 전통을 중시한 교육자들에 의해 등한시되었다. 정의에 대한 윤리관을 폈던 대표적인 이론이라 할 수 있는 Kohlberg(1981)의 도덕성 발달이론에서도 '정의' 의 영역을 남성의 전통으로 여겼기 때문에 여성이 배제된 상태에서 남성들로만 구성된 표본을 연구 대상으로 하여 정립된 것으로 성적 편견이 작용한 이론으로 여성의 도덕성은 낮은 발달 단계에 있는 것으로 묘사하고 있다. 그럼에도 불구하고 도덕교육을 논하는 많은 교육자들은 그의 이론이 정의의 본질을 가장 잘 설명한다고 생각하고 상호성, 평등성, 보편화 가능성, 규정성, 공정성, 규칙, 권리 등과 같은 도덕성 판단 준거를 정의의 준거로 이용한다. 이러한 성적 편견으로부터 벗어나기 위해서는 도덕성의 준거로 소망, 필요, 관심, 열망 등의 여성적 특징을 포괄하는 '보살핌의 윤리' 개념을 활용해야 한다.

보살핌의 윤리에 대한 Gilligan이나 Noddings의 생각은 기존의 법과 원칙에 근거하고 가부장적 사고에 의해 개념화된 정의의 윤리를 배제하자는 것이 아니다. 여성적인 수용성, 관계성, 응답성에 근거한 사랑과 모성적 보호를 포괄하는 보살핌의 윤리에 가치를 부여하고 정의의 윤리와 상호 보완적인 의미에서 사용하는 것이 필요하다는 것이다. 이러한 입장을 견지하는 교육학자들은 결코 보살핌과 정의의 윤리를 여성성과 남성성으로 구조화하여 설명하지 않는다. 보살핌과 정의의 윤리를 도덕성의 두 가지 정향으로 이해하고 교육과정 속에서 통합하여 제시하는 것이 바람직하다는 의견을 제시한다(박병춘, 1999; Held, 1995). 공동체 속에서 상호 의존적인 삶을 살아가는 개인들 간의 특별하고도 구체적인 관심과 배려를 중시하는 보살핌의 윤리를 존중하자는 것이다.

보살핌의 윤리는 기본적으로 맥락적이고 상대적인 의미에서 관계성(relatedness)을 핵심 개념으로 한다. 이러한 관점에서 도덕 교육은 공감과 연민, 우정과 공동체성, 돌봄, 책임감과 같이 사람과 사람 사이의 관계 속에서 발생할 수 있는 도덕적 덕목을 중심으로 이루어진다. 흔히 이러한 도덕적 덕목은 일상적인 삶 속에서 보살피는 사람이 보살핌을 받을 사람을 만나는 윤리적 이상의 실현과정에서 나타나고 인도주의 또는 박애주의로까지 확대된다(심성보, 1996; 이미식, 최용성, 2002). 사회에서 빈곤, 질병 등으로 고통받고 소외되는 사람들에게 갖게 되는 관심과 배려가 곧 보살핌이고 박애 정신이라는 것이다.

## 2. 여성주의 시각에서 본 보살핌

여성주의자들(페미니스트)은 여성만이 보살피는 윤리적인 행위를 할 수 있는 것인지에 문제를 제기한다. 여성의 앎의 방식이나 경험을 윤리학이나 심리학적으로 분석한 연구에 따르면 보살핌의 행동이나 본능을 여성 고유의 영역이라 보기 보다는 남성과 여성 모두가 공유할 수 있는 인간의 특성으로 이해한다. 이러한 입장에서 보면 여성들만이 아니라 남성들도 보살피는 존재가 될 수 있다는 교육자의 인식 전환은 필수적이다.

여성을 보살피는 자로 묘사하는 것은 불평등과 종속을 영속화하는 방편으로 이용될 수 있다는 우려와 함께 어떤 조건에서 보살핌의 가치가 평가 절하되었는지 그 해답을 찾고자 여성주의자들은 역사윤리학의 측면에서 보살핌의 의미를 탐구한다. 선행 연구들을 분석해 보면 보살핌의 윤리는 전통적인 가부장적 가치관의 영향을 받아 평가 절하된 것으로 나타난다(Goldstein, 2001). 특히 역사를 돌이켜 볼 때 인간의 삶을 강력하게 지배해 왔던 가부장제는 몇 가지 전제가 있음을 알 수 있다. 필연적으로 여성과 남성은 생물학적으로나 사회적으로 다른 존재라는 것과 남성은 여성보다 강하고 이성적이므로 우월하며 정치적인 역할을 수행하는 데 적합한 존재라는 것이다. 이러한 견지에서 보면 남성의 역할은 세계를 설명하고 명령하고 통제하는 데 있는 반면, 여성의 역할은 아이를 낳고 기르는 출산과 양육에 있으며 여성의 정체성은 육아와 도덕적인 가정 형성에 있다. 그리하여 교육에서도 남학생에게는 강한 자아 정체성이나 홀로서는 독립심 형성을 강조하는 데 비해 여학생들에게는 의존성이나 친밀감, 배려와 같은 보살핌의 태도와 행동을 우선시하게 된다. 이러한 사회적이고 교육적인 상황에서 여성의 재생산적인 활동이 갖는 가치는 폄하되었고, 여성의 전통적인 역할을 사소하고 진부한 것으로 인지하게 되었다.

사회적인 과정을 생산과 재생산의 두 개의 과정으로 구분했을 때 생산은 남성적 특징으로 정치, 경제, 문화의 활동을 포함하고 재생산은 여성적인 것으로 임신과 출산, 아동 양육과 환자 간호, 가사 돌봄과 살림하기 등이 해당된다. 전통 사회에서는 생산의 과정을 재생산보다 가치 있는 과정으로 여겼기 때문에 재생산의 하나라 할 수 있는 보살핌의 활동은 그 가치를 거의 인정받지 못했다. 학교는 보살핌, 동정, 협동, 육아와 같은 재생산과 관련된 활동이나 내용을 교육과정에 포함시키지 않음으로써 남학생들에게 남성적이라고 간주되는 생산 활동과 생산 과정에 종사하는 데 보다 큰 의미를 부여하는 가치관을 형성하였다. 학교 교육에서조차 여성의 재생산 활동에 대한 가치를 부여하지 않음으로써 여성의 전통적인 역할은 사소하고 진부한 것으로 만들었던 것이다(Martin, 1987, 1994). 이러한 삶의 맥락에서 가족이외에 사회적으로 보호가 필요한 사람들, 예를 들어 간호가 필요하거나 먹을 것이 필요한 사람들을 보살펴야 하는 책임은 일반적으로 여성이 지게 되었다.

## 3. 교육내용으로서의 보살핌

유아의 인성 발달을 위해서는 유아교육과정에 보살핌의 윤리와 관련된 내용을 포함시켜야 한다. 보살필 줄 알며, 사랑을 하고 사랑을 받을 수 있는 도덕적인 사람을 기르기 위해서는 보살핌의 목소리를 담고 있는 역사와 문학을 강조(Gilligan, 1995)하거나 교육과정에서 자신에 대한 보살핌, 친밀한 사람에 대한 보살핌, 낯선 사람과 멀리 있는 사람에 대한 보살핌, 동식물 및 지구에 대한 보살핌, 인간이 만든 도구와 이념에 대한 보살핌 등과 같은 내용을 교육과정에 포함시키는 것(Noddings, 1992)이 필요하다. 교육 목적으로서 보살핌, 유능함, 사랑스러움 등을 육성하는 것은 반지성이기보다는 인간의 모든 재능을 존중한다는 의미가 담겨 있다. 따라서 보살핌의 텍스트로서 유아교육과정을 이해하게 되면 유아교육자는 유아에게 인간을 포함한 자연의 모든 생명체를 존중하고 보존하는 삶을 사는 바탕을 형성하는 교육에 관심을 가질 수 있게 될 것이다.

교육 철학적인 관점에서 보살핌의 윤리를 설명하고 있는 Martin(1994)은 여성적 특성을 배제하고 남성적 특성만을 반영하고 있는 오늘날의 '교육적 이상' 에 의한 성적 편견과 편협성을 탈피하기 위해서는 남녀 아동 모두에게 보살핌(care), 관심(concern), 관계(connection)와 같은 3C를 교육 내용으로 다루어야 한다고 제안한다. 보살핌, 관심, 관계에 대한 교육은 생성적(generative)인 사랑을 키우고 객관성과 관련성, 이성과 감성의 양 측면을 고루 이해할 수 있게 한다고 보았다. 그에게 있어서 남녀평등 교육은 남녀를 같은 출발선상에 놓고 동일한 역할을 할 수 있는 기회를 부여하는 형식적인 교육이 아니라 각자 다르게 경험했던 것과 각자 처한 상태에 따라 균형을 맞추어 가는 교육이다. 평등한 교육은 교육 기회의 평등이 아니라 교육 결과에서의 평등을 보장하는 것으로 남녀 동일한 교육보다는 남녀 동등한 교육을 통해 남녀평등이 실현된다고 본 것이다.

유아교육과정에 보살핌의 윤리를 적용할 경우, 유아 자신, 가족, 친척, 친구, 선후배, 이웃, 지인, 낯선 타인들을 보살피고자 하는 능력과 관련된 내용이나 어려움에 처한 사람들이 느끼는 고통을 함께 느끼고 공감하는 도덕적 민감성을 키워 줄 수 있는 교육이 교육내용이나 주제로 포함될 수 있다. 친숙한 사람을 보살피는 주제를 탐색할 때는 사랑, 우정, 부모 역할에 관한 내용을 포함시킬 수 있고, 낯선 사람 및 세상에 함께 살고 있는 다른 사람을 보살피는 것을 주제로 할 경우에는 전쟁, 가난, 관용 등을 중심으로 교육 내용을 선정할 수 있다. 인류가 만든 세계를 보살피는 것과 관련된 주제를 다룰 때에는 우리를 둘러싸고 있는 기계와 공학을 주축으로 한 기술공학적 요소를 교육내용으로 포함시킬 수 있다. 이외에도 인간을 상호의존적이고 공생적인 존재로 인식하거나 가사노동과 육아노동의 중요성과 그에 대한 공동의 책임감을 갖게 하는 교육 또한 남녀평등의 의미와 필요성을 인식하게 하는 교육내용과 더불어 중요한 교육내용이나 주제로 다룰 수 있을 것이다. 전쟁, 가난, 범죄, 인종차별이나 성차별주의와 같은 주제들 또한 유아교육과정에서 쉽게 다루어질 수 있다. 일상생활과 관련된 경험 속에서 안전하게 살아가는 것, 이웃을 신뢰하는 것, 낯선 사람을 만날 때 안정감을 느끼는 것에 대해서 이야기를 나눌 수 있고, 교육과정을 운영하면서 정직, 열정, 온유, 자비와 같은 주제를 통해 응용될 수 있다. 유치원이나 보육시설에서 이미 실시하고 있는 식물 가꾸기나 동물 기르기도 보살핌을 실천하기 위한 하나의 방법이 될 수 있다.

## 4. 교수 · 학습 방법으로서의 보살핌

일상생활 속에서 전개되는 보살핌에 관한 다양한 활동을 통해 유아는 생명연장과 건강유지를 위해서는 누군가의 보살핌과 관심이 필요하고, 나 또한 누군가의 보살핌을 받고 있다는 것을 깨닫게 될 것이다. 이 과정에서 점차 유아들은 인간과 인간, 인간과 자연 간에는 상호 연결되어 있음을 느끼게 될 것이고 인간 및 자연 생태계에 대한 경외심을 넓혀 나가게 될 것이다. 보살핌을 교육과정에 적용할 때에는 대화, 실천, 모델 보이기의 세 가지 교수 · 학습 방법을 활용할 수 있다.

보살핌의 윤리적 덕목을 형성하는 교수 · 학습 방법으로서 대화는 유아들에게 자신이 일상생활이나 삶의 과정에서 가졌던 보살핌에 관한 경험을 이야기해 볼 수 있는 기회를 제공하는 내러티브 접근이라고 할 수 있다. 여기에는 대화 과정에서 유아가 반성적으로 사고함으로써 보살핌에 대한 의미를 진정으로 이해할 것이라는 전제가 깔려 있다. 대화의 형태는 여러 가지가 있지만 그 중에서도 일상적인 대화가 가장 중요하다. 이를 위해서는 교사와 유아 간의 만남과 접촉의 기회를 확대해야 한다. 이에 대한 대안으로는 Reggio Emilia에서처럼 동일한 교사가 2년 내지 3년 동안 같은 학급을 담당하는 방안을 들 수 있다. 2년 이상 함께 생활하게 되면 유아만이 아니라 가족과도 친밀하고 신뢰할 수 있는 관계 속에서 진정한 대화를 할 것이기 때문이다. 보살핌을 교육하는 방법으로는 실천이 최고의 방법이다. 자조 활동 이외에 협동적으로 문제해결하기, 동식물 키우기, 지역사회 봉사 등의 직접적인 실천을 통해 유아는 인간의 상호의존성 및 나눔과 배품의 가치를 체험할 수 있다. 유아가 몸소 보살핌을 실천에 옮기기 위해서는 보살핌의 모델로서 교사의 관용적인 자세와 태도 또한 중요한 의미를 지닌다. 관용은 공동선을 이루는 첩경이 되기 때문이다. 그 과정에는 유아의 자아에 잠재해 있는 보살핌의 소양은 찾아내서 북돋아 주는 교사의 역할이 크게 작용할 것이다. 아울러 대화, 실천, 모델 보이기의 세 가지 교수 · 학습 방법이 효과를 얻기 위해서는 유아 및 가족과의 잦은 만남이 선행되어야 할 것이다.

결론적으로 보살핌은 개인적인 특성이 아니라 사회적 관계나 만남의 과정에서 나올 수 있는 만남의 태도이고 행동이다. 유아는 교사와의 보살핌의 관계 속에서 보살핌의 윤리를 경험하게 되고 인성의 기초를 닦아간다. 이는 곧 보살피고 가르치는 역할을 충실히 수행하는 교사를 통해 유아가 전인적으로 성장하고 발달한다는 의미다. 이러한 관점에서 볼 때 유아교사에게 보살핌은 직업 정신이고 전문성을 설명하는 하나의 지표가 된다.

교육계에서는 일반적으로 교육의 질을 개선하고자 할 때 가장 먼저 교직의 전문화에 대한 논의가 활발해진다. 유아교육은 일상적인 생활 속에서 전개되기 때문에 특히 유아교사의 전문성을 논할 때에는 보편적으로 일컬어지는 가르치는 일에 합당한 전문적 능력만을 전문성의 본질로 삼지 않는다. 그 이유는 유아교육이 일상적인 생활 속에서 이루어지기 때문이기도 하지만 유아를 종일 보살펴야 하는 유아교육기관이 늘어나면서 인지적으로 가르치는 일보다 신체적, 정서적, 사회적으로 보살피는 일에 더 많은 전문적 지식과 이해를 필요로 하는 측면이 많아졌기 때문이다(양옥승, 2002c). 그럼에도 불구하고 보살핌의 윤리를 여성의 고유한 윤리적 특성으로 인식하고 유아교육을 여성교육자의 몫이라고 보는 시각은 상존하고 있다.

보살핌은 유아의 안전과 건강을 돌보는 측면에서만이 아니라 윤리적으로도 큰 의미가 있음을 인식하고 교육과정의 중요한 요소로 포함되어야 한다. 보살핌의 텍스트로서 유아교육과정을 이해하게 된다는 것은 인간 존중과 함께 생태계의 모든 존재를 존중하는 세계관을 가지는 것이고, 간과될 수 있는 잠재적 교육과정이나 영 교육과정을 유아교육의 쟁점으로 다루는 것이다. 따라서 유아뿐 아니라 소외된 교사의 목소리를 듣는다는 관점에서 유아교사의 목소리를 연구주제로 한 연구가 많이 나와야 할 것이다. 또한 보살핌의 개념을 새롭게 규정하고 이성과 감성 간에, 권리와 책임 간에, 그리고 정의와 보살핌 간에 균형과 조화를 이룰 수 있도록 유아교육과정을 새롭게 조망하고 탐구하는 연구도 수행되어야 할 것이다.

# 제6장

# 유아교육과정 모형

유아교육과정에 대한 이해와 탐구 방식이 변화하고 있다. 과학, 합리성, 객관성, 절대성, 보편성으로 설명되는 모더니즘의 관점에서 유아교육을 이해하고 탐구했던 것으로부터 벗어나 현상학이나 해석학, 포스트모더니즘의 관점에서 유아교육과정이 탐구되고 있다(양옥승, 2001a). 그중에서도 유아교육과정 패러다임의 역사와 그 변천과정을 살펴보는 연구는 특정시기에 어떻게, 왜, 누구를 위해 가르쳤는지를 이해하게 하고, 교육과정에 대한 폭넓은 시각을 갖게 하며, 과거, 현재, 미래의 복잡한 관계를 통찰할 수 있게 해 줄 것이다. 이와 더불어 유아교육의 현실을 이해하고, 우리가 삿는 문제의 본질과 성격을 진단하며, 교육과정 모형에 대한 새로운 안목을 가져다줄 것이다. 따라서 과거부터 유아교육과정 패러다임에 따라 다르게 나타나는 교육과정 실제나 유아교육 현장에서 가장 널리 적용되고 있는 교육과정 모형을 분석하고 그 타당성을 검토하는 연구가 필요하다.

오늘날 한국에서 유아교육은 그 중요성이 어느 때보다 강조되고 있다. 특히 빠르게 변화하는 시대 사회적 상황에 부응하여 창의적이며 상생할 수 있는 어린이를 육성할 수 있는 다양한 유아교육과정 모형을 요구하고 있다. 그런데 아직도 많은 유아교육자들은 유아교육과정 모형하면 교육과학기술부에 의해 고시된 유치원 교육과정이나 보건복지가족부에 의해 고시된 표준보육과정을 연상한다. 이제 국가 수준에서 개발한 교육과정의 울타리를 벗어나 유아교육과정 모형 개발을 활성화함으로써 창의 · 상생 사회를 주도할 유아교육을 시행할 수 있어야 할 것이다. 이러한 의도에서 이 장에서는, 유아교육과정 모형의 발전사와 함께, 최근에 세계적으로 활용되고 있는 지배적인 유아교육과정 모형이라 할 수 있는 미국의 발달에 적절한 유아프로그램 실제(DAP)와 이탈리아의 Reggio Emilia 접근법을 살펴보고자 한다.

## 1. 유아교육과정 모형의 개발: 역사적 분석

유아교육과정 모형에 대한 탐구는 교육과정상에서 놀이, 통합, 발현의 개념을 강조한 Froebel의 관념론에서 시작됐다고 할 수 있다. 이러한 생각의 배경에는 Pestalozzi의 교육사상이 작용하고 있다. 특히 Froebel의 유치원 교육과정 이론 형성에 가장 많은 영향을 준 것은 바로 Pestalozzi의 교육 실제다. 아동을 본성적으로 선하고 가소성이 있는 존재로 보았던 Pestalozzi에게 아동의 관찰, 지각, 감각을 통한 학습은 매우 큰 의미가 있었다. 낭만주의 교육관이라 할 수 있는 이러한 Pestalozzi의 생각은 교육 실제는 발달 수준에 적절한 개별화 교육, 감각적 인상을 통한 개념형성, 개념 발달 순서에 따른 활동 조직, 가까운 것에서 먼 것으로의 교육 등으로 이어지고 유럽의 초월론자의 영향으로 신성을 강조하는 Froebel에 계승되었던 것이다.

인간성과 자연성을 신성의 반영으로 보았던 Froebel 교육에서 첫째로 강조되는 요소는 통합(unity)의 원리로서 이는 처음에는 가정에서, 그 다음에는 유치원의 '확장된 가족' 과 같은 사회를 통해 실현되어 간다는 의미를 지니고 있다. 두 번째 원리는 자기활동의 원리로 Froebel은 자신의 저서 『인간교육』에서 아동의 천성적 선함과 창조적 잠재력은 그 목적을 위해 창조된 '유치원' 에서 자연적으로 발현(개화)할 것이라고 주장하였다.

Froebel 유치원 교육과정은 노래, 게임 그리고 은물과 작업으로 구성되며 교육과정 자료와 지침들은 생활, 수학, 미학과 같은 세 가지 형태의 지식들을 함축하고 있다. Froebel이 모든 학습의 기초로 보았던 정원 가꾸기, 동물 보호하기, 가사는 생활과 관련된 것이고, 기하학적 형태, 패턴 만들기에서 기하학적 형태간의 관계, 블록놀이는 수학적인 지식이며, 색과 모양으로 디자인하기, 음악과 동작에서의 조화 등은 미학적인 지식이라고 할 수 있다. Froebel식의 전통적 유치원에서 교사의 역할은 아동의 창조적 과정을 방해하지 않도록 관찰하고 안내하는 것이었다. 그러나 Froebel의 이런 원리는 후일 심하게 왜곡되었다(Roopnarine & Johnson, 2000). 그리하여 20세기 초 유아교육 분야는 Dewey를 중심으로 한 진보주의 교육운동과 Hall에 의해 주도된 아동연구 운동에 따르게 된다.

Dewey는 놀이와 구체적인 사물의 중요성, 그리고 유아기의 유연성에 대한 생각을 중요하게 생각하면서도 Pestalozzi의 교육 실제에서 유래된 상징의 암기나 요약, 정리와 같은 전통적인 교육방법과 Froebel의 은물에 대해서는 비판적이었다. 그는 1900년 출간한 『학교와 사회』라는 저서에서 단계적인 교육과 실물 교육, 기타 가정에서의 생산적인 경험의 중요성을 역설하였다. 구성놀이와 가상놀이를 교육과정의 중요한 요소로 보았고 언어와 사회적인 기술의 발달 또한 사회생활에서의 성공의 기초가 된다고 생각하였다. 협동적인 문제해결이나 문제해결을 위한 다양한 방법의 '고안' 등을 중요하게 인식하였다. 아울러 사회적으로 유용하면서도 학습자가 현재 갖고 있는 개인의 흥미와 필요를 교육과정 내용 선정을 위한 기준으로 제시하였다(이은화, 양옥승, 1988). Dewey의 생활중심, 흥미중심 교육과정 모형 역시 Pestalozzi와 Froebel처럼 학교를 가정환경의 연장, 사회로의 연결이라고 보았던 것이다. 그는 또한 Montessori처럼 교사의 역할 중에서 환경 준비자와 관찰자로서의 역할을 중요한 것으로 인식하였다. 그에게 있어서 협동적이고 가정적인 자료들 특히 목공, 수예, 요리하기 그리고 지역의 지리에 관한 자료는 필수적인 요소다. 교사는 아동의 경험과 교사의 교육목표 간에 연결하기 위해 아동 관찰과 함께 아동에게 5단계에 걸친 질문을 하는 것이 필요하다. 교육과정에서 반성적 문제해결 방법은 오늘날에도 유아교육의 기본 교수·학습 원리로 남아 있다.

다윈의 진화론은 20세기 초 발달론의 새로운 장을 열어 주는 계기가 되었는데 Hall과 Gesell의 연구들은 아동발달 분야를 탄생시켰고 이들의 연구 결과는 교사와 부모에게 아동발달에 관한 정보 자료로 활용되었다. 아울러 Watson과 Thorndike의 연구는 Hill에 의해 주도된 『유치원과 1학년을 위한 행위 교육과정』의 기초가 되었다. 이 책은 기본생활습관 훈련을 유아교육의 특성이며 교사를 아동 연구자로 인식하게 만들었다.

한편, 유아교육과정 연구는 Montessori에 의해 활발하게 수행되었다. 그의 탐구 방식은 동 시대를 살았던 Froebel이나 Dewey와 상당 부분 유사했다. 교육을 통해 유아의 심리학적 발달을 도울 수 있다고 보았던 그는 환경과의 상호작용을 통해 정신이 발달한다고 믿었다. 그러나 놀이에 대해서는 Pestalozzi나 Froebel, Dewey와 다른 입장을 취했다. 놀이를 유아의 행동 발달의 중요한 조건으로 보았던 그들과 다르게 Montessori는 일(work)과 대비시켜 놀이를 특별히 계획된 요소로서 유아가 자유롭게 선택하는 행동으로 규정하였다. 그는 쓸모없는 교사의 힘, 기대나 행동은 유아의 미래를 통제하는 근원으로 작용한다고 주장하며 가정과 학교 간의 일관성 있는 교육을 위한 부모교육을 강조하였다(신화식, 2001). 그러나 이러한 그의 교육이론과 실제는 미국에서 큰 반응을 얻지 못했다. 감각교육에 대한 그의 생각이 생활 교육에 대한 Dewey의 견해보다도 편협한 것이라고 보았기 때문이다.

제2차 세계 대전 이후 진보적인 생활중심 교육과정 모형은 1957년 러시아의 스푸트니크(Sputnik) 발사에 의해 미국 교육 부실의 책임을 안고 사라지게 된다. 그 후 Bruner의 학문중심 교육과정 모형이 그 자리를 차지하게 되자 유아교육 분야에서는 1960년대부터 1980년대까지 아동의 인지는 보편적인 단계를 밟아 발달한다는 Piaget의 인지발달 이론에 기초한 인지중심 교육과정 모형들이 등장하기 시작하였다. 무엇보다도 1960년대 미국에서 출발점 평등의 관점에서 유아 때부터 시작된 조기 교육의 중요성을 일깨운 Head Start가 미국의 빈곤문제를 해결하기 위한 교육개혁으로 정착되면서 유아교육 분야는 다양한 교육과정 모형을 개발, 적용하는 새로운 전기를 맞게 된다.

Head Start는 1961년 출판된 Hunt의 『지능과 경험』 및 1964년 출판된 Bloom의 『인간 특성의 안정과 변화』 등에서 유치원(미국에서는 유치원이 초등학교 저학년에 편입되어 있는 것이 일반적임)에 취학하기 이전 생의 첫 5년이 지적 발달의 최적기라는 주장이 나오고, 인류학자 Lewis(1966)가 제안한 '빈곤문화'의 개념이 널리 알려지게 되자 저소득층 가정의 유치원 취학 전 유아를 위한 '사회적 능력' 향상 프로그램을 다양한 관점에서 개발하기 시작하였다(이은화, 양옥승, 1988). Head Start 프로그램을 통해 다양한 유아교육과정과 교수 모형이 적용되었던 것이다. 예를 들면, High/Scope 교육연구재단에 의해 개발된 인지중심 유아교육과정(Hohmann, Banet, & Weikart, 1979), 유아의 사회정서적 발달과 지적 성장을 함께 강조한 Bank Street 대학의 유아교육 프로그램, Piaget 구성주의 이론에 기초한 Kamii(1984, 1992)와 DeVries(1984, 1992)의 교수 · 학습 모형, 초등학교 학업에서의 성취도를 높이기 위해 행동주의 관점에서 개발된 DISTAR 프로그램, Montessori 교육이론에 기초한 유아교육과정 모형 등이 모두 Head Start를 통해 적용되고 검증되었다.

유아교육 개혁을 통해 빈민 문제를 해결하고자 했던 미국의 Head Start는 다양한 학문을 적용하고 사회문화적 맥락을 고려하여 유아교육과정 모형을 개발하게 하는 세계적 분위기를 형성하였다. 이러한 상황에서 1987년에 NAEYC가 Dewey의 교육이론과 Piaget의 인지발달 이론에 기초하여 '출생에서 8세까지의 아동 발달에 적절한 유아 프로그램의 실제'로서 DAP(Bredekamp, 1987)를 개발하여 제시함으로써 '발달의 적합성'을 강조하는 이 모형이 미국 전역에 널리 퍼지고 유아교육 현장을 지배하게 되었다.

한편, Bruner가 Vygotsky학파이었던 Luria 등의 영향을 받아 교육에서의 문화역사적 접근을 강조하게 되자 1970년대에 서서히 미국은 Vygotsky의 발생학적 인식론에 관심을 가지기 시작하였다. 사회 문화적 맥락이 아동의 학습에 미치는 영향을 설명하고 사회문화적 관점에서 교육의 의의를 논하고 있는

Vygotsky(1967)에 의하면 교육과정은 사회문화적 환경의 의미를 갖게 된다. 그리고 교사는 유아의 능동적인 참여를 촉진하기 위해 경험을 조직하는 환경 구성자로서의 역할뿐만 아니라 유아가 자신의 경험을 반성하고 미래를 예측하도록 격려하는 언어적 질문에 능숙해야 하고 아동과 함께 공동으로 지식을 구성하는 역할을 해야 한다(양옥승, 1991, 1993). 이러한 맥락에서 필자 역시 1980년대 초부터 Vygotsky의 발생학적 인식론에 기초하여 '언어적 계획 · 평가(VPE) 프로그램'을 개발하고 20여 년간 한국과 미국의 유아교육기관을 대상으로 적용하고 그 효과를 평가한 적이 있다(양옥승, 2004a).

다른 한편으로는 1970년 미국과 러시아(구 소련)의 아동기를 비교했던 Bronfenbrenner가 Head Start 정책 입안과정에 영향을 미치고, 1979년 다시 『인간발달의 생태학』을 내놓자 발달에 대한 사회문화적 접근이 큰 힘을 받게 된다. Bronfenbrenner에 의하면 인간에게는 발달의 속성이 있으며 그 발달은 사회 생태계와의 상호 의존적인 관계 속에서 역동적으로 이루어진다. 사회 생태계는 미시, 중앙, 외, 거시, 시간 체계로 구분되며 아동이 성장하는 과정에도 계속 변하는 특징이 있다. 그의 설명에 따르면 미시 체계는 가족, 유아교육기관, 이웃 등과 같이 유아에게 직접적으로 상호작용할 수 있는 체계다. 중앙 체계는 미시 체계들 간에 이루어지는 상호 교류 관계를 지칭하는 것으로, 유아와 부모 관계, 형제 관계, 또래 관계, 부모와 교사 관계 등이 이에 속한다. 그리고 외 체계와 거시 체계는 유아와 직접적인 교류는 없다 할지라도 미시 체계와 중앙 체계를 둘러싸고 있음으로 해서 유아와 상호작용하는 사회 문화적 환경들을 의미한다. 예를 들면, 거시 체계는 부모의 직장 및 인간 관계망, 형제자매가 이용하는 각종 시설들이 포함되고, 거시 체계로는 사람들이 갖고 있는 아동관, 육아관, 교육관, 고정관념들, 경제사회적 구조, 법제도, 교사양성 제도, 육아 및 가족 지원정책 등이 포함된다. 시간 체계는 시간의 경과와 더불어 발생하는 변화와 사회 역사적인 환경을 의미하는 것으로, 이를 테면 기혼 여성의 경제활동 참여 증가나 출산율 저하, 이혼율 증가, 다문화 가족 증가와 같은 가족 구조의 변화를 그 예로 들 수 있다.

1990년대 접어들면서 여성의 경제활동 참여증가, 출산율 저하, 소가구화 등은 출발점 평등, 유아의 교육권 신장, 육아 및 유아교육에 대한 국가의 책임 강화를 통한 국제 경쟁력 강화라는 측면에서 유아교육에 대한 관심이 높아졌고, 그에 따라 유아교육 대상 연령이 하향, 확대되었다. 특히 중류층 기혼 여성 취업률의 증가와 관련되어 보육 분야에서 가장 뚜렷한 변화가 있었다. 한국은 1960년대 초 경제개발 5개년 계획의 시행과 더불어 인구증가 억제를 국가 시책으로 채택한 이후, 출산율이 급속하게 감소되었다. 가임여성 1인당 평균 출산아 수가 1960년의 6.0명에서 1985년 1.70명, 2001년 1.30명 등으로 급격하게 감소되었는데, 이것은 프랑스(200년, 1.89명), 영국(2000년 1.64명), 일본(2001년 1.33명)보다 낮은 수치다. 이러한 급격한 출산율 감소는 육아에 대한 부담의 증가와 함께 유아교육에 대한 인식 및 유아교육의 질적 변화를 불가피하게 만들었고, 특히 유아의 다양한 발달 욕구와 보육 요구의 증대는 출산과 더불어 보육에 대한 사회적 책무성을 요구하기에 이르렀다.

이러한 사회적 상황 속에서 교육과 보육이 결합되어 유아교육은 '유아교육과 보호' '유아교육 · 보육(early childhood education and care)' 등으로 소개되면서 교육과 보육 간에 역할과 기능상에서의 차이에 대한 논쟁이 일기 시작하였다. 교육과 보육간의 논쟁은 유치원의 교육대상 연령과 보육시설의 보육대상 연령이 3세부터 6세까지 중복되어 있는 현실에서 더욱 가속화되었다. 이러한 과정에서 유아교육 분야는 그 대상 연령의 범위를 출생에서 초등학교 취학 이전의 6세까지로 규정하고, 유아교육기관이 할 수 있는 역할의 범주에 유아교육과정 이외에 가족지원을 포함시키고 가족지원 프로그램이 다양하게 개발하는 기틀을 형성하였다(양옥승 편, 1991, 1993).

## 2. DAP: 발달에 적절한 유아 프로그램 실제

최근 전 세계적으로 가장 활발하게 논의되고 있는 유아교육과정 모형은 미국의 DAP와 이탈리아의 Reggio Emilia 접근법일 것이다. 이 중에서 DAP(Developmentally appropriate practice)는 1987년 미국 NAEYC의 공식 입장(position statement)에서 출발한다(Bredekamp, 1987). 1980년대 미국에서 공립 초등학교 취학연령이 하향화되고 유치원이 초등학교에 편입되면서 학업 성취도나 인지능력이 중시되고 놀이보다는 교사주도의 학습이 강조되기 시작하였다. 이러한 변화 추세에 대응하기 위해서는 유아교육 분야에서 역사적으로 지향해왔던 아동중심, 놀이중심, 경험중심 등의 개념을 최대한 반영한 유아교육 지침서가 필요하게 되었다. 이러한 요구에 부응하여 NAEYC가 제시한 유아교육 지침서가 DAP 모형이다. 본래 이 모형은 NAEYC가 발달적으로 적절한 활동, 자료, 기대 등을 명확히 할 취지로 유아교육기관의 질적 수준을 평가하기 위한 평가인정제(accreditation)의 기준으로 개발된 것이기도 하다.

미국유아교육협회(NAEYC)의 DAP가 전 세계에 알려지게 되자 한국을 비롯한 세계의 유아교육 학계와 현장에서 '발달적 적절성'이 교육프로그램의 질적 수준을 가늠하는 가장 중요한 준거로 작용하게 되었다. 그러나 이 모형에서 제시하고 있는 발달적 적절성이라는 개념의 모호성에도 불구하고 그 의미가 확대, 해석되었을 뿐 아니라 학습 준비도로 인식되는 현상까지 초래되었다. 이러한 문제점을 감안하여 개정판(Bredekamp & Copple, 1997)에서는 사회문화적 적절성의 의미를 일부 추가하고 의사 결정자로서의 교사 역할을 크게 강조하고 있다.

1997년 개정된 DAP의 요지는 크게 발달적 적절성(적합성), 지식 구성자로서의 유아, 의사 결정자로서의 교사 등으로 요약될 수 있다. 이 모형에서 의미하는 발달적 적절성은 유아의 연령에 따른 발달적 적절성과 유아의 개인적이고 문화적인 적절성으로 분류된다. 연령의 적절성이란 유아기의 발달적 특성으로, 유아기 동안의 신체, 정서, 사회, 인지 등 제반 발달 영역에서의 성장과 변화에 대한 보편적이고 예측 가능한 개념을 의미한다. 그리고 이러한 유아기의 전형적인 발달에 관한 지식은 유아에게 적절한 학습 환경과 교육경험을 준비하고 계획하는 데 기본이 될 개념적 준거를 제공한다고 보았다. 그런가 하면 유아 개인의 문화적 적절성이란 유아마다 다른 성장 속도나 유형, 인성, 학습 양식, 언어나 종교, 생활방식 등 유아와 그 가족의 독특한 사회문화적이고 경제적인 배경에 따른 개별적 특성, 즉 개인차를 의미한다. 문화적 적절성에 대한 개념은 1997년 개정 지침서에만 나타난 것으로 발달과 학습에서의 사회 문화적 환경의 중요성에 대한 Vygotsky 이론을 일부 응용한 것이다.

NAEYC가 제시한 DAP는 최근 주목을 받고 있는 유아를 지식 구성자로 보는 프로젝트 교수법이나 발현적 교육과정과 같은 맥락에 있다고 볼 수도 있다. 이 모형에서는 유아를 자기 주도적이고 본능적으로 동기화되고 발달하는 능력을 가진 존재로 간주한다. 그러나 DAP 모형은 어떤 학습이 유아에게 교육적으로 가치 있는 것인지, 사회 문화적으로 적절한 교육을 위해서는 어떤 방식으로 접근해야 하는지, 교사는 어떤 세계관을 가져야 하는지 등에 대한 분명한 입장이나 방향이 제시되어 있지 않다. 또한 아동을 어떻게 가르쳐야 하는지에 큰 의미를 둔 나머지 무엇을 왜 가르쳐야 하는지에 대한 문제를 소홀히 다루고 있다. 이러한 문제점은 유아교육 분야가 교육학보다는 아동학이나 심리학에 의존한 데 따른 것이라고 할 수 있다.

## 3. Reggio Emilia 접근법

오늘날에도 세계의 유아교육자들이 가장 선호하고 있는 교육과정 모형은 이탈리아의 Reggio Emilia 접근법이다. 이 접근법은 기존의 이론들을 수용하면서도 이탈리아라는 국가와 Reggio Emilia라는 도시의 특수하고 공통된 가치와 문화를 결부시켜 생성된 교육과정 모형이기 때문이다. 기존의 많은 유아교육과정 모형들은 거대 이론이라 불리는 기존의 이론들 중에서 하나를 선택하거나 일반적인 원리를 추출하여 적용하는 방식이었다. 그러나 Reggio Emilia 모형은 유아교육 현장에서 자생적인 독특한 이론이나 철학을 기본 틀로 하고 거기에 기존의 이론들을 끌어들이고 접목했다는 점에서 큰 의의가 있다.

학교를 민주주의를 실천하는 장으로서 인식하고 있는 시민들에 의해 자치적으로 이루어지고 있는 이 교육과정 모형은 Reggio Emilia 시에서 운영하는 시립 유아교육 체제로서 교육과 사회적 서비스의 개념을 결합한 종일제 프로그램이다. 이는 3세부터 6세까지의 유아를 위한 유아학교의 프로그램과 0세부터 3세까지의 유아를 위한 영유아 센터 프로그램으로 구분된다. 이 프로그램은 특히 지역사회로 확장되어 아동과 교사, 부모들의 관계 속에서 공동 선을 추구하며 협력적이고 의사소통적인 관계를 구축한다는 점에서 세계의 어느 유아교육 프로그램과 다른 성격을 지니고 있다.

이 모형은 또한 사회의 변화에 맞추어 유아교육 현장에서 교육과정을 계속하여 변형하고 변용하고 있다는 특징이 있다. 이론적으로도 일찍이 지식의 절대성이나 객관성을 부정하고 상대성이나 주관적 인식을 추구하는 포스트모더니즘을 도입하기도 했다. 이밖에 Reggio Emilia 접근법의 이론적 토대로 인지적 갈등을 통해 학습자 스스로 지식을 구성한다는 Piaget의 능동적 학습 원리, 상징적 표상과 관련된 후기 Piaget학파의 여러 이론들, Gardner의 다중지능이론 등이 적용되었다. Dewey의 실용주의, 생활중심 교육, 수단으로서의 의사소통 또한 Reggio Emilia 교육 현장에 그대로 살아나고 있다(Cadwell, 1997; Edwards, Gandini, & Forman, 1998).

Reggio Emilia 접근법에서 갖는 유아에 대한 이미지는 Froebel의 관념론적인 사고에 기초한 것이라고 할 수 있다. 유아의 능력을 절대적이라고 믿고 존중하는 아동중심 사상이 그 근저에 깔려 있다. 교사의 유아 존중은 유아의 목소리를 기록하고 보존하는 것에서부터 시작된다. 유아들끼리의 의사소통이 적극 장려되며 소통의 과정이나 결과는 기록(다큐멘테이션)으로 남긴다. 유아에 대한 기록은 평가의 수단이기보다는 유아와 유아, 유아와 성인, 유아와 지역사회간의 의사소통 수단으로서 활용된다. 이는 또한 개인 유아의 내외적인 심미적 교류 및 전후 지식 간의 시간적 연결 도구로 쓰인다. 유아는 자기의 활동 기록을 살펴봄으로써 과거의 경험과 지식에 비추어 현재의 것을 스스로 구성할 수 있으며, 다른 유아의 활동 기록에 대한 관찰을 통해 자기의 경험과 지식을 사회적으로 구성할 수 있을 것이라 가정한다. 그리고 이러한 모든 과정 또한 궁극적으로 지식 공동체 형성에 기여하게 된다고 가정한다.

유아교육과정은 부모, 유아교육기관, 지역사회의 적극적이고 능동적인 참여 속에서 수행된다. 부모, 유아교육기관, Reggio Emilia 시가 파트너십을 가지고 유아를 주체적인 존재로 인정하고 공동체의 일원으로서 Reggio Emilia의 교육과정뿐 아니라 지역사회의 모든 프로그램에 참여할 수 있는 기회를 주고 있다. Reggio Emilia 접근법에서는 공동체로서 유아, 가족, 지역사회가 공동으로 참여하는 것으로부터 유아교육이 시작된다고 보기 때문이다. 이 모형에서는 또한 부모나 지역사회가 단순한 참여자나 협조자에 머물기보다는 유아교육의 중요한 요인으로 작용한다는 점에서 다른 어떤 모형과 차이가 있다. 이 프로그램에서 교사 역시 삶의 주체이며 유아와 같은 학습자로 인식된다. 공동학습자로서 교사는 유아의 이성을 존중하는 범위 내에서 유아의 흥미와 필요를 유발하고 지원하는 역할을 한다.

제2부

# 유아교육과정 기초로서의 교육과정 이론: 역사적 탐구

교육과정이란 무엇인가에 대해 이미 많은 논란이 있어 왔고, 그 논란은 현재에도 지속되고 있다. 사실상 교육과정의 개념을 규정하는 데 있어서 아직 어떤 결론적인 공감대를 형성하지 못하고 있는 실정이다. 어떤 교육과정 연구자는 교육과정을 전통적으로 누적된 지식이나 교과의 조직으로 정의하는가 하면, 어떤 이는 교육과정을 학교에서 학생이 경험한 모든 것이라고 폭넓게 정의하기도 한다. 예를 들어, 전통적 교육과정의 입장으로 대표되는 Tyler(1949)는 교육과정을 형식적으로 정의하지는 않았지만 교육과정을 계획할 때 고려할 질문 네 가지를 제기하고 이에 반응함으로써 교육과정의 개념을 규정할 수 있으리라 보았다. 그리고 그는 교육과정과 교수를 이분화시키지 않고 있으나, 교육과정을 교육목표 설정에서 출발하는 것으로 인식함으로써 교수의 차원으로 환원(reduction)시켜 개념화하고 있다.

한편, 협의로 교육과정의 개념을 규정하면서도 교육과정과 교수를 분리시켜 정의하는 교육과정 연구자도 있다. Goodlad, Stoephasis, Klein(1965)가 교육과정이란 '학습자 또는 학습 집단을 위하여 의도된 학습의 세트' 라고 정의한다거나, Beauchamp(1981)가 교육과정이란 '실천으로 이끌기 위하여 의도적으로 작성된 진술' 이라고 표현하는 것 등이 여기에 해당된다. 그런가 하면 교육과정과 교수를 일원적 체계로 규정하면서도 교육과정을 광의로 해석하는 교육과정 연구자도 있다. Eisner(1979)는 교육과정이란 '한 명 내지 그 이상의 학생에게서 교육적 성과를 얻기 위하여 의도된 일련의 계획적인 사건들' 이라고 말함으로써 교육과정을 '교육적 관계를 촉진하기 위한 가능성의 세트로서 의도적으로 선택된 문화적 환경' 이라고 정의하는 Macdonald, Wolfson, Zaret(1973)와 비슷한 관점을 취하고 있다.

또 다른 한편으로 Klein, Tye, Wright(1979) 등은 교육과정이란 의도되거나, 실제로 제공된 것이거나 또는 학습자의 실제적 경험을 포함한다고 함으로써 교육과정을 광의로 해석하면서도 교육과정은 교육과정을 대하는 입장에 따라 다르게 정의될 수 있다고 보고 있다. 그들은 교육과정을 어디에서 누가 결정하고 개념화하는지에 따라 교육과정 유형을 크게 다섯 가지로 분류하고 있다. 첫째는 교육학자나 교육과정 전문가의 수준에서 정의되는 이상적 교육과정(ideal curriculum)이 있다. 또 다른 교육과정은 교육과학기술부, 교육위원회, 교재편찬 위원회 등의 수준에서 개념화하고 있는 형식적 교육과정(formal curriculum), 즉 국가수준에서 개발된 교육과정이 있다. 이는 곧 중앙정부나 지방정부가 어떤 교육목적 하에서 어떤 유형의 교육과정을 전개할 것인지 결정한 것으로서, 교육과학기술부령 교육과정, 유아교육자료집과 교사용 지침서 등이 여기에 해당된다. 셋째로 교사의 교수 수준에서 이루어지고 있는 교육과정(instructional curriculum)이 있다. 교사가 어떤 목적을 가지고 무엇을 어떻게 가르치고자 하는지를 뜻하는 것으로서, 교사의 교육과정 계획이 여기에 속한다. 이 수준에서 볼 때 비록 교육과학기술부에 의해 교육과정이나 교사용 교육 자료집과 지침서 등이 국가수준에서 제공됐다고 하더라도 그것이 교사가 교육과정을 계획하는 데 반영되지 않으면 무의미할 뿐이다. 교수수준에서 개발된 교육과정으로는 교사의 연간, 월간, 주간, 일간 교육계획 및 교사가 개발한 교육과정 등을 들 수 있다. 넷째로 학급의 수업을 지켜본 관찰자의 수준에서 정의한 교육과정이 있다. 이는 조작적 교육과정(operational curriculum)이라고 불리는데 실제 교실 내에서 어떤 교육과정이 운영되고 있는지를 관찰한 외부인의 눈에 비친 교육과정이다. 그래서 조작적 교육과정은 학습자를 상대로 교실의 어떤 상황에서 교사가 무엇을 어떻게 가르치고 있는지, 교사의 가르침과 학습자의 배움의 과정, 즉 교수 · 학습과정이 어떻게 전개되고 있는지를 파악할 수 있는 장점이 있다. 마지막으로 경험적 교육과정(experiential curriculum)이 있는데, 이는 학습자의 수준에서 학교에서 실제로 경험한 모든 것을 뜻하는 것으로 학교 교육을 통하여 학습자에게 실현된 교육과정이라고 할 수 있다. 경험적 교육과정은 학교가 의도하여 가르친 표면적 교육과정뿐만 아니라 학교가 의도적으로 가르치지 않는 영 교육과정(null curriculum)과 학교가 은연중에 가르친 잠재적 교육과정(hidden curriculum)을 망라하여 얻게 된 경험 모두를 포함한다고 하겠다.

이렇게 교육과정을 보는 견해가 학자마다 다양해지자 교육과정의 개념을 정의하기 위하여 몇 가지 분류체계가 등장하였고, 그에 따라 교육과정 연구자는 몇 개의 집단으로 나누어져 설명되었다. Pinar(1975)와 그의 동료들(Giroux, Penna & Pinar, 1981)은 현대의 교육과정 동향을 크게 전통주의자, 개념 · 경험주의자, 재개념주의자 세 집단으로 분류한다. 전통주의자는 교육과정을 가치중립적인 것으로 달성의 수단을 통해 학생이 얻을 수 있는 일련의 경험이라 규정하고, 교수를 교육과정의 일부로서 취급한다. 이 점에서 Tyler의 교육과정이론을 계승, 발전시키고 있는 많은 교육과정 연구자들이 이 집단에 포함된다. 예컨대, Zais와 McNeil 등이 여기에 속한다. 사회과학의 경험적 방법론에 기초하고 있는 개념·경험주의자는 교육과정의 의미를 의도된 학습 성과로 축소시켜 이해한다. 가치보다는 경험된 사실이나 입증된 사실을 강조하고 교수를 교육과정과 독립된 이원적 체계로 간주한다. Bruner, Beauchamp, Johnson, Walker 이외에 교육과정 탐구의 목적을 이론보다는 실천적인 문제해결에 두어야 한다고 주장하는 Schwab도 이 집단에 속한다. 효율적인 교수·학습 방법으로 완전학습을 제안했던 Bloom이나 학습자의 정보처리 활동을 교수의 위계적 단계와 관련시켜 설명하고 있는 Gagné 또한 개념·경험 주의자라고 말할 수 있다. 재개념주의자는 교육과정을 학교 밖 사회의 문제와 관련지어 비판적으로 분석하거나 현상학 또는 해석학에 근거하여 재개념화할 것을 주장하며 1970년대에 등장하였다. 비판이론에 근간하고 있는 재개념주의자들은 교육은 가치를 추구하는 일이고, 학교는 계속적으로 변화하는 사회의 일부로 사회와 불가분의 관계에 있다는 전제에서 교육과정이란 인권이나 정치·경제·문화적 구조와의 관련 속에서 이해되어야 한다고 말한다. 이 집단에는 Huebner, Macdonald를 위시하여 Pinar, Apple, Penna, Giroux, Freire, Grumet, Eisner, Combs, Green 등이 포함된다.

Pinar의 교육과정 분류체계의 유사한 것을 Klein(1980)도 제시하고 있다. Klein은 교육과정 개방의 의도, 이용절차, 기대되는 결과 등의 요소들에 근거하여 교육과정의 입장을 크게 둘로 대별시키고 있다. 행동주의와 재개념주의가 그것이다. 그의 행동주의 집단은 Pinar(1975) 분류에서의 전통주의자와 개념경험주의자를 포함하고 있지만, 재개념주의는 Pinar의 재개념주의와 동일하다. 스스로 행동주의자라고 자처하고 있는 Klein의 분류는 현상학이나 포스트모던 관점에서 교육과정을 재개념화하려 했던 Pinar의 분류보다 크게 단순화되어 있다. 이처럼 교육과정에 대한 개념 정의는 개념화하는 사람이 어떤 학문적 배경을 가지고 있는지, 어떤 교육과정 이론에 기초하고 있는지에 따라 달라진다.

사실, 교육과정 분야는 특정 역사와 정치적 유산을 가진 여러 가지 담론들로 구성되어 있다. 이제는 기술 공학적인 탐구 방식만으로 교육과정과 관련된 문제들을 해결할 수 없다고 보기 때문에 다양한 학문적인 배경을 가진 탐구 분야로서 교육과정을 이해하는 것이 타당하고 당연한 것으로 받아들여지고 있다. 이론은 삶의 세계에 있는 인간의 사고를 자극하는 기능을 한다는 논리에 비추어 볼 때, 교육을 중심으로 전개되는 삶을 이해하기 위해서는 교육과정 분야에서 사용하고 있는 언어에 세밀한 주의를 기울이고 인간의 삶이 진행되는 사회 역사적 맥락과 관련지어 교육과정 이론을 연구하는 것이 필요하다(McDonald, 1992).

역사적으로 한국에서의 유아교육과정에 대한 탐구가 미국의 지배적인 유아교육과정 이론을 토대로 하고 있다는 사실은 한국의 유아교육과정 탐구가 미국의 교육과정 분야의 역사와 뗄 수 없는 관계에 있음을 의미한다. 미국의 유아교육과정은 미국의 교육과정 분야를 반영한 것이기 때문이다. 또 하나는 1969년 이후 유치원 교육과정이 초 · 중등교육과정과 함께 국가수준에서 개발되고 있다는 한국적 특수성을 고려한 것이기도 하다. 실제로 한국의 교육과정 연구사를 살펴보면 Bobbitt, Dewey, Tyler, Bloom, Bruner, Schwab, Pinar 등의 이론 연구가 많았고, 지금도 그들의 이론은 대단한 영향력이 있는 것으로 나타난다. 따라서 유아교육과정 탐구를 위해 미국 교육과정 이론의 역사를 심층적으로 분석하는 것은 반드시 필요한 절차이고 과정이라고 하겠다.

미국에서 교육과정이 학문적으로 논의되기 시작한 시점에 대해서는 학자에 따라 다소 다른 견해를 보인다. Jackson(1992)은 교육과정을 전문 분야로서 발전시킨 첫 번째 텍스트가 Bobbitt의 『교육과정』이므로 이 책이 출간되었던 1918년이 시발점이라고 주장한다. Cremin(1971)은 Denver 교육과정 프로젝트가 시작된 1923년이 최초라고 말한다. 그리고 Pinar 등(1995)은 유럽의 계몽주의 사상가들이 발전시킨 능력심리학에 기초하여 대학 교육과정을 연구한 『예일 보고서』가 출간된 1828년이 최초라고 말한다. 그러나 Kliebard(1995)는 Eliot을 위원장으로 한 『10인 위원회의 중등학교 연구 보고서』가 학교 교육과정을 위한 기본 틀을 마련했다는 점에서 이 보고서가 출간된 1893년이 시초라고 주장한다. Rugg(1927a)에 의하면, 교과의 가치는 교과내용(furniture) 암기에 의한 정신도야(discipline)에 있다고 보았던 19세기의 많은 학교들은 교육과정에 대한 이론적 토대 없이 행정 편의에 따라 교과중심으로 교육과정을 조직하고 운영하였다고 한다. 이러한 사실에 미루어 볼 때 『10인 위원회의 중등학교 연구보고서』(이하 『10인 위원회 보고서』라 칭함) 제출이 교육과정 분야의 출발점이라고 했던 Kliebard(1995)의 주장은 일리가 있다.

이 책에서는 『10인 위원회 보고서』가 출간된 1893년을 기점으로 하여 교육과정 역사를 교육과정의 창조(1893~1927년), 교육과정의 구조화(1928~1969년), 교육과정의 재개념화(1970~1980년대), 교육과정의 다양화(1990년대 이후) 등으로 시대 구분하고, 시대별로 교육과정 분야를 주도했던 이론들을 제시하고자 한다.

제 7 장

# 교육과정의 창조: 1893~1927년

미국의 교육과정 역사에서 1893년부터 1927년은 교육과정 분야가 생성된 시기라고 할 수 있다. 그러나 이 기간에 교육과정 분야를 주도했던 이론에 대해서는 학자마다 다소 견해 차이를 보인다. 1893년에서 1958년까지의 미국 교육과정 역사를 심층적으로 분석했던 Kliebard(1995)는 Eliot을 중심으로 한 인문주의자(humanist), Hall 및 아동연구자들로 구성된 아동중심의 발달주의자(developmentalist), Bobbitt을 비롯한 사회적 효율성(social efficiency) 추구의 교육과정론자, Rugg를 위시한 사회개선주의자(social meliorist) 등이 이 기간 동안 교육과정 분야를 주도하였다고 말한다. Dewey를 제외시킨 이유에 대해 Kliebard는 모든 이론가들의 생각을 포괄하는 종합주의자이기 때문에 그를 별도로 취급한다거나 어떤 집단에 포함시키기 어렵다고 한다. 다른 한편으로 교육과정 역사를 분석했던 Tanner와 Tanner(1995)는 교육과정 분야에서 진보주의의 영향은 전통 교과를 배제하는 데 있었다기보다 진보적인 통합에 있었으며 많은 교육자들이 미국 교육과정의 근간으로 진보주의를 들고 있지만 미국 교육과정의 뿌리는 진보주의가 아닌 인문주의, 즉 고전주의라고 주장한다. 이에 비해 이 기간 동안 교육과정 분야를 주도했던 이론으로 고전주의, Herbart주의, 아동중심주의, 사회적 효율성을 추구하는 과학적 교육과정, 진보적 교육운동 등을 제시했던 Pinar 등(1995)은 '진보적 교육운동'의 범주에 진보주의를 포함시키고 있다. 따라서 이 책에서는 진보주의가 한국의 교육과정 분야나 유아교육 분야에 끼친 영향이 절대적이었음을 감안하여 진보주의에 관해서는 진보적 교육운동에 대한 Pinar 등(1995)의 견해를 수용하고자 한다.

이 장에서는 1893년부터 1927년까지의 교육과정 창조기에 미국 교육과정 분야를 주도했던 이론이나 사상은 인문주의(고전적 이론), Herbart주의(발달주의의 시조), 아동중심주의(아동중심의 발달주의), 행동주의(사회적 효율성 추구의 과학적 접근), 진보적 교육운동이었다고 가정하고, 각각의 성격과 배경에 대해 진술할 것이다.

## 1. 인문주의: 고전적 이론

교육의 전통이었던 인문주의를 교육과정 이론으로 격상시킨 인물은 19세기의 대표적인 인문학자이었던 Eliot이다. 하버드 대학교의 학장으로 1884년 대학교육과정에 선택 과목제(elective system)를 도입하기도 했던(Tanner & Tanner, 1995, p. 78) 그는 인문학의 전통에 따라 각급 학교 교육과정 이론을 정립하는 기틀을 마련하였다(Kliebard, 1995). 1888년 미국교육학회(NEA: National Educational Association)에서 문법과 산수에 투자되는 시간을 줄이면서도 교육과정의 내용을 풍부하게 하기 위해서는 초등학교 프로그램이 다양화되어야 함을 제안했던 그는 미국교육학회의 산하에 있는 '10인 위원회'의 위원장으로서 1893년에 인문주의를 교육과정 기초로 적용할 것을 주장하는 『10인 위원회 보고서』를 제출하였다. 그 당시 미국교육학회는 교육과정 정책 수립을 위해 1882년부터 교과전문가들로 구성된 세 개의 위원회, 즉 중등교육연구를 위한 10인 위원회, 초등교육을 위한 15인 위원회, 대학입학사정을 위한 위원회를 두고 있었다.

10인 위원회가 제출한 보고서를 보면 인문학의 전통에 따르는 교과목에 우선권을 부여하고 교과 전문가의 역할을 강화시킬 것을 제안하고 있다. 학생의 흥미나 필요, 기타 인문학 이외의 시각은 도외시했던 이 보고서는 Parker와 같은 진보주의자들에 의해 많은 비판을 받았다. 그럼에도 불구하고 인문주의에 기초한 고전적 교육과정이론은 능력심리학의 지지를 받으며 20세기 초 미국의 교육과정 이론 형성을 주도했고 오늘날까지도 학교 교육과정의 기본 틀로서 그 영향력을 유지하고 있다.

인문주의에 기초한 고전적 교육과정 이론은 심리학적으로 보면 정신능력을 확장하고 지식을 쌓아가는 것이 바로 교육이고, 매일 학생의 정신 능력을 연마하는 것이 교육과정이라고 보는 능력심리학을 수용하고 있다(Pinar et al., 1995). 능력심리학(faculty psychology)에서 능력(faculty)이란 사람을 행동하게 하는 기능을 하는 '의지(will)', 기쁨과 고통, 사랑과 증오를 경험하게 해 주는 애정이나 열정과 같은 감성(emotion), 그리고 추론, 사고, 판단, 의미 이해를 가능케 해 주는 지성(intellect) 등의 세 가지의 정신 능력(faculty)을 의미한다(Rippa, 1988, p. 198). 능력심리학의 주요개념으로는 도야(discipline)와 내용(furniture)을 들 수 있다. 이 입장에서는 몸에 근육이 있는 것처럼 마음에도 근육이 있는데 그 '마음의 근육'이 바로 정신 능력이라는 것이다. 능력심리학에서 보면 '마음의 근육(근육으로서 마음, mind-as-a muscle)' 은유법을 응용하여(Kliebard, 1995) 정신 능력을 개발하는 것은 손의 근력을 기르는 것처럼 정규적인 연습이 필요하다. 몸의 근력을 기르기 위해 근육을 단련시켜 주듯이 정신능력을 개발하기 위해서는 고전을 반복하여 암송하는 암기교육을 통해 마음(정신)을 단련할 필요가 있다는 것이다.

능력심리학에서는 '마음의 근육'을 단련시키는 데 영향력이 큰 것으로 인식하여 교과를 마음의 내용(furniture)으로 가정하며 교과목으로는 그리스어와 라틴어를, 교육방법으로는 기억과 암송을 강조한다. 정신력의 훈련과 연마를 강조한다는 점에서 능력심리학은 정신도야(mental discipline) 이론이라고 할 수 있다. 이러한 관점에서 그리스어, 라틴어, 수학과 같이 전통적으로 내려온 인문학 관련 교과를 기계적으로 암기하거나, 문법, 수사학, 논리학, 대수, 기하, 음악, 천문학 등 '7자유학과(Seven liberal arts)', 즉 7개 인문학 과목을 중심으로 반복해서 읽고 외우고 기억해 내는 암기식 교육이 정당화된다.

20세기 초 교육과정 분야의 중심 무대는 여전히 인문주의자의 것이었으며, 거기에는 Eliot과 더불어 Harris가 있었다. 1889년부터 1906년까지 교육위원직에 있었던 Harris는 고전적인 관점에서 교과 간의 관계를 연구하고 정신발달에 필요한 교육내용을 제시하는 '15인 위원회'의 위원장의 임무를 수행하기도 하였다. Harris(1898)에 따르면, 인생이란 수학, 지리학, 역사, 문법, 문학 등 '영혼의 다섯 가지 창'이라 불리는 다섯 개의 영역으로 구성되어 있기 때문에 각 영역을 대표하는 내용을 중심으로 구성된 교과서는 절대적인 것이다. 이러한 관점에서 그는 초등학교에서 과학교육을 위해 실험실에서 실험하는 것보다 교과서를 암송하는 방법이 훨씬 효과적이라고 주장하였다. 그는 교과서를 강의 방법이자 교육과정으로 생각하였던 것이다(Tanner & Tanner, 1990). 다양한 문제 제기에도 불구하고 고전적 교육과정 이론은 교과를 강조해 왔던 학교 교육과정의 전통에 힘입어 20세기 초까지 확고한 지위를 누렸다.

그러나 영국에는 일찍이 인문주의와 다른 시각에서 고전적 교육과정 이론을 비판했던 교육학자가 있었다. 대표적인 인물은 Spencer다. Spencer는 기존의 지식관과 전통 교과 중심의 교육을 비판하고 Darwin의 진화론에 기초하여 교육과 교육과정을 논하였다. 1855년 『심리학 원리』를 집필하기도 했던 그는 1860년 미국에서 『교육: 지 · 덕 · 체』를 출판함으로써 미국 교육학계에 알려지게 되었다. 특히 이 책의 첫 장에 게재된 '어떤 지식이 가장 가치 있는 지식인가(What knowledge is of most worth?)'라는 글은 미국 교육과정 분야에 큰 반향을 불러일으켰다.

Spencer(1860)는 기존의 지식관과 전통교과 중심의 고전적 교육과정관을 비판하고, 교육과 교육과정은 개인의 생존보장에 우선순위를 두어야 한다고 보았다. 특히 교육의 목적은 '완전한 삶 준비'에 있으므로 현재의 삶에서 유용한 지식이 가장 가치 있는 지식이라고 보았던 그는 그 정도에 따라 삶의 활동을 다섯 유형으로 구분하였다. 그가 제시한 삶의 활동에는 직접적으로 자기보존을 돕는 활동, 생필품을 보장하는 활동(자기보존을 간접적으로 돕는 활동들). 자녀의 양육과 훈육을 보조하는 활동, 개인의 사회적, 정치적 관계를 유지하는 데 관련된 활동, 여가생활을 즐기는 데 필요한 활동 등이 포함되어 있다. Spencer에게 있어서 지식 중에서 삶에 가장 필요한 지식은 자기보존과 직접 연계된 건강 관련 과학이고, 간접적으로 자기보존적 삶을 용이하게 해 주는 재화나 용역 획득과 연계된 과학이다. 관련 교과로는 생물학, 화학, 수학, 지질학, 천문학 등의 자연과학과 함께 윤리학과 같은 사회과학이 포함된다. 그 다음으로 가치 있는 지식과 연계된 교과로는 자녀양육과 연계된 지식을 줄 수 있는 생리학과 심리학, 사회 구성원의 역할과 기능을 알게 해 주는 역사와 사회학, 여가 생활과 관련된 지식을 줄 수 있는 시, 미술, 음악 등을 들고 있다. 특히 과학이 자기보존을 위해 가장 가치 있는 지식이라는 그의 생각은 그 당시의 교육과정 연구자들에게는 수용되기 힘든 것이었다(Tanner & Tanner, 1995).

교육방법에 대해서도 Spencer는 머리로 생각하는 교육이 아니라 사물을 통한 발견학습이 중요하다고 말한다. 그에 의하면 아동은 가능한 한 적게 듣고 많이 발견하게 해야 한다. 그에게 교육과정은 교육목적을 달성하기 위한 수단이었고, 학문적 탐구대상이었던 것이다. 이러한 그의 생각은 교육과정을 정신능력 연마보다는 후일의 삶과 일상생활의 향상을 위해 적용할 수 있는 지식을 선택하고 제시하는 사회공학과 진보의 수단으로 인식하게 만들었다는 비판을 받았다(Hamilton, 1990).

이러한 상황에서 변화의 바람이 불기 시작하였다. 한쪽에서는 사회적 효율성을, 다른 한쪽에서는 아동 중심을 주장하였다. 그러나 보다 즉각적인 반응은 Herbart주의자들(Herbatian)로 알려진 교육학자들로부터 나왔다. 발달주의의 시조라 할 수 있는 Herbart주의자들이 과도기에 있는 교육과정 분야를 주도하기 시작한 것이다(Pinar et al., 1995, p. 78). 다른 한편에서는 대중적이면서도 전문적인 토론을 활발히 이끌어 가고 있었던 10인 위원회와 15인 위원회의 보고서에 대해 혹독한 비판을 가했던 심리학자인 Hall과 초기 진보주의 교육자가 있었다. 아동이 교육과정의 중심이 되어야 한다는 아동중심주의자들의 때가 가까이 오고 있었던 것이다. 지식과 교육과정에 대한 Spencer의 아이디어가 교육을 삶의 문제로 보고 일상생활과 삶의 맥락에서 지식의 가치와 교육과정을 논하게 하는 분위기 형성에 일조한 것이나 다름없다. Spencer의 '어떤 지식이 가장 가치 있는 지식인가?'라는 문제 제기는 교육과정 분야에서 1920년대에 '무엇을 어떻게 가르칠 것인가?'를 구체적인 문제로 제기하는 하나의 동력으로 작용하였던 것이다.

## 2. Herbart주의: 발달주의의 시조

산업화가 가속화되고 수많은 이민자가 국내로 유입되면서 20세기 초 미국 교육은 또 다른 국면을 맞이하게 된다. 고전적 교육과정으로는 급격한 사회 변화를 감당할 수 없다는 도전을 받게 되자 학교들이 새로운 사회 질서에 부응하는 새로운 교육을 찾기 시작하였다. 왜, 무엇을, 어떻게 가르칠 것인가와 같이 교육과정 개발에 대한 논의가 보다 활성화되면서 그 전과 다른 각도에서 교육과정 문제를 접근하려는 시도들이 나타났고 교육과정 개발이 교육과정 연구의 핵심으로 자리 잡게 되었다. 그 중심에는 Herbart주의가 있었다. Herbart주의자들은 미국교육학회(NEA)에 제출한 Harris의 『15인 위원회 보고서』(National Education Association, 1895)가 Herbart의 상관 개념을 잘못 이해, 적용했다고 비판하며 인문주의에 기초한 고전적 이론에 대한 반대의 목소리를 높였다.

Herbart는 1890년대부터 1910년대 사이에 미국 교육사상에 큰 영향을 미쳤던 독일의 철학자, 심리학자이자 Kant, Hegel, Pestalozzi의 철학에 근거하여 과학적 교육학을 창시한 교육학자였다. Pestalozzi와 마찬가지로 그는 인간을 선한 존재로 보았다. 그리고 지식이란 이미 갖고 있는 지식과 동화하는 '통각(apperception)'의 과정을 거쳐 형성된다고 보았다. 마음은 이미 획득된 지식을 기초로 하여 새로운 경험이나 지식을 통각하거나 이해하는 과정을 거쳐 발달한다는 것이다. 그러므로 교육의 본질은 타고난 선(virtue, 미덕)을 끌어내는 데 있고(Pinar et al., 1995), 교사의 역할은 아동이 새로운 학습자료를 접하는 과정에서 통각들을 일깨울 수 있도록 돕는 데 있다. 교육과정에 대한 이러한 생각은 결코 고전적 교육과정 이론과 병행될 수 없는 것이었다. 아동이 가지고 있는 덕성 및 학습에 대한 능동성과 흥미를 존중하는 그의 믿음은 심리학 뿐 아니라 교육과정 분야를 구체적인 내용과 뚜렷한 방법론을 가진 학문으로 발전시키는 데 크게 기여하였다(McNeil, 1996; Pinar et al., 1995).

한 걸음 더 나아가 Herbart는 교육학을 윤리학과 심리학을 바탕으로 한 과학이라고 보았다. 그는 실제로 윤리학으로부터 덕성(virtue) 함양이나 인격(character) 형성이 교육목적이라고 보는 아이디어를, 그리고 심리학으로부터 교육방법에 대한 생각을 이끌어냈다. 덕성이란 인간의 자유로운 내적 마음의 상태를 의미하는 것으로 교육의 목적은 이러한 품성을 기르는 데 두어야 한다고 보았다. 더욱이 덕성을 갖춘 사람은 생각과 행동 사이에서 좀처럼 갈등하지 않고 마음의 평정을 유지할 수 있기 때문에 이러한 덕성과 인격을 개발하기 위해서는 심리학의 연합론(associationism)으로부터 '집중화(concentration center)' 와 '상관(correlation)' 의 개념(원리)을 끌어내어 교육방법으로 적용할 필요가 있다. 집중화는 여타 대상에 대한 의식을 배제하고 특정 대상에 몰두하는 상내를 의미하고, 상관은 의식 속에 내재해 있는 여러 표상들을 결합하고 통일해 가는 정신(마음) 작용을 뜻한다.

다른 한편으로 Herbart는 '개체발생은 개통발생을 반복한다' 는 다윈의 진화론을 근간으로 하여 개인의 발달을 원시시대에서 문명시대로 이어지는 인류의 역사의 발전과 같은 발달과정을 거친다는 문화기원(cultural epoch) 이론을 수립하고, 이를 교육의 기본원리로 적용하였다. 이러한 원리와 이론을 교육과정에 적용하게 되면, 학습이란 학생이 새로운 지식에 흥미를 가지고 집중하여 이미 알고 있는 지식과 연합, 상관시킬 때 이루어진다. 그리고 집중화는 각급 학교에서 중요시하고 있는 역사나 문학과 같은 교과목을 교육과정의 핵심으로 하는 것이고, 상관은 교과목들 간에 상호 관련성을 갖게 하는 것이다

(Tanner & Tanner, 1995). Herbart가 제안했던 집중화와 문화기원론에 기초할 때, 집중화는 주제별로 교육과정을 조직하고 한 가지의 주제를 중심으로 교육과정을 연구하는 것이고, 문화기원은 인간발달의 단계 이론, 즉 발달론에 근거하여 교육과정을 구성하는 것이다.

Herbart의 입장에서 보면 흥미는 학습의 동기로서 이것이 유발될 때 집중화와 상관이 나타난다. 그래서 흥미가 없는 상태에서는 학습이 이루어지지 않는다. 흥미는 사고를 잘하게 만들고, 마음먹은 생각을 행동으로 옮길 수 있는 의지를 갖게 하는 동력으로 다른 사람이나 사물에 대해 갖게 되는 관심과 같기 때문이다. 흥미에는 대인과 대물의 두 가지 유형이 있다. 대인적 흥미로는 타인에게 친사회적인 관심을 갖는 동정심, 공공 문제에 관심을 갖는 사회적 흥미, 종교에 관심을 갖는 종교적 흥미 등이 있고, 대물 관계에서 나오는 흥미로는 사물에 관심을 갖고 이를 관찰하는 것과 같은 경험적 흥미, 자연 법칙에 관심 갖고 이를 생각해 보는 반성적 흥미, 그리고 미적 관심에서 나온 심미적 흥미 등으로 구분된다(McNeil, 1996).

Herbart에게 있어서 교육과정이나 수업 계획은 학생의 흥미를 유발시켜 집중화와 상관이 발생할 수 있도록 잘 짜는 것이다. 오랫동안 학교 수업의 특징으로 굳혀졌던 고립된 사실을 암기하는 전통적인 교육방법은 교육적으로나 도덕적으로 아무런 가치가 없다(Cabberly, 1934). 흥미의 중요성을 역설했던 그는 지각, 분석, 일반화의 학습과정을 고려하여 명확화, 연합, 체계화(일반화), 적용(일반화의 활용)과 같은 4단계 교수 이론을 개발하여 제시하기도 하였다. 그러나 이러한 Herbart의 이론은 그가 생존했을 당시에는 거의 영향력을 행사하지 못했으나 Ziller로 대표되는 다른 학자들의 생각들이 더해지면서 사후에야 힘을 가지게 되었다.

Ziller는 Herbart의 집중화 원리와 문화기원론을 보다 체계화하고 Herbart학파(Herbartian)를 주도한 인물이다. 특히 그는 독일 Jena 대학교 부설 Wilhelm Rein 학교에서 Herbart의 4단계 교수이론을 실험하고 수정하여 5단계 교수이론으로 발전시켰다. 교사가 학생들이 주의 집중할 수 있도록 이전의 학습 경험 불러내는 준비(preperation)의 단계, 새로운 정보나 지식, 경험을 요약하거나 명료화하는 제시(presentation)의 단계, 새로운 정보를 이전의 학습 경험이나 지식과 비교하는 연합(association)의 단계, 새로운 정보로부터 규칙과 일반화된 원리를 도출해 내는 일반화(generalization)의 단계, 일반화에 특정 사례를 연결시킴으로써 의미를 부여하는 적용(application)의 단계로 구성된 Ziller의 5단계 교수방법은 그 당시 Herbart주의자들의 생각을 대표하는 교수방법으로 인식되어 미국의 각급 학교에 널리 적용되었다(Pinar et al., 1995).

미국의 Herbart주의자들은 『10인 위원회 보고서』가 출간되기 바로 전 해인 1892년 Herbart클럽을 조직하였다. 이 클럽은 1892년 Herbart협회(Herbart Society)로 발전되었다. Garmo, McMurry 등을 포함한 많은 Herbart주의자들은 독일의 Wilhelm Rein 학교를 방문하고 돌아와 미국 전역에 Ziller-Rein-Jena 형 Herbart 버전을 개발하고 전파하는 데 심혈을 기울였다. 교육과정 분야에서 미국의 Herbart 운동을 이끌었던 대표적인 인물은 McMurry와 McMurry(1897)이다. 교육방법이 교육과정과 동의어로 쓰일 만큼 교육과정 구성(curriculum making)의 기술과 방법에 대한 이들의 생각은 미국 Herbart 운동의 중심이 되었다. 과학을 쟁점화하기도 했던 Herbart협회가 그 당시 출간했던 연감들에 따르면, 덕성 함양이라는 교육목표에 도달하기 위해서는 문화기원론을 토대로 한 역사나 문학과 같은 교과목이 효과적이다. 이러한 관점에서 교육과 교육과정을 연구했던 Herbart협회는 1900년 교육과학연구회(NSSSE: National Society for the Scientific Study of Education)로 그 명칭이 바뀌었고, 1909년에는 다시 미국교육학회(NSSE: National Society for the Study of Education)로 변경되어 오늘날까지 이어져 내려오고 있다.

미국의 Herbart주의자들이 문화기원론을 적극 수용한 배경에는 다음의 세 가지 생각들이 내재해 있었다. 첫째, 문화기원론은 개인의 인격 형성과 관련된 가장 잠재적인 실체라 볼 수 있는 '역사'에 관한 이론이며 둘째, 문화기원론에서 교육과정의 집중화라 할 수 있는 '기원'의 개념은 교육과정 통합을 보다 용이하게 해 주며 셋째, 교과목의 논리적 순서와 심리적 순서에 관한 기존의 원리들은 '교육과정 구성'에 결코 적합한 원리가 아니라는 것이다. 인간의 발달은 인류의 역사를 내면화한 것이라는 진화론적 입장에서 보면 문화기원론은 아동을 연결시킬 수 있는 가장 경제적인 원칙이다. 그래서 진화론을 토대로 개발된 문화기원론은 일부 발달주의자들에 의해 제2차 세계 대전 이후에도 수용, 계승되었던 것이다. 이러한 입장을 견지했던 대표적인 인물로는 Seed가 있는데, 그는 UCLA 실험학교에 많은 영향을 주었다.

그러나 인간의 발달과 인류의 역사 간에 유사성이 있다는 발달주의에 기초하여 교육과정 분야를 탐구하던 Herbart주의자들은 스스로 몇 가지 문제를 제기하기도 하였다. 그것은 바로 어떤 교육과정이 원시적인 인류와 닮은 발달단계가 낮은 아동에게 적합한지, 특정 사물에 대한 아동의 통각은 언제 형성되는지, 과연 인류의 발달이 인간의 발달을 설명할 수 있는지, 문화기원이 집중화인지 등에 관한 것이었다.

Herbart가 내세운 발달주의에서 중요시 여기는 상관의 개념은 교과목들 간의 상호 관계를 강조하는 것으로서 오늘날에도 간학문의 개념으로 남아 있다. 그러나 그 이론의 핵심 사상이라 할 수 있는 집중화된 교육과정이나 상관 교육과정이 구체적으로 무엇을 의미하는지, 그리고 무엇으로 교육과정을 구성할 것인지에 관해서는 Herbart주의자들 간 합의점 도달에 실패하였다. 그리하여 19세기 말에 선전했음에도 불구하고 Herbart주의자들의 교육개혁운동은 20세기가 도래하면서 그 힘을 잃게 되었고, 미국 교육사에 있어서 비교적 짧은 개혁 운동으로 그치고 말았다(Pinar et al., 1995). Herbart주의는 유아교육과정 분야에는 큰 영향을 미쳤으나, 교육과정 분야에서는 인문주의의 전통을 약화시키는 데는 기여했지만 교육과정 분야를 주도하는 이론으로서는 크게 활성화되지 못했던 것이다.

그러나 19세기 말 미국 교육계에 유행처럼 번졌던 Herbart주의는 기존의 인문주의와 아동중심의 발달주의를 연결 짓는 가교의 역할은 충분히 해 냈다. Herbart주의는 교육과정이 아동의 발달적 특성에 기초해야 한다는 아동중심의 발달주의, 즉 아동중심주의로 나아가기 위한 과도기적인 이론으로서 기능하였던 것이다. Herbart주의는 특히 발달주의의 기조로서 유아교육의 주축이 된 아동중심 교육과정의 이론적 토대로 작용했다는 점에서 일반 교육학이나 교육과정 분야와 다르게 유아교육학이나 유아교육과정 분야에서는 매우 큰 위치를 점하고 있다.

## 3. 아동중심주의: 아동중심의 발달주의

Herbart주의의 주요 개념들, 특히 핵심 교과(역사, 문학)의 지도와 교과 간의 내적 관계(집중화와 상관), 5단계 교수, 통각, 문화기원 등은 일부 교육학자들에 의해 긍정되기도 하고 부정되기도 하면서 교육과정의 변형을 촉발하였다. 아울러 아동을 교육과정의 중심에 놓아야 한다는 아동중심의 발달주의를 형성하였고, 아동중심주의에 입각하여 교육과정을 보는 아동중심의 교육과정관을 정립하였다. 대표적인 아동중심주의자로는 Parker와 Hall을 들 수 있다.

Parker는 아동중심 교육과정의 필요성을 강력히 주장하고, Harris의 고전적 교육과정뿐 아니라 10인 위원회와 15인 위원회의 보고서도 반대하는 선봉자적 역할을 하였다. 독일에서 수학했던 그에 따르면 교육의 중심은 아동이고 교육의 가치는 아동의 필요(요구)에 의해 결정된다(Parker, 1894). 이러한 아동중심 교육관은 그 당시 독일 초등학교와 유치원 교육과정의 근간이었던 Pestalozzi와 Froebel의 교육사상에 기초한다. 교육방법에 대한 그의 입장은 Pestalozzi에 기초하고, 아동에 대한 생각은 인간과 교육에 대한 Froebel(1826)의 아이디어에서 나온 것이다. 그는 또한 초등학교에서부터 과학을 주요 교과로 다루고 있는 독일의 교육과정을 예를 들며 과학 과목의 중요성을 설파하였다. 그렇다고 해서 그가 과학을 교육과정 조직의 중심으로 본 것이라 할 순 없다. 그는 오히려 교육과정 개발은 아동의 학습 능력에 그 근간을 두어야 한다고 주장한다. 그에게 있어서 교육과정의 중심은 역시 아동이었다.

Dewey로부터 진보주의의 아버지라고 칭송받을 만큼 Parker는 진보주의 운동을 전개하는 데 심혈을 기울였던 인물이기도 하다. 그에게 있어서 학교는 세속적이거나 학생을 통제하거나 지루하게 만드는 곳이 아니라 가정의 모델이자 완벽한 공동체로서 민주주의의 모태가 되는 그런 곳이어야 한다(Parker, 1894). 이러한 그의 생각은 민주주의와 교육을 연결한 Dewey의 생각과 큰 차이가 없다. 그러나 아동중심주의자이었던 그는 진보주의 중에서도 사회재건이나 개혁보다는 아동중심의 시각에서 교육과 교육과정을 이해하고 탐구하였다. 그러한 그의 노력은 Quincy의 장학관과 시카고의 Normal School 교장으로 재임하던 시절에 실천으로 옮겨졌다. 장학관으로 재임할 때에는 진보적인 교육을 위한 Quincy 시스템을 개발했는데, 이 시스템은 Herbart 심리학에 기초한 것으로 교육과정에 대한 종합(synthesis) 이론을 주도하였다. 실제로 진보주의 운동은 1870년대 Parker와 함께 Quincy에서 막을 올렸다고 할 수 있다. 그의 실험들은 전국적으로 큰 반향을 불러일으키면서 Dewey의 진보주의 출현을 예고하였을 뿐 아니라 후일 교육과정 개발의 이정표(Pinar et al., 1995; Tanner & Tanner, 1990)가 되었다.

교육과정에 대한 Parker의 종합 이론은 Froebel의 교육사상뿐 아니라 다윈의 진화론에 근거한 Herbart의 집중화 원리를 바탕으로 하고 있다. 그럼에도 불구하고 그는 Herbart주의자들과 차별화된 이론을 만들어 내고자 노력하였다(Tanner & Tanner, 1995). Parker(1894)는 Herbart 심리학과 그의 제자인 Ziller와 Rein이 제안했던 집중의 원리가 영감의 원천이었다고 스스로 말할 만큼 Herbart 심리학 이론으로부터 많은 아이디어를 끌어냈으면서도 자신을 Herbart주의자에 포함시키는 것은 강하게 거부하였던 것이다.

다른 한편에서 Hall은 아동중심주의자로서 Herbart 심리학에 기초하여 교육과정 연구에서의 아동연구의 필요성을 주창하고 1880년대 아동연구 운동을 이끌었다. Hall(1883)에게 있어서 교육과정은 측정과 양적 접근 방법을 통해 수집, 분석된 아동발달에 관한 자료에 근거하여 구성되어야 한다. 아동발달에 대한 연구가 교육과정의 중심이 되어야 한다는 것이다. 클락대학교의 총장이기도 했던 그의 리더십에 의해 그 대학은 아동연구와 이에 관한 출판의 중심지가 되기도 하였다. 개체 발생은 계통 발생을 반복한다는 다윈의 진화론을 철저히 믿었던 그는 사회 변화란 서서히 진화하는 과정을 밟는다는 사회진화론적 시각에서 1883년 존스 홉킨스 대학교에 미국 최초의 심리학 실험실을 설립하였고, 1887년에는 미국 심리학저널(American Journal of Psychology)을 창간하는 일도 하였다(Tanner & Tanner, 1995). 그 당시 많은 사람들이 그랬던 것처럼 그 역시 앞으로 새 시대가 도래할 것인데 새 시대의 희망은 종교 지도자가 아니라 사회과학자, 특히 교육자가 주도하는 교육에서 찾을 수 있다고 보았다. Parker가 미국교육학회의 1895년 『15인 위원회 보고서』를 혹독히 비판했다면 아동연구 운동을 주도하고 있던 Hall은 미리 정해진 교과의 틀에 맞추어 모든 아동을 동일한 방식으로 교육할 수 있다는 1893년 『10인 위원회 보고서』에 대해 '아동중심'과 '과학'의 이름으로 신랄하게 비판했다(Kliebard, 1986; Tanner & Tanner, 1995).

사회진화론을 쫓았던 Hall에게 있어서 아동 발달의 기본 요소는 교육보다 타고난 유전적 요소다. 따라서 교육을 통해 인간의 본성을 빠르게 또는 느리게 변화시킬 수 있다고 기대하는 것은 무리다. 아동의 발달에 대한 과학적인 연구가 없는 상태에서 교육과정을 논할 수 없다는 것이다. 그 당시의 분위기에서 보면 능력심리학을 거부하고 실험심리학을 지지했던 그가 교육과정 개발에 대해 가졌던 생각은 자유방임적이면서도 급진적인 것이었다. 그러나 아동중심의 교육과정과 교육의 개별화에 대한 그의 입장은 오히려 보수적이었다(Tanner & Tanner, 1995). 교육이 아동의 발달을 촉진시킬 수 있다거나 사회의 변혁을 가져올 수 있다고 기대하는 것은 적절치 못한 생각이라는 그의 입장에서 보면 아동중심 교육과정이나 '개별화(individualization)' 교육은 일반 아동보다는 우수한 아동에게 적용할 수 있는 것이었다.

아동중심 교육과정에 대한 Hall의 생각은 진보주의 교육학자들 중에서도 개인을 중시하고 사회 개혁을 부정했던 아동중심주의자에게 커다란 영향을 주었다. 그의 이러한 생각은 아동연구가 교육과정의 기초가 되어야 한다는 유아교육학자들의 확고한 신념이 되었지만 교육과정 분야에서는 잘못된 자유방임 교육과정으로 인식되었다. 심지어 Counts와 같이 사회 개혁을 중시하는 진보주의자들은 Hall의 아동중심 교육과정 시각을 사회적 재난으로까지 여겼다(Tanner & Tanner, 1990). 이 과정에서 Hall의 자유방임 교육과정은 1920년대에 막을 내리고 말았다(양옥승, 2005).

## 4. 행동주의: 사회적 효율성 추구의 과학적 접근

Herbart주의에 의해 이미 그 세력이 약화되었던 능력심리학은 20세기 첫 10년을 마감할 즈음에 실험심리학의 공격 대상이 되었다. 정신도야의 심리학이라 할 수 있는 능력심리학이 물러서고 Herbart 심리학이 그 자리를 대신했으나 이 또한 열세를 면치 못했다. Herbart주의가 쇠퇴의 길로 접어들게 된 배경에는 심리학을 자연과학이라 보았던 하버드 대학교의 James가 1890년 출간한 『심리학 원리(*Principles of psychology*)』가 크게 작용하였다(Kliebard, 1986; Tanner & Tanner, 1995). 철학자들에 의해 지배되었던 '마음' 연구를 심리학자들이 행동과학적으로 해야 한다는 James의 주장은 매우 놀라운 것이었다. 그는 암기교육에서 중시하는 기억이란 학습을 위해 어떤 기능도 하지 못한다는 사실을 실험을 통해 밝히기도 하였다. 암기에 의해 기억을 개선할 수 없다면 기억을 교육과정 이론의 핵심 요인으로 삼을 이유가 하등 없다는 것이다. 이러한 입장에서 그는 객관성과 실증을 중시하는 심리학(objective psychology) 학파를 창설하였고, 후일 실용주의(pragmatism)의 대가로서 입지를 굳혔다. James의 아이디어들은 그의 제자였던 컬럼비아대학교 사범대학의 Thorndike에 의해 집대성되는 결과를 낳았다.

Thorndike는 James의 실험심리학을 발전시켜 연합이론을 창시하고, 기존의 교육과정 이론들을 공격하였다. 그는 실험심리학의 우수성을 내세우고 James가 했던 공격을 계속하며, 능력심리학을 열세로 몰아넣었다. 라틴어, 대수, 기하와 같은 선동 교과들이 정신도야에 미치는 효과가 크지 않다고 보았기 때문이다. 능력심리학과 정신적인 도야 이론을 부정하고 학습에서의 전이(transfer)는 고전주의에서 가치를 두고 있는 '도야'를 통해 나타나는 것이 아니라 새로운 활동이 내용이나 방법상에서 과거의 활동과 공통점이 있을 때 일어난다고 주장하였다. 그에게 있어서 학습은 정신도야로부터 나오는 것이 아니라 교과의 내용과 과제를 다루는 방법에 따라 그 효과가 달라진다. 이러한 생각을 증명해 보이기 위해 그는 물리학, 생물학, 사회과학, 특히 심리학의 과학적 연구 방법을 도입하고 그에 따라 교과의 내용과 시도 방법에 대한 객관성과 타당성을 밝히고자 하였다(Clifford, 1962).

Thorndike에게 있어서 인간의 마음(정신)은 인간의 본성과 환경을 변화시키는 일종의 '행동적 도구' 였다(Rippa, 1988). 그에 의하면 교육은 일종의 인간공학이다. 그러므로 교육에서 인간성과 성취도를 측정하는 것은 당연하다. 이러한 그의 생각은 통계적인 연구 및 측정에 대한 믿음과 함께 사회적 효율성을 추구하는 과학적 교육과정 운동을 정당화하는 또 다른 발판이 되었다. 능력심리학이 사장되자 실험심리학은 사회적 효율성을 중시하는 과학주의와 결합을 시도하였고(Pinar et al., 1995), Thorndike의 활약으로 사회적 효율성을 추구하는 과학적 교육과정 운동이 본격화되었다. 과학적 교육과정 운동을 통해 인문주의에서 중요시하는 전통 교과가 객관적이고 합리적인 근거를 가지고 있는지에 대한 문제가 제기되었고 과학적 방법과 절차에 따라 교육과정을 구성해야 한다는 주장이 교육과정 분야를 주도하게 되었다.

교육자가 자극과 반응의 행동주의적 사고를 가졌을 때 인간 행동을 선택할 수 있고 인류가 품고 있는 포부에 다가갈 수 있다고 믿었던 Thorndike에 따르면 자극과 반응의 원리는 간단하다. 반응이 곧 학습이기 때문에 교육의 과정에서 특정 자극에 대한 아동의 반응 행동이 어떻든 그 행동은 아동의 학습 내용이 된다고 본 것이다. 이러한 생각은 반응에 대한 과학적인 연구, 즉 학습에 대한 양적 연구의 필요성을 정당화시켰을 뿐 아니라(Pinar et al., 1995), 실험심리학이 더 이상 철학에 속하지 않는다는 인식의 변화를 이끌어 냈다.

평생 오백 편 이상의 저서와 논문을 출판할 정도로 Thorndike의 연구 열정은 대단했다. 그가 1904년 출판했던 『마음과 사회 측정론 개론(*An introduction to the theory of mental and social measurements*)』은 미국인들이 검사와 측정에 빠져 들게 하였다(Nelson & Watras, 1981). 나아가서 심리 측정의 개념을 정립하고 개념으로만 받아들였던 지능을 교육자들이 수량화하여 측정할 수 있게 하였다. 교육과정에 대한 행동주의적 접근은 마침내 성공하였고, 행동과학이 반세기 이상 지도적 위치에서 교육과정 분야를 주도하게 만들었으며(Pinar et al., 1995), Thorndike로 하여금 Dewey와 더불어 교육과정 분야에서 가장 탁월한 업적을 남긴 인물로 남게 하였다(Eisner, 1985).

20세기 초 Thorndike가 교육과정 분야에 미친 영향이 지대하다는 것은 이미 많은 교육과정 역사학자들에 의해 내려진 공통된 평가이기도 하다. Thorndike의 주요 저서로는 1906년 출판된 『교수원리(*Principles of teaching*)』와 1913년 출판된 『교육심리학』이 있다. 특히 정신도야 이론을 반박하고 자극과 반응의 행동주의 심리학의 필요성을 제기한 『교육심리학』은 오랫동안 심리학뿐만 아니라 교육학 분야에도 큰 영향을 주었다.

다른 한편으로 20세기 초 미국 사회의 산업화와 도시화에 부응하고, 능력심리학이나 고전적인 교육과정 이론을 배격하고 사회적 효율성의 차원에서 교육과정 이론을 정립하고자 했던 교육학자로는 Bobbitt이 있다. Bobbitt은 정신도야 이론의 비과학성을 비판하고 과학적 교육과정 운동의 필요성을 제기하였다. 그는 산업화 과정에서 미국의 전통적 가치관과 새로운 가치관이 융합될 수 있기 위해서는 교육의 목적을 고전주의자들이 주장하는 전통적인 교과를 통한 지식 전달보다 미래 사회에 잘 적응할 수 있도록 준비해 주는 사회적 효율성 추구에 두고 교육과정을 과학적으로 연구, 구성해야 한다고 보았다. 이러한 입장은 필리핀에 교육위원단의 일원으로 파견되어 직접 경험했던 바를 바탕으로 교육과정 구성을 논한 Bobbitt(1918)의 저서 『교육과정(*Curriculum*)』에 그대로 잘 나타난다.

교육과정에 관한 최초의 저서이기도 했던 그의 책 『교육과정』에서 Bobbitt (1918)은 교육과정이란 전통 교과를 중심으로 구성하기보다는 학생의 잠재적 능력 개발 차원에서 현재의 생활 사태, 즉 '사회적 요구(필요)'에 대한 사회 과학적인 조사 연구를 토대로 결정, 구성되어야 한다고 주장한다. 고전적 교육과정 이론이나 아동중심 교육과정 이론과 다르게, 교육과정은 사회적 요구, 피교육자의 개인적 특성, 교육이론 및 활용 가능한 실천적 지식에 기초하여 개발되어야 한다는 것이다(Pinar et al., 1995). 그에게 있어서 전통적으로 강조해 왔던 교과는 교육의 수단일 뿐 교육의 목적이 될 수 없다. 교과의 내용이 사회적으로 쓸모가 있어야 하는데 인문주의에 기초한 고전적 교육과정 이론에 따르면 교과의 내용보다 교과별로 추구하고 있는 정신능력에 집중함으로써 사회적 효율성과 무관한 교육과정을 구성하게 된다는 것이다. 그렇다고 전통 교과를 폐기하라는 것은 아니다. 전통적인 교과를 가르치되 교육내용을 사회적으로 유용하면서도 일상적인 삶에서 적용할 수 있는 내용으로 바꾸는 시도가 필요하다는 것이 Bobbitt의 입장이다.

과학의 세기라 불리는 20세기 초의 학문적 풍토에 걸맞게 교육과정에 대한 Bobbitt의 접근 방식은 매우 과학적이고 실증적이었다. 그에 의하면 교육의 과정은 공장에서 제품을 생산하는 과정과 같으므로, 교육과정 개발을 위해서는 생산성 향상을 위해 경영 효율화 방안으로 기업들이 적용하고 있는 Taylor의 '과학적 경영원리'를 적용하여(Bobbitt, 1918) 사전에 생산 목표와 목표 달성을 위한 구체적인 방법과 절차를 준비하고 제시할 수 있어야 한다. Bobbitt을 위시한 사회적 효율성 주창자들은 정신능력 연마나 아동의 흥미, 요구, 관심에 주목하기보다는 사회, 경제적으로 유용한 시민을 생산해 내는 것을 유일한 가치로 받아들이고(Kliebard, 1986), 사회적으로 유능한 개인을 생산하는 데 교육의 목적을 두었던 것이다.

Bobbitt(1912)은 심지어 아동들을 사회적으로 쓸모 있는 성인으로 준비시키기 위해서는 토요일, 일요일, 방학에도 학교를 운영하며 지역사회의 문화센터로 활용할 것을 주장하였다. 그에게 있어서는 효율성과 경제성이 교육을 정당화시키고 교육과정을 만드는 데 중요한 개념이었다. 이러한 경향은 이민의 증가, 산업화, 도시화 등으로 급격한 사회 경제적 변동을 겪고 있던 1920년대의 미국적 상황과 무관한 것이 아니었다. 이러한 사회적 상황에서는 Bobbit뿐만 아니라 사회적 효율성을 높이기 위해서는 직업교육이 필요하며 교육의 목적은 믿음이나 신념보다는 과학이나 경험적 방법에 의하여 설정되어야 한다는 Snedden(1921)의 주장 또한 미국인들에게 큰 설득력이 있었다.

교육과정에 대한 행동과학적이고 경험 과학적 접근에서는 과학적 조사뿐 아니라 연령별 또는 학년별로 교육 내용을 체계적으로 조직할 것을 강조한다. Bobbitt(1912)에게 있어서 교육과정의 목표는 교과를 통한 마음(정신) 연마(도야)가 아니다. 교육과정은 아동이 과학적으로 결정된 목표를 달성하기 위해 겪게 되는 일련의 활동이나 경험이다. 그리고 교육활동은 다음의 다섯 가지 절차를 거쳐 구체화되어야 한다. 언어, 건강, 사회생활, 가정생활, 직업, 종교생활 등을 포함한 10여 개의 범주로 나누어 사람의 여러 경험들을 종합적으로 검토하는 경험 분석의 단계다. 그 후 기업체에서 활용하고 있는 직무분석 기법을 적용하여 사람들의 경험을 분석, 분류했던 범주들을 보다 구체적인 활동으로 세분화한다. 직무분석이 끝나면 활동 수행에 필요한 구체적인 능력들을 교육목표로 도출하고 진술한다.

실제로 10개 범주로부터 800개 이상의 교육목표를 도출해 낸 그에 따르면 '단어를 정확하게 발음하기' '남이 듣기 좋게 발성하기' '언어를 문법적으로 정확하게 사용하기' '생각을 효과적으로 조직하고 표현하기' 등이 언어 분야의 교육목표가 될 수 있다. 교육목표를 도출한 다음에는 도출된 교육목표들 중에서 활동으로 연계하여 적용할 수 있는 목표들을 선정해야 한다. 이때에는 선정된 목표가 전체 학생들을 위한 것인지 아니면 소수 학생들을 위한 것인지를 구분하여 목표를 위계화하고 목표달성을 위해 학생들이 연간 어느 정도 성취해야 하는지 등을 명시할 수 있어야 한다. 아울러, 일상생활이나 자연적인 성장발달 과정에서 달성될 수 있는 것이나 지역사회의 정서나 관습에 반하는 것이나 현실적으로 달성하기 어려운 목표들은 삭제한다. 마지막으로 연령별 또는 학년별 목표달성을 위한 구체적인 활동 계획을 수립한다.

Bobbitt의 입장에서 보면 학교는 교육과정의 사회적 효율성을 높이기 위해 기업과 마찬가지로 결과물에 주목하여 과학적인 기준을 가지고 질적 수준을 측정하고 평가할 수 있어야 한다. 그리고 교육내용과 활동은 학생들이 미래 사회에 효율적으로 적응할 수 있도록 현재의 삶보다는 현재 성인이 주도하고 있는 사회에 대한 과학적 조사에 기초하여 구성되어야 한다. 그의 입장에서 보면 교육과정은 표준화되고 국가수준에서 개발하는 것이 효율적이며, 교육과정 개발 과정에는 실무에 밝은 지역 인사의 의견이 반영되어야 한다. 인문주의나 발달주의와 다른 그의 이러한 생각들은 후일 Caswell, Tyler 등에 의해 보다 체계화되고 전 세계로 전파되어 교육과정 개발을 위한 기초로 적용되었다(이홍우 외, 2003). 그러나 교육의 목적을 성인이 주도하는 세상에 효율적으로 적응하는 능력 개발에 두었던 Bobbitt에게 있어서 교육은 후일 성인이 되었을 때의 삶을 준비하기 위한 것으로 아동의 현재 삶과 생활을 위한 것이 아니었다(Schubert, 1980). 이러한 생각의 배경에는 이민의 증가, 산업화, 도시화 등으로 급격한 변동을 겪고 있었던 1920년대 미국의 사회 경제적 상황이 크게 작용했을 것이다.

또 다른 한편에서 Charters(1923)는 Bobbitt과 마찬가지로 교육과정 이론의 중심축을 '내용' 에서 내용 결정을 위한 '방법' 으로 바꾸는 데 큰 역할을 하였다. 이러한 생각에 동조하는 사람들의 관심사는 교육내용과 활동을 어떻게 조직하여 가르칠 것인가를 결정하는 데 있다. Spencer(1860)의 '어떤 지식이 가장 가치 있는 지식인가?' 라는 질문은 1920년대 들어오면서 '어떤 방법으로 우리가 무엇을 가르칠 것인지를 결정할 것인가?' 라는 질문으로 대체되었다(Pinar et al., 1995). 그러나 이 입장은 교육과정을 이론적인 탐구 대상이 될 수 있는 여지를 제한하였다는 한계가 있다. 사회적 효율성을 추구하는 과학적 교육과정 운동은 1929년 미국 주식시장의 붕괴와 뒤이어 나타난 경제적 위기로 차츰 그 영향력이 약화되기 시작하였다. 사회 개혁과 사회재건의 진보주의적 요소들은 과학적 교육과정 운동을 중심 무대에서 밀려나게 만들었다(Schubert, 1986). Bobbitt과 Charters의 과학적인 방법은 효율적 경영을 약속했지만 경제, 사회적으로 위축된 미국을 살려내는 데 역부족이었던 것이다.

## 5. 진보적 교육운동

교육과정 분야는 1920년대에 접어들면서 전문 영역으로 인식되기 시작하였다. 이렇게 된 배경에는 행동주의 관점에서 사회적 효율성을 추구하는 과학적 교육과정 운동뿐 아니라 진보적 교육운동이 크게 작용하였다. 진보적 교육운동은 19세기 후반부에 힘을 결집하여 1930년대에 막강한 영향력을 행사함으로써 교육과정 분야에서 20세기 초반에 있었던 가장 기념비적인 교육 운동이 되었다(Pinar et al., 1995).

진보적 교육운동은 사실상 1870년대 아동중심의 교육과정 운동을 주도했던 Parker에 의해 그 서막이 열렸다고 할 수 있다. 미국교육학회의 각종 위원회의 위원들이나 학교 당국이 전통적인 교육 이념에 근간을 둔 고전적 교육과정 이론에 확고한 믿음을 가지고 일관되게 지지할 때조차도 아동중심주의와 같은 진보적 아이디어는 순환되고 있었던 것이다. 실제로 일부 장학사들은 교사들에게 '개별화' 를 권장하는 등 아동중심의 교육과정 개혁에 동참하고 있었다(Tanner & Tanner, 1990).

아동중심주의자들과 다른 각도에서 진보적 개혁운동을 이끌었던 교육과정론자들로는 사회개혁 주창자들이 있다(Tanner & Tanner, 1980). 이념적으로 볼 때 아동중심의 발달주의자가 인문주의자, Herbart주의자, 행동주의자(사회적 효율성 추구의 과학적 교육과정 이론가)들과 더불어 보수적 성향을 가졌던 사람들로 구성되었다면, 사회 개혁을 주장하는 진보적 교육운동가들은 진보적 성향을 가진 사람들로 구성되어 있었다. 진보적 교육운동은 Rice, Ward 이후 Dewey에 이르러 보다 분명한 교육과정 이론으로 정착되었다.

독일에서 Herbart주의자들과 함께 수학하고 미국에 귀국한 Rice는 Harris를 비롯한 고전적 교육과정 이론가들을 신랄하게 비판하였다. 1892년 미국의 36개 도시의 초등학교를 순회하며 관찰했던 것을 토대로 작성한 논문에서 그는 단지 네 개의 학교만이 '진보적이고 과학적' 인 학교이었다고 평가하고, 교사의 질을 포함한 공립학교의 제반 문제들을 심도 있게 파헤쳤다. 이러한 그의 노력들은 학교를 진보적으로 혁신해야 한다는 개혁적인 분위기를 만드는 데 일조하였다(Pinar et al., 1995). 그는 또한 일부 학교에서 실시했던 비교연구 기법으로 인해 후일 비교교육학의 창시자로 인정받게 되었다.

다른 한편으로 사회학자였던 Ward는 그 당시 각광받고 있던 사회진화론에 기초한 정책을 '자유방임' 정책이라고 부르며, 이와 같은 정책으로 인해 지식, 권력, 부의 불평등한 분배가 정당화되고 있다(Ward, 1883)고 지적하였다. 사회는 새로운 교육을 통해 개선되어야 한다고 보았던 그는 학교와 사회의 관계 및 민주주의와 교육의 관계를 설명함으로써 후일 Dewey의 실험적이고 실용적인 교육철학의 근거를 제공하였다(Pinar et al., 1995; Tanner & Tanner, 1987).

진보적 교육의 시각은 1902년 출판된 Dewey의 『아동과 교육과정』에 잘 나타난다. 아동과 교육과정을 교육 활동을 구성하는 가장 기본적인 요소로 보았던 Dewey는 이 책에서 아동의 흥미와 교육과정의 학문(교과) 간 상호작용이 무엇보다 중요하다고 주장한다. 아동은 미성숙한 존재이지만 교육과정은 사회적 의도나 가치를 포함하고 있는 성숙한 성인들의 경험을 바탕으로 하고 있으므로, 교육의 과정에서 아동과 교육과정 간의 상호작용이 매우 중요하다는 것이다. 그러나 19세기의 '교과'(교육과정) 중심의 인문주의나 '아동' 중심의 발달주의는 아동이나 교육과정 어떤 한 요소만을 주장함으로써 다음과 같은 문제를 낳고 있음을 조목조목 비판하였다.

아동중심주의자들은 '흥미'를, 교육과정 중심주의자들은 '학문'을 강조함으로써 아동과 교육과정을 전혀 다른 종류로 인식하는 오류를 낳았다. 그러나 양자는 연속선상에 있다. 아동이 학습의 출발점이라면 교과는 학습의 도달점이다. 이 사실을 인정하지 않게 되면 양자 간의 대립은 불가피하다. 전통적 교과는 아동의 현재 삶이나 경험이 아니라 과거 성인의 경험으로 구성되어 있다. 그 이유는 아동들의 미성숙은 바람직한 것이 아니기 때문이다. 따라서 전통교과를 강조하는 입장에서는 교육을 통해 아동을 바람직한 방향으로 이끌어야 한다는 생각에 빠지는 오류를 범하게 된다. 그런가 하면 아동중심주의자들은 아동이 현재 보이는 홍미(관심)나 능력을 최종적인 목표라 생각하고 그 자체에 가장 큰 가치를 부여하는 잘못된 가정을 하고 있다는 것이다.

Dewey(1902)의 입장에서 보면 인문주의자와 아동중심주의자 양자의 오류는 아동의 실제 삶을 잘못 이해한 데 있다. 아동의 홍미는 새로운 경험을 하고 싶게 만드는 하나의 태도로서 무언가를 성취하고자 하는 강한 동기를 불러일으키는 역할을 한다. 그렇다고 홍미가 저절로 생겨나는 것은 아니다. 무의 상태에서는 아무것도 나올 수 없으므로, 홍미 자체만을 강조하는 것은 무가치한 것이다. 홍미를 가지고 있다는 이유만으로 무가치한 활동을 지속하게 둔다면 나중에는 가치 있는 일에 대해서조차 홍미와 관심을 두지 않게 된다는 것이다. 교과를 구성하고 있는 지식은 교사에게 아동의 현재 수준과 성취 가능성을 알려주는 지침으로서 가치가 있다. 따라서 아동의 발달을 위해서는 아동이 홍미를 발휘할 수 있는 교육적 환경이 제공되어야 한다. 바꾸어 말해 교과의 내용들이 아동의 홍미와 적절히 상호작용할 수 있게 심리화되면, 아동은 분명한 학습 동기나 목적 의식을 가지고 자율적인 학습할 수 있게 된다는 것이다. 학습은 아동의 홍미와 교육과정 간의 상호작용에 의해 이루어지기 때문이다.

사회개선과 연관된 진보적 교육운동의 시작은 학교교육이란 반드시 사회와 연계되어야 한다는 Dewey(1899)의 주장에서도 찾을 수 있다(Pinar et al., 1995). Dewey는 사회진화론을 부정하고 환경주의 관점에서 '계획된 사회(a planned society)'의 필요성을 주창했던 Ward에 동조하며 학생들도 사회변화에 대해 토론하고, 계획하고, 영향을 줄 수 있어야 한다고 보았다. 그는 학교란 아동이 민주적이고 협동적인 방식으로 능동적이고 활동적인 경험을 하게 함으로써 민주주의 사회 건설을 도모할 수 있는 '공동체(community)'가 되어야 한다고 주장했다. 민주주의를 최고의 이상으로 여겼던 Dewey에게 있어서 교육의 목적은 사회 개선에 있었고, 이러한 목적 달성을 위해 교육과정은 아동을 중심으로 구성되어야 했다. 이러한 그의 생각은 민주주의와 사회의 관련성을 배제한 채 사회에 대한 준비 기관으로서 학교의 기능을 논했던 Charters

와 다른 측면이다.

민주시민을 기르기 위해서는 4, 5세 때부터 사회적 일과 관련된 연구에 근거하여 교육과정이 개발되어야 한다고 주장하였다. "교육은 미래의 삶을 위한 준비가 아니라 삶의 과정"(Archambault, 1964, p. 430)이라고 보았던 Dewey에 따르면, 생활 그 자체, 특히 '일(occupation)'은 사회적 요구를 충족시켜 주는 것이므로 교육과정의 초점이 되어야 한다. Hall이나 Herbart주의자들과 마찬가지로 그 역시 교육과정에서 역사적 반복설을 인정한다. 그들과 다른 섬이 있다면 Dewey의 교육과정에서는 일이라 부르는 기본적인 사회적 활동의 진화 과정을 추적하는 데 의의를 두고 있다는 것이다. 그에게 있어서 사회적 일을 토대로 세워진 교육과정은 개인과 사회적 목적을 일치시키는 교량 역할을 한다(Kliebard, 1995). 이러한 관점에서 볼 때 공동체 또한 학생들이 일종의 활동적인 일(active occupation)에 참여하고 있음을 뜻한다.

교육과 교육과정에 대한 Dewey의 모든 이론들은 그가 재직하고 있던 시카고 대학교의 실험학교에서 실천으로 옮겨졌다. 그는 1896년 실험학교를 설치하고 1904년 컬럼비아 대학교로 전근할 때까지 '협동하고 서로 돕는 삶'(Mayhew & Edwards, 1936, p. 39)을 목적으로 한 교육과정을 실천하였다. Dewey 학교는 교육이란 단순히 개인의 지성 발달에 두기보다는 급속한 사회 변화에 부응하여 사회적 안정에 보다 큰 무게를 두어야 한다는 Small(1896) 등의 개념에 바탕을 두고, Harris, Hall, Herbart 주의자들의 교육과정 이론을 개조하여 발전시킨 것이라고 할 수 있다. 후일 Dewey학교는 미국에서 가장 흥미로운 실험적인 벤처로 평가되었다.

진보적 관점에서의 교육과정 논의는 1916년 출판된 Dewey의 『민주주의와 교육』에도 등장한다. 이 책은 그가 시카고 대학교에서 발전시켰던 종합적인 생각들을 기술하고 있다. Dewey는 이 책에서 '교육과정에서의 놀이와 일'에 대해 다음과 같이 설명하고 있다. 첫째, 생활 그 자체, 특히 사회적 요구를 충족시킬 수 있는 것들이 교육과정의 중심이 되어야 한다. 둘째, 성장을 위해서는 표현의 자유가 필요하지만 그 과정에는 반드시 교사의 지도가 따라야 한다. 그에게 있어서 자유와 비형식성은 아동의 지적 성장과 발달을 위한 일종의 수단이었다고 할 수 있다(Tanner & Tanner, 1990). 이러한 그의 교육 사상은 1919년 창설된 진보교육학회(PEA: Progressive Education Association)를 통해 전달되었고(Graham, 1967), 진보적인 실험의 결과는 1942년에 『8년 연구 보고서』를 통해 널리 유포되었다. 진보교육학회의 기본 강령에는 자연스럽게 성장할 자유, 흥미가 학업의 동기, 교사는 과제 마스터가 아닌 안내자, 아동발달에 대한 과학적인 연구 수행, 아동의 신체적인 발달에 영향을 주는 요인에 대한 주의, 아동생활의 요구에 부응할 수 있도록 가정과 학교의 협력 필요, 교육 운동에서의 진보적인 학교의 리더 역할 수행 등이 포함되어 있다. 이러한 생각들은 특히 대학의 부속학교와 사립학교 개혁에 기여하였다.

교육과정 역사에서 1918년은 매우 뜻 깊은 해다. Bobbitt의 『교육과정』이 출판되었을 뿐 아니라 진보적 교육의 관점을 반영한 『프로젝트 방법(*Project method*)』이 Kilpatrick에 의해 세상에 소개된 해이기도 하다. 물론 프로젝트 방법은 19세기 말 진보적인 학교였던 Dewey 학교와 1901년 Parker 학교에서 이미 적용되었던 것이기도 하지만 하나의 방법으로 체계화된 것은 1918년 Kilpatrick에 의해서다. 미래의 생을 준비하는 차원에서가 아니라 생활 그 자체로 교육을 생각하고 있던 미국인들에게 새로운 희망을 안겨 줄 수 있는 방법으로 프로젝트를 인식했던 Kilpatrick(1918)에게 있어서 활동이란 이론상에서는 방법과 같은 것이고, 프로젝트는 실제적인 사회 환경에서 수행되는 목적 있는 행위(purposeful act)이고 교육과정 조직의 원리이었다. 그 이유는 활동이라는 개념은 그 자체가 완전한 교육과정 이론이 되기에는 불충분할 수밖에 없기 때문이다(Kilpatrick, 1936). 그러나 프로젝트 접근법은 교육방법이라는 Kilpatrick의 주장에도 불구하고 프로젝트 방법은 마치 교육과정 개발을 위한 완벽한 이론으로 인식되었다. 바꾸어 말해 프로젝트 접근법을 이상적인 교육과정 이론이나 교육과정 모델로 인식했던 사람들에게 교육과정은 일련의 프로젝트를 집합해 놓은 것으로 보였던 것이다(Tanner & Tanner, 1990).

프로젝트 접근법을 통해 Kilpatrick은 Dewey의 교육철학과 Thorndike의 교육심리학을 결합한 학습이론을 활용하고 목적 있는 행위를 수업용 단원으로 만들고자 노력하였다. 그는 또한 준비, 효과, 연습과 같은 과학적인 학습원리를 프로젝트 접근법에 적용하였다. 그러나 그는 어떤 프로젝트가 적합한지를 묻는 교육과정 관련 질문에는 분명한 답을 제시하지는 못했다. 이 점에서 일부 교육과정 이론가들은 프로젝트로 구성된 교육과정은 단편적이고 우연적일 가능성이 높다는 지적을 하였다. 1921년 봄 컬럼비아 대학교 사범대학에서는 프로젝트 접근법의 '위험성과 난해성' 에 관한 심포지엄이 개최되었고 그 과정에서 아동의 선택에 의존하다 보면 비교적 지적으로 낮은 수준의 활동만을 지속하게 되고, 공통목표보다는 개별화에 치우치게 되고, 프로젝트 수행에 필요한 자료를 구하는 데 많은 어려움이 따르고, 사고능력을 충분히 개발시키지 못하는 등의 문제점이 노출되었다(Tanner & Tanner, 1990). 이러한 문제 제기로 Kilpatrick의 프로젝트 접근법에 대한 사회적 열기는 차츰 식어갔다.

제8장

# 교육과정의 구조화: 1928~1969년

한국의 교육과정 역사에서 미국 교육과정 이론가들, 예를 들어 Dewey, Tyler, Bruner, Schwab 등이 끼친 영향을 말할 수 없이 크고 오늘날까지도 그 영향력은 대단하다. 이러한 사실은 미국의 교육과정 분야에서 사용하고 있는 언어에 대한 세밀한 분석은 물론 미국의 역사적, 사회적 맥락에 비추어 교육과정 이론을 분석하는 연구가 필요함을 말해 준다. 따라서 이론적 탐구분야로서 유아교육과정을 이해하기 위해서는 미국의 교육과정 이론을 탐구하는 것이 필요하다. 더욱이 한국의 유아교육과정의 역사는 이 땅에 유아교육이 뿌리내릴 때부터 미국의 유아교육과정 역사와 그 맥을 같이하고 있다는 점을 감안하면 일반 교육과정의 역사를 분석하는 것은 곧 유아교육과정의 역사를 분석하는 것과 같다(양옥승, 2007a, 2007b, 2008a; 이은화, 양옥승, 1988).

미국 교육과정 역사에서 1928년부터 1969년 사이는 Kliebard(1995)에게 있어서 사회재건주의의 절정기를 거친 혼합과 혼재의 시기였고 사회적응 교육이 중시되었던 시기였다. 그리고 Tanner와 Tanner(1995)에게 이 기간은 교육과정 분야가 위기에서 안정적인 상태로 변화되었던 시기였다. 그런가 하면 Pinar 등(1995)의 입장에서 보면 이 기간은 교육과정 분야가 위기에서 변형으로, 변형에서 위기로 거듭 변화되었던 복잡한 시기였다.

그러나 이 기간 동안 교육과정 분야를 주도했던 이론들을 면밀히 살펴보면, 1920년대에는 사회재건주의에 기초한 급진적 이론이 교육과정 분야를 주도했고, 1930년대에는 Dewey의 경험중심 교육과정 이론, 8년 연구, 절충주의가 혼재되었던 이종교배의 하이브리드 상태(hybridization)에 처했던 나타난다. 그리고 1940년대와 1950년대에는 Tyler의 교육과정 개발 이론이, 1960년대에는 Bruner의 학문구조 이론과 Schwab의 실제성 이론이 교육과정을 구조화하는 데 기여한 것으로 나타난다. 한마디로 1928년과 1969년 사이는 미국 교육과정이 구조화되었던 시기라 할 수 있다. 따라서 이 장에서는 진보적 교육과정 개발의 기반이 되었던 『아동중심 학교』(Rugg & Shumaker, 1928)의 출판 시점부터 1970년대 교육과정에 대한 재개념화 운동의 전개 시점까지 미국 교육과정의 구조화에 기여했던 이론 및 연구 등을 중심으로 논하고자 한다.

## 1. 사회재건주의: 급진적 이론

1920년대 미국의 교육계는 사회적 효율성을 주창하며 과학적 교육과정이 필요하다고 보는 보수적 교육과정 학자들과 아동중심이나 사회개혁을 주장하는 진보적 교육과정학자들 간에 대립 각을 형성하고 있었다. 사회적 효율성을 추구하는 보수주의자(행동주의자)와 아동중심이나 사회개혁을 주창하는 진보주의자 간에 팽팽한 대립 속에서도 Bobbitt이나 Charters와 같이 사회적 효율성을 주장하는 보수 진영의 입장이 진보 진영보다 우세했던 것으로 나타난다. 이러한 상황에서 미국교육학회(NSSE)는 진보주의자였던 Rugg를 연구 책임자로 위촉하여 두 진영이 협력하여 연구를 수행하게 하였고, 그 결과로 나온 것이 1926년 NSSE에 의해 출간된 『26차 미국교육학회 연감(*The Twenty-Sixth NSSE Yearbook*)』이다.

NSSE의 26차 연감에 따르면 교육과정 구성(curriculum making)을 위해서는 아동 연구, 사회적 효율성 연구, 사회적 필요(요구)에 대한 연구, 사회개선 기관으로서의 학교에 대한 연구, 교육과정의 내용 진술 방법, 교과의 역할과 기능에 대한 연구, 일반 교양교육과 직업교육의 관계, 교육과정의 사전 계획의 필요성, 교과목 조직에서의 학생의 역할, 교수와 학습의 관계 등을 확실히 파악해야 한다. 아울러 생활 교육의 가치, 개인차에 대한 배려 범위, 최소 필수 학습 요소의 적용범위, 교육과정 조직의 유형, 아동의 흥미 활용 방식, 교육활동을 결정하기 위해 성인의 활동분석이 필요한지 여부, 학습방법의 표준화 가능성, 교육과정 개발에 필요한 행정적 조치 등에 대해서도 중심적인 조사와 연구가 필요하다. 이러한 내용들을 담고 있는 26차 미국교육학회 연감은 비록 진보주의 학파와 사회적 효율성 추구학파 간에 서로의 입장 차이를 좁히지는 못했다고 할지라도 교육과정에 대한 다양한 입장을 절충하고 종합하려는 시도를 했다는 점에서 오늘날에도 높이 평가되고 있다.

그러나 현대적 의미의 교육과정 논의는 1928년 사회재건주의자였던 Rugg와 Shumaker에 의한 『아동중심 학교』의 출판과 더불어 시작되었다고 할 수 있다. Dewey(1916)의 진보적인 '민주주의' 정신에 기초한 아동중심 학교의 필요성을 제기했던 Rugg와 Shumaker에 따르면, 그동안 아동중심 학교는 체계적인 교육과정에 대한 관심 및 교원들의 협조 부족으로 잘 운영되지 않았다. 따라서 아동중심 학교가 민주적인 학교로 거듭나기 위해서는 교육과정의 모든 구성 과정에 교사의 진직인 참여를 보장하고, 학생들에게 행정은 물론 교육과정의 계획, 관리에까지도 참여할 수 있게 해야 한다. 이러한 주장을 담은 『아동중심 학교』는 『26차 미국교육학회 연감』과 다른 급진적 관점에서 교육과정을 개발하는 기초를 제공했다는 점에서 교육과정사적으로 큰 의미가 있다(Schubert, 1986).

『아동중심 학교』가 출판된 이듬해 1929년 10월 뉴욕 주식시장의 붕괴와 함께 나타난 경제공황 사태는 교육과정의 방향을 완전히 바꾸어 놓았다. 미국사회는 뉴욕증시 붕괴로 경제적 위기에 봉착하자 사회적 이상을 교육과정 개혁에 접목시켜야 한다는 주장을 정당화하기 시작하였다. 국가 경제가 위축되자 급진적 교육과정 개혁을 외치던 사회재건주의자가 교육과정 분야를 주도할 수 있게 된 것이다(Pinar et al., 1995). 이 시기 사회재건을 모토로 한 급진적 주장들을 교육과정 이론으로 승격시킨 대표적인 인물은 Rugg다. 당면한 사회 문제와 사회과학적 지식을 연결시키고자 자신의 기존 사회과 교과서를 1929년 『인간과 변화하는 사회』로 개정했던 Rugg는 교육과정이 '게으름뱅이 거인(lazy giant)' 처럼 급속한 사회 변화에 부응하지 못함으로써 지체(the lag) 상태에 빠졌다고 강도 높게 비판하였다. 그의 개정 교과서는 사회과학자들이 지적하였던 학교 밖의 사회에 대한 분석을 기초로 하여 개발되었기 때문에 시대 사회적 요구와 맞물려 당대 최고의 판매를 기록하였으며 세계 최초로 사회적 이상을 교육과정 개혁에 직접 접목하여 거둔 최대의 승리라는 호평을 받았다. 그러나 제2차 세계 대전이 발발하자 그의 교과서도 반자본주의적이고 사회주의적인 색채가 강하다는 비난과 함께 관심 밖으로 밀려났다. 그렇다 할지라도 후일 Rugg는 Bruner보다 일찍이 교육과정의 기초로서 사회과학적 지식을 적용했던 사람으로 유명해졌다(Kliebard, 1995; Rosario, 1988).

사회재건주의 관점에서 교육과정 개혁을 통한 사회 개혁의 필요성을 주창했던 또 다른 인물로는 Counts가 있다. Counts(1922)는 경제적으로 부유층 자제들이 다니는 공립 고등학교에 국민의 세금이 지출되고 있다는 것은 '행운은 물론 불행까지도 세대 세습되고 있음' (p. 148)을 보여 주는 것이라고 지적하며 아동중심의 자유방임적 교육개혁 운동에 강한 불쾌감을 표시하였다. 아동중심의 진보적 교육이 진정 진보적인 교육이라면 지역사회와 긴밀한 유대 관계를 가져야 하고 실생활을 포함한 모든 사회 문제에 정면으로 맞서 대처해 나가야 한다고 보았다. 그는 Rugg처럼 '아동중심 학교' 를 통해 미국의 복잡한 교육 문제를 해결하려고 기대하는 것은 잘못이라고 보았다. 진보 진영의 아동중심주의자들이 상류 계층의 입장을 옹호하고 있다고 신랄하게 비판하면서 사회가 진보하기 위해서는 진보주의를 '정치화(Politicization)' 하고, 교육방법으로서 주입식 교육까지도 활용할 수 있어야 한다고 주장하였다(Pinar et al., 1995). 그는 사회 정의와 개혁에 보다 큰 의미를 부여하고 사회주의 계획경제 체세를 옹호하며 급진적 진보주의를 표방하였다(Ornstein & Hunkins, 1988). 이러한 주장으로 그는 Bobbitt을 비롯한 사회적 효율성 주창자들에 의해 공산주의자로 낙인이 찍혔고 많은 교육행정가와 교사들로부터 외면을 받게 되었다(Kliebard, 1986; Pinar et al., 1995; Tanner & Tanner, 1980).

## 2. Dewey와 경험중심 교육과정 이론

교육과정 개혁이 국가적 관심사이었던 1930년대 미국의 교육과정 분야는 사회경제적 위기 및 정치적 소용돌이 속에서 다양한 이론들이 요동하는 '위기(crisis)'와 '변형(transformation)'의 시대를 맞는다(Pinar et al., 1995). 행동주의에 입각한 사회적 효율성 운동은 잠시 잠잠해졌고, 진보주의가 무대 중앙을 차지하였다. 사회개혁과 사회재건의 급진적 요소들은 사회적 효율성 주창자들을 교육과정의 중심 무대로부터 밀어냈던 것이다. 이러한 시대 사회적 상황을 반영하듯, 사회적 효율성 운동을 지지했던 Charters 조차도 진보적 사고를 가지고 기존의 저서를 개정하는 양상이 벌어졌다(Schubert, 1980). 이처럼 1930년대 교육과정 연구자들은 자신이 가졌던 교육과정 관점과 상관없이 변화를 열망하며 교육과정을 연구하고 적용하였던 것이다. 그렇다고 진보주의가 교육과정 분야를 주도한 것도 아니었다. 교육과정 역사에서 보면 1930년대는 한때 교육과정 분야를 주도한 적이 있는 이론들 간에 경쟁하는 양상을 띠었다. 이 시기는 어느 한 이론이 승리하거나 독주하기 보다는 여러 교육과정 이론과 관점들이 혼재되고 혼합된 '하이브리드(hybridization)' 시기로 특징지을 수 있다(Kliebard, 1995).

여러 교육과정 이론이 혼재하는 상황 속에서도 1932년은 진보주의 교육의 최고 해였고(Pinar et al., 1995), 그 중심에는 여전히 Dewey가 있었다. Dewey는 Counts와 마찬가지로 교육을 통한 사회 개혁을 위해 학교가 사회변화에 적극적인 역할을 할 수 있어야 한다고 보았다. 사회가 새롭게 변화하는 과정에는 반드시 갈등이 야기된다. 이때 교육학자가 해야 할 일은 서로 상반되는 생각을 생산적으로 활용할 수 있는 새로운 사고체계를 형성하는 것이다. 그리고 학교는 사회변화에 참여하고 적응할 수 있도록 학생들에게 통찰력과 이해력을 기르는 데 주력할 수 있어야 한다(Ratner, 1939). 이러한 Dewey의 생각은 교육 개혁가들로 하여금 권위주의적이고 전체주의적인 학교의 구조를 민주주의 이념에 기초한 진보적 구조로 변화시키고, 이를 위해서는 학교뿐 아니라 사회단체들이 나서서 시민참여를 독려해야 한다는 생각을 하게 만들었다(Schwartz, 1991).

그러나 사회개혁을 어느 정도 강조할 것인지에 대한 Dewey의 생각은 Counts와 많은 차이가 있었다. 학교의 사회적 기능에 대해서는 Counts를 비롯한 사회개선주의자들의 견해에 동조하지 않았다. 사회개혁을 교육의 핵심적이고 독점적인 요소로서 인정했던 Counts와 달리 Dewey는 사회개혁을 교육과정 이론을 구성하는 중요한 요소의 하나로서 받아들였다. 나아가서 진보주의의 내부 분열, 즉 아동중심주의자와 사회재건주의자 간의 내부 분열로 진보주의 운동이 침체되었다고 걱정하며 진보주의자들에게 아동발달과 민주주의 이념을 모두 실천할 수 있도록 앞장 설 것을 주문하였다(Hlebowitsh, 1992). Dewey(1902)에 따르면 발달이란 경험하는 것이며 경험 내적으로 발달하는 것을 의미한다. 이러한 발달은 발달하는 힘과 흥미가 그 기능을 발휘할 수 있는 교육적 여건이 마련되었을 때 가능하다.

교육과정 이론에서 그의 민주적 이상을 실현하는 데 가장 중요했던 개념은 경험이었다. 진보적 교육이 지향해야 할 바에 대해서도 그는 링컨의 연설을 응용하여 '경험의' '경험에 의한' '경험을 위한' 것이어야 한다고 주장하였다. Dewey(1938)에 따르면 교육은 삶의 과정에서 갖게 되는 실제적인 경험과 밀접한 관련이 있다. 그렇다고 모든 경험이 교육으로 이어지는 것만은 아니다. 어떤 경험은 비교육적인 것이 될 수 있다. 비교육적인 경험이란 계속적인 성장을 방해하거나, 성장의 방향을 왜곡시키거나 다른 경험과 관련시킬 수 없는 고립된 경험 등을 포함하는데, 고전적 교육과정 이론에서 다루었던 경험들은 대체로 이러한 비교육적인 경험들로 이루어졌다. 뿐만 아니라 인문주의에 바탕을 둔 고전적 이론은 교육을 미래의 준비로 여기고 외부의 규율을 강조하며 교육 내용을 고정 불변한 것으로 받아들임으로써 교재나 교사를 통한 학습을 중요시하고 반복적인 도야를 통해 단편적인 지식과 기술을 습득하게 한다. 그러나 진보주의의 새교육 운동은 개성을 중시하여 학습자의 자유 활동에 가치를 부여하고 변화하는 사회 속에서 아동이 행하는 경험에 의한 학습을 강조하며 현재의 주어진 삶의 조건을 최대한 활용할 수 있도록 실제적인 삶에 의미를 줄 수 있는 지식과 기술을 습득하는 것에 보다 큰 의미를 둔다.

경험중심 교육과정 이론의 특징은 아동의 경험의 질 향상에 큰 비중을 두고 있다는 데 있다. 경험중심의 진보적인 교육과정은 전통적인 고전적 교육과정보다 아동에게 훨씬 더 가치 있는 경험을 제공해 준다는 것이다. Dewey(1938)에 따르면 경험의 질은 두 가지 측면으로 나누어 생각해 볼 수 있는데, 하나는 아동이 현재의 경험으로부터 갖게 되는 느낌에 관한 것이고, 다른 하나는 아동의 현재 경험이 앞으로 올 경험에 미칠 영향에 관한 것이다. 그러나 아동의 경험이 교육으로 이어지기 위해서는 다음에 가질 경험에 유익한 영향을 미칠 수 있는 것이 되어야 한다. 따라서 교육과정 개발 과정에서 바람직한 경험을 선정하는 것은 매우 중요하다. 경험에 대한 Dewey의 이러한 생각들은 현대 교육과정 이론가들도 공감하는 부분이다.

Dewey(1938)는 경험의 가치를 판단하는 기준으로 '계속성의 원리' 와 '상호작용의 원리' 를 제안한다. 계속성의 원리는 삶의 과정을 통해 형성되는 생물학적인 의미의 '습관' (고정된 반응 양식이라는 일상적인 의미의 습관과 다른)의 개념에 근거하고 있다. 아동은 경험을 통해서 습관을 형성하게 되고, 일단 형성된 습관은 뒤에 오는 경험, 즉 삶의 과정 속에서 어떤 형태로든 영향을 미치면서 변화, 발전된다는 것이다. 그리고 경험의 가치판단 기준으로서 상호작용 원리란 정상적인 경험은 객관적인 외적 요소와 주관적인 내적 요소가 상호작용하여 이루어진다는 것을 의미한다. 상호작용을 통해 이 두 가지 요소, 즉 객관과 주관이 하나로 될 때 그 경험은 '상황' 을 형성한다. 그래서 어떤 사람이 상황 속에 있다 함은 그가 사물이나 다른 사람과 상호작용하고 있다는 것을 뜻한다. 바꾸어 말하면 삶은 상황의 연속이므로, 어떤 상황에서 습득한 지식이나 기술은 이후에 나타날 상황(사태)을 이해하고 효과적으로 대처하는 데 중요한 수단이 되고 삶의 질을 결정하는 요인으로 작용한다.

아동중심주의자들의 자유방임 교육과정에 대한 비판은 경험에 대한 Dewey의 논의과정에서 보다 잘 드러난다. 상호작용을 통해 경험이 발달한다는 것은 교육이 본질적으로 사회적이라는 의미와 같다. 교육의 궁극적인 목적은 사회 구성원간의 충분한 의견 교환이나 의사소통을 통해 결정되고 발전된다. 그런데 문제는 인간의 모든 행동은 자연적으로 일어나는 욕구나 충동에 근거한다는 점에서 일상생활 속에서 아동이 경험한다는 것 자체를 교육이라고 할 수 없다. 물론 아동중심주의자들도 외적 조건을 완전히 배제하는 것은 아니다. 교사는 아동이 자신의 내적인 흥미와 요구를 사회적인 '상호작용' 과정에서 조절할 수 있도록 해야 하는데 상호작용 부분을 간과하고 있다는 것이다. 삶의 발전이나 진보를 이루기 위해서는 다른 사람과 더불어 생활하는 속에서 아동이 자신의 욕구나 충동을 억제하고 조절할 수 있어야 한다. 아동이 자기를 조절할 수 있는 인지능력을 갖추어야 민주적인 시민으로서 그 기능을 할 수 있다는 말이다. 그러므로 개인이 자신의 관심(흥미)이나 요구(필요)를 다른 사람들의 것과 조절할 수 있도록 예절, 질서와 같은 기본생활 습관 교육을 교육과정에 포함시켜야 한다(Dewey, 1938).

또한 교육과정은 흥미와 관심으로 나타나는 아동의 심리적인 것에서 출발하여 사회적으로 인정된 지식이라 할 수 있는 교과의 논리적인 것으로 발달될 수 있도록 점진적으로 조직되어야 한다. 그의 이러한 생각은 채 정리되지 않은 아동의 경험들을 교과와 유기적으로 연결시킴으로써 아동이 점진적으로 발달하고 '사회화' 될 수 있게 하는 것이 교사의 역할이라는 것으로 귀결된다. 교육의 출발점이 아동의 흥미나 요구라 해서 교과에 대한 사전 준비를 소홀히 해도 좋다는 의미는 아니다. 오히려 그에 따르면 아동의 경험을 풍부히 하기 위해 교사는 교육과정을 사전에 계획하고 준비해야 한다.

교과의 점진적 조직에 대한 Dewey의 견해는 곧 고전적 교육과정론자들이 널리 활용하고 있던 전통교과 조직의 원리와 다르게 과학적 방법을 체계적으로 활용하여 교과를 조직하라는 의미와 같다. 21세기 초 과학은 실험적 방법에 기초하고 있고 행동결과에 의해 가설을 검증할 수 있고 반성적 문제해결을 가능케 한다고 가정하였기 때문에, 과학적인 방법은 경험 안에 깃들어 있는 잠재력을 지적으로 탐색하고 활용할 수 있는 가장 이상적인 방법이라고 보았던 것이다. 점진적 조직의 원리로서 과학적 방법을 활용하라는 Dewey의 주장은 21세기 초의 학문 동향을 그대로 반영한 것이라고 하겠다.

## 3. 8년 연구 및 절충주의

### 1) 8년 연구

1930년대 미국 교육과정 연구사에서 가장 기억될 만한 연구로는 1933년부터 1941년까지 진보주의교육협회(PEA)의 후원을 받아 수행되었던 '8년 연구(Eight-Year Study)' 가 있다. 8년 연구는 중등교육과정에 관한 광범위한 연구와 현장 실습에 기초한 포괄적인 실험으로 대학 입시가 중등 교육과정의 주요 부분을 결정하던 고전적인 교육과정 개발 방식에서부터 벗어나 지역교육청 단위로 이루어졌던 진보적인 교육과정 계획에 대한 평가연구의 성격을 띠고 있다(Tanner & Tanner, 1995).

8년 연구에 돌입하기 이전인 1930년 진보주의교육협회는 중고등학교(secondary school)와 대학 간의 관계를 다루는 위원회를 설립하였고 이 위원회를 통해 중등교육의 문제점에 대한 1년 연구를 실시하였다. 1931년 제출된 위원회의 연구 보고서를 보면 학교에서 내주는 과제들이 학생들에게 무의미한 것이 많고, 교과와 학년 간에 교육과정의 연속성이 결여되어 있으며 교육과정에 대한 사소한 변화가 자주 시도됐으나 그 의도, 실제, 결과가 불분명하다는 점 등을 들어 중고등학교와 대학 간의 관계 개선이 필요하다는 결론을 내리고 있다. 대학입시가 중등 교육과정의 변화를 가로막고 있다는 것이다. 이에 따라 위원회는 대학에 협조를 요청했고, 1932년 300개의 대학들이 진보적인 실험에 동조하는 고등학교 출신 학생이 입학하는 1936년부터 5년간은 필수 교과와 학점제를 적용하지 않겠다는 협약을 이끌어 냈다. 그에 따라 1933년 가을, 실험에 참여하기로 한 30개의 공사립 고등학교들(절반은 공립학교)은 학생들과 지역사회의 요구(필요)에 부합하도록 교육과정을 개혁하기 시작하였다(Pinar, 1995; Tanner & Tanner, 1995).

8년 연구에 대한 평가를 위해 진보주의 교육협회는 1934년에 평가위원단을 조직하고, 교육과정 조직과 절차를 어떻게 변화시킬 것인지 학교가 자율적으로 결정하도록 했다. 그러나 많은 학교들이 교육과정 개발과 평가도구 구성의 지표로 설정한 목표들(objectives)에 대해 애매모호하고 불분명하다는 반응을 보였다. 교육목표의 차원에서 교육과정을 통한 학생의 행동 변화를 평가할 도구 개발이 절실하게 되었다. 이러한 요구에 부응하여 진보주의 교육협회는 8년 연구의 평가업무를 총괄할 평가연구진(Research for the Evaluation Staff)을 구성하였다. 평가연구진의 책임자로는 과학적 교육연구로 그 당시 명성을 얻고 있던 Tyler가 초빙되었다. Judd의 제자이기도 했던 Tyler는 학업성취도 측정전문가로서 행동적인 언어로 목표를 명확하게 진술하고 행동 유형에 대한 증거를 얻는 방법들을 찾아내는 것을 중요시 여겼다. 이러한 입장에서 평가위원단은 7년 동안 반복적인 실험을 거쳐 200가지에 달하는 정제된 검사 도구를 개발하였다(Aikin, 1942).

교육결과는 행동적 용어와 조작적인 용어로 정의될 필요가 있다는 것이 8년 연구에 대한 평가연구를 통해 Tyler가 보여 주었던 핵심적인 생각이었다(Madaus & Kellaghan, 1992). 그는 진술된 행동 목표가 교육과정 개발과 평가의 기준이 된다고 보았던 것이다. 진보적 관점에서 시작된 8년 연구를 평가하는 데 적용되었던 행동목표의 개념은 공식의 간결성과 논리적인 타당성으로 인해 전국적으로 많은 공감을 불러일으켰다. 10년 후 Tyler(1949)는 그의 저서 『교육과정과 수업의 기본원리』를 통해 이러한 생각들을 보다 구체화하여 제시하기도 하였다. 그러나 8년 연구에서 실험에 참여했던 중고등학교들은 교육과정 개혁에 적극적이었음에도 대학교육에 실질적으로 미친 영향은 매우 미미했다. 더욱이 제2차 세계 대전이 발발하자 연구결과를 실천에 옮기는 것은 제한될 수밖에 없었다(Kliebard, 1986).

## 2) 절충주의

1920년대에 이미 교육과정 분야는 진보주의와 과학적 교육과정 운동에 힘입어 국가수준에서 유명 교육학자를 중심으로 교육과정을 개발하던 방식을 벗어나기 시작하였다. 중앙정부보다는 지방정부 차원에서, 즉 주와 지역 교육청 수준에서 성인과 아동의 삶에 필요한 기능을 중심으로 교육과정을 개발하게 되었다. 그러나 지방정부 수준에서 개발된 교육과정들은 완성도가 떨어지고 시간 낭비가 많다는 비난을 받았다. 특히 지역 간 현저한 교육이념의 차이와 그에 따른 교육과정의 현격한 차이가 큰 문제로 부각되었다(McNeil, 1996).

1930년대에 접어들면서 진보주의 또한 사회재건주의자(급진적 교육과정 이론가)들과 아동중심주의자(아동중심의 발달주의자)들 간에 발생된 내분으로 인해 그 근간이 흔들리기 시작했다. 특히 사회재건주의자들은 이론적으로나 도덕적으로는 중요한 위치에 있었지만 실제에 있어서는 이와 달랐다. 그들은 교사들이나 학교 이사회로부터 강한 저항에 부딪쳤다. 이러한 위기적인 상황 속에서 NSSE의 '26차 연감'에 이어서 Caswell과 Campbell의 『교육과정 개발』과 『교육과정개발 독본』이 1935년과 1937년에 출간되어 나오자 절충주의가 표면으로 부상되기 시작하였다.

Caswell과 Campbell의 저서들은 이전에 형성된 모든 교육과정 이론들을 조리 있게 조화시킴으로써 이론적으로 절충주의를 확립하였고, 개론서(synoptic texts)에 대한 새로운 전통을 형성하였다(Seguel, 1966). 아울러 교수요목, 수업, 학습자의 역할 간의 관계를 종합함으로써 교육과정 탐구 영역을 확대하였다. 이들의 책에서는 교육과정 개념, 교육과정 개정에 대한 사회적, 교육적 요구,

교육에서의 교과의 기능은 물론 교육목표의 결정, 교육과정의 조직, 교수내용의 선정, 교수결과의 측정 등에 관한 방법에 대해서도 자세히 언급하였다. 교육과정에 관한 개론서들의 출현과 더불어 1930년대 교육과정 분야는 이론적으로 무장되기 시작한 것이다.

주정부 차원에서 교육과정 개발을 주도했던 실제 경험을 바탕으로 Caswell과 Campbell(1935, 1937)은 교육과정 개정의 목적을 교실 수업의 실제적 개선에 두어야 한다고 주장하였다. 이러한 관점에서 그들은 교육과정을 학습자의 경험으로 확대시키고, 교육과정 개발의 주체로서 교사를 포함시켰다. 교사들이 교육과정 탐구에 관한 지식을 가지게 되면 교육과정은 개선될 수 있다고 본 것이다(McNeil, 1996). 절충적 입장에서 보면 교육과정을 개발하는 것은 민주주의의 이상을 실현하는 과정이다. 그러므로 교육과정 개발을 위한 기본 단위는 개별 학교가 되어야 한다. 그리고 교육과정은 아동의 흥미, 사회적 요구, 교과에 대한 지식 등을 종합하여 구성해야 한다. 교육과정에 대한 이러한 관점은 후일 Tyler(1949)의 교육과정 개발 이론에 반영되었고 교과전문가와 교사가 함께 교육과정을 구성하는 데 참여해야 한다는 생각의 근간으로 작용하였다.

그러나 Caswell을 비롯한 절충주의자들은 진보주의와도 일정한 거리를 유지하였다. 그들의 입장에서 보면 교육과정 개발은 교과에 대한 지식, 학습자의 관심, 급변하는 사회의 요구 등을 교사가 교수에 적용하도록 돕는 수단일 뿐이다. 교육과정은 아동의 경험으로 구성되며, 교사와 학생의 상호작용 과정은 교육과정의 중요한 부분이기 때문에 아동을 가르칠 교사가 직접 교수요목(수업계획서)을 작성하는 것은 교수(수업) 개선을 위한 출발점으로서 기능하는 데 그친다. 그래서 사전에 설정한 목표에 집착하는 과학적 교육과정 옹호자들처럼 교육과정을 개발하는 것도 옳지 않다. 이러한 의미에서 Caswell과 Campbell(1935, 1937)의 개론서들은 이념상에서 중도적이고 중립적인 책으로 인정되어 교육계로부터 많은 환영을 받았다.

교육과정의 절충주의에 대한 또 다른 예는 1936년 초 교육과정 연구 전문가

집단이 연합하여 설립한 '교육과정 공동위원회(Joint Committee on Curriculum)'의 교육과정 접근에서 찾아볼 수 있다. 이 위원회가 추구한 교육과정 입장은 교육과정에 대한 사회적 효율성 추구의 행동주의 교육과정 이론과 진보주의를 포괄하는 절충주의였다. 그러나 교육과정 공동위원회는 교과전문가들을 교육과정 전문가로 인정하지 않았을 뿐 아니라 교과나 학문연마와 관련된 교육과정 조직을 전혀 수용하지 않았다는 문제점이 있다(Kilebard, 1979). 다른 한편에서는 사라졌던 인문주의에 기초한 고전적인 교육과정 이론이 재등장하기도 하였다. 인문주의를 신봉한 Hutchins(1936)는 서양의 고전들로 이루어진 명작들(great books)을 교육과정으로 삼을 것을 주장하였다. 이처럼 다양한 이론들이 혼재하는 상황에서 탄생된 절충주의는 10년 후 사회적 능률과 과학주의의 부활을 위한 기반으로 작용하였다.

## 4. Tyler와 교육과정 개발 이론: 행동주의

교육과정의 중심에 있던 진보주의교육협회(PEA)는 8년 연구를 통해 1940년대 초 중등교육과정 개혁을 다짐했다. 그러나 제2차 세계 대전이 발발하사 신보주의의 세력도 약화되기 시작하였다. 세계 대전이 종식되자 사회적 효율성을 추구하는 교육과정 운동이 생활적응(life adjustment)을 중시하는 사회정치적 분위기에 편승하여 재등장하였다. 생활적응 운동은 비록 오래 동안 지속되진 못했어도 교육과정의 사회적 기능을 강조하는 방향으로 계속 이어졌다. 이러한 시대적 특성을 그대로 반영하여 교육과정 개발 이론을 확립한 사람이 Tyler다(Pinar et al., 1995).

Tyler는 8년 연구를 위한 평가연구진의 디렉터 경력뿐 아니라 자신을 직접 가르치고 지도했던 사회재건주의자 Counts, 학습에서의 일반화 원리를 제시했던 Judd, 사회적 효율성을 주장했던 Charters 이외에 Dewey, Rugg, Caswell, Campbell, Taba 등의 이론과 연구결과에 기초하여 1949년 『교육과정과 수업의 기본 원리(*Basic principles of curriculum and instruction*)』를 출간하였다. 교육 프로그램을 교육목적(purpose)이나 목표(objective)를 달성하기 위한 수단으로 가정했던 그는 이 책을 통해 '교육기관의 교육과정과 프로그램을 주의 깊게 보고 분석하고 해석하는 데 필요한 논리적 근거(rationale)' 를 제시하고자 하였다.

교육과정 개발을 위해 Tyler(1949)가 제기한 질문에는 '학교는 어떤 교육목적을 달성할 것인가?' '교육목표 달성을 위해 학습경험은 어떻게 선정할 것인가?' '효과적인 교수를 위해 학습경험은 어떻게 조직할 것인가?' '학습경험의 효과는 어떻게 평가할 것인가?' 등 교육목표 설정, 학습경험 선정, 학습경험 조직, 학습효과 평가의 네 가지가 포함되어 있다.

### 1) 교육목표의 설정

Tyler에 의하면 교육은 인간의 행동을 변화시키는 과정이고, 교육 프로그램은 이러한 교육목적을 달성하기 위한 수단이다. 그런데 그동안 많은 프로그램들이 학교가 무엇을 이루고자 하는지를 분명하게 구체적으로 밝히지 못하였다. 따라서 교육 프로그램을 체계적으로 연구하기 위해서는 학교가 달성하고자 하는 교육목표를 행동적인 관점에서 명확하게 설정하는 것이 필요하다. 그리고 체계적인 목표설정을 위해 교육과정 개발자는 학습자에 대한 연구, 학교 밖의 현재적 삶에 대한 연구, 목표에 대한 교과 전문가의 제안 등을 원천(resource)으로 하여 목표를 선정하고, 선정된 목표를 철학과 학습심리학에 의해 선별하고 행동적으로 진술하는 일련의 과정을 거쳐야 한다.

이러한 Tyler의 관점에서 보면 교육목표 선정하는 원천으로서 '학습자에 대한 연구' 는 학생들의 필요(요구)와 흥미(관심)를 파악하고 그에 따라 학생들에게 필요한 행동 양식을 명료화하는 것이다. 교육목표 도출의 원천으로서 '학교 밖 사회에 대한 연구' 가 필요하다는 것은 삶의 맥락에 대한 이해 없이는 교육목표를 제대로 설정할 수 없음을 가리킨다. 교과의 전문성을 갖추기 위해서는 '교과 전문가의 제안'을 원천으로 하여 교과별로 목표를 도출하는 것이 필요하다.

교육목표의 원천으로서의 학습자에 대한 연구, 학교 밖의 현대적 삶에 대한 연구, 교과 전문가의 목표에 대한 제안 등의 원천들로부터 얻어진 많은 제안들은 일정 기간 동안 모두 다룰 수 없을 뿐 아니라 서로 상충되거나 모순적일 가능성이 많다. 더욱이 인간의 행동을 변화시키기 위해서는 시간이 소요된다. 따라서 교육목표를 정하는 데는 시간 문제도 함께 고려되어야 한다. 주어진 시간을 고려하여 일관성 있고 중요한 교육목표를 찾기 위해서는 선별 기준(스크린 장치)으로 생활에 필요한 가치를 판단할 수 있는 교육철학과 학습의 계열을 제시해 주는 학습심리학을 활용하는 것이 필요하다.

가장 유용한 형태의 교육목표 진술은 교육을 통해 개발되어야 하는 '행동'이 무엇인지, 그리고 이 행동이 수행되는 생활 '내용'은 어떤 것인지를 분명히 밝히는 것이다. 구체적으로 설정된 행동목표는 교육활동을 결정하는 기준이기 때문이다. 따라서 교육과정 개발을 위해 모든 교육목표는 추구하는 행동과 내용의 두 가지를 포함시켜 구체화되고 명료하게 진술되어야 한다.

## 2) 학습경험의 선정

정해진 교육목표를 달성하기 위해 교육 프로그램을 계획할 때 부딪치는 문제는 어떤 교육경험을 제공할 것인지를 결정하는 것이다. Tyler에 따르면 학습경험은 단지 한 교과에서 다루는 내용이나 교사에 의해 수행되는 교수 활동을 의미하지 않는다. 학습경험은 학습자와 환경간의 상호작용이기 때문이다. 학습경험을 선정하는 데에는 다음의 다섯 가지 원칙을 적용할 필요가 있다. 첫째, 교육목표 달성을 위해서는 학생들에게 이에 필요한 경험의 기회를 충분히 제공한다. 둘째, 학습경험은 학생이 만족을 얻을 수 있는 것이어야 한다. 셋째, 학습경험은 학생이 수행 가능한 것이어야 한다. 넷째, 하나의 교육목표 달성을 위해서는 여러 가지 다른 경험들을 활용한다. 다섯째, 같은 학습경험을 했을지라도 나타나는 결과는 다를 수 있다.

### 3) 학습경험의 조직

인간행동은 단시일에 변화되지 않기 때문에 단일한 경험으로 학습자가 변화하리라 기대할 수는 없다. 특히 기본생활 습관이나 사고방식, 태도나 흥미는 서서히 변화한다. 그러나 인간의 행동은 반복, 누적된 교육경험을 통해 보다 심오하게 된다는 특징이 있다. 따라서 교육의 효과를 높이기 위해서는 학습경험을 잘 조직해야 한다. 효과적인 교수를 위해서는 수직적 관계와 수평적 관계를 고려하여 학습경험을 조직하는 것이 필요하다.

Tyler에 의하면 학습경험을 효과적으로 조직하기 위해 고려해야 할 기준으로는 계속성(continuity), 계열성(sequence), 통합성(integration)을 들 수 있다. 계속성은 학습경험의 수직적 조직과 관계된 것으로 동일한 교육과정 요소(학습경험)들을 되풀이하는 반복성을 의미한다. 계열성은 계속성과 마찬가지로 수직적 조직과 관계되며 학습경험의 폭과 깊이를 단계적으로 확대하고 심화시켜 나가는 연계성의 의미가 있다. 통합성은 학습경험의 수평적 조직과 관련이 있다. 통합성을 기준으로 학습경험을 조직한다는 것은 학습자가 통합된 시각을 가지고 경험했던 것들을 연결하여 자신의 행동에 통합시킬 수 있도록 돕는 것이다.

계속성, 계열성, 통합성의 세 가지 기준에 따라 학습경험을 조직하는 과정에는 조직을 꿰어 줄 수 있는 실과 같은 역할을 하는 요소들을 함께 고려해야 한다. 각 교과에는 그 교과를 조직하는 데 적절하게 사용할 수 있는 요소들이 있기 때문이다. 교과를 조직할 때 사용할 수 있는 적절한 요소로는 지식(개념), 가치, 기술 등이 있다.

학습경험이 계속성, 계열성, 통합성을 달성하기 위해서는 어떤 원칙에 입각하여 조직되어야 할 필요가 있다. 계속성은 교육목표를 달성하기 위해 학습자에게 동일한 학습경험을 반복케 하는 것을 뜻한다. 그리고 계열성은 학습자의 발달을 심화, 확장시키는 것이며, 통합성은 관련 요소들에 연관시켜 학습자 행동의 통일성(unity)을 증가시키는 것이다. 이는 곧 학습자의 심리학적 특성을 고려해야 할 필요가 있다는 것을 의미한다. 교육과정에서는 연대기 순, 가까운 곳에서 먼 곳, 단순한 것에서 복잡한 것, 쉬운 것에서 어려운 것, 부분에서 전체 등으로 그 범위를 점차 확대, 심화하는 형태의 조직 원리를 적용한다.

학습경험을 효과적으로 조직하기 위해서는 단계별로 조직구조를 결정해야 한다. 조직 구조의 단계는 높은 단계, 중간 단계, 낮은 단계로 구분할 수 있다. 최고 높은 단계의 조직 구조로는 교과(subject)중심 교육과정, 광역 교육과정, 중핵 교육과정(core curriculum), 미분화된 교육과정(통합교육과정) 등이 있다. 중간 단계에서는 교과목을 계열적으로 조직하는 형태와 학기 또는 학년을 단위로 하여 조직하는 형태 중에서 하나를 택하면 된다. 가장 낮은 단계의 조직 구조에는 매일 별개의 학습경험을 다루는 '과(lesson)' 중심의 조직, 며칠 또는 몇 주 동안 계속할 수 있는 '주제(topic)' 중심의 조직, 몇 주 동안 문제별 또는 학생의 흥미나 요구에 따른 경험들을 포함하는 '단원(unit)' 중심의 조직 등이 있으므로, 이 중에서 한 가지 형태를 택하면 된다.

### 4) 학습효과의 평가

Tyler에 있어서 평가는 본질적으로 교육과정과 교수 프로그램에 의해 교육목표가 어느 정도로 실현되었는지를 결정하는 과정이다. 본래 교육목표는 아동의 행동에 어떤 바람직한 변화가 있었는지를 보는 것이기 때문에 평가란 아동의 행동변화가 실제로 어느 정도 이루어졌는지를 결정하는 과정이다. 평가에 대한 이러한 개념 정의는 평가란 여러 차례에 걸쳐 이루어져야 한다는 의미가 내포되어 있다.

학습효과를 평가하기 위한 절차에는 교육목표의 확인, 평가상황의 설정, 평가도구의 선정 및 제작, 평가결과의 정리, 평가결과의 활용 등이 있다. 이를 구체적으로 설명하면, 평가를 위해 교육과정 개발자가 첫 번째 해야 할 일은 교육목표가 행동목표로 진술되어 있는지를 재차 확인하는 것이다. 평가의 두 번째 단계는 교육목표에 제시된 행동을 하는 기회가 주어졌던 상황(조건)을 잘 파악하여 활용하는 것이다. 예를 들어, 유아의 선택능력이 개발되었는지를 파악하기 위해서는 이러한 능력을 요구하는 상황을 찾아내서, 즉 자유선택 활동 시간을 통해 평가하면 된다. 평가의 세 번째 절차는 객관성, 신뢰도, 타당도를 고려하여 평가도구를 제작하거나 선택하는 과정을 포함한다. 그러고 나서 평가도구를 사용하여 종합적이고 분석적인 결과를 얻고, 적절한 기준에 따라 평가결과를 정리하는 단계를 거친다. 평가의 마지막 절차는 평가의 결과를 어떻게 활용할지를 결정하는 과정으로 이 절차를 통해 학생에게 어떤 변화가 나타났는지, 교육과정에서 설정했던 목표가 어느 정도 달성됐는지, 그리고 교육의 효과를 높이기 위해 교육과정의 어떤 점을 개선해야 하는지 등을 알 수 있다.

### 5) Tyler 이론의 분석

Tyler(1949)의 책은 '교육과정 바이블' 처럼(Jackson, 1992) 교육과정 분야를 주도해 왔다. 교육목표와 더불어 평가에 대한 Tyler의 견해는 교육과정 분야에서 오랫동안 영향력이 있었다. 교육목표 설정과 학습경험 선정이외에 학습경험의 조직과 평가를 교육과정에 포함시킨 그의 이론은 Bobbitt(1918)의 이론보다 진일보한 것이다(Jackson, 1992). 그의 교육과정 이론은 한국에서도 목표중심, 평가중심, 종합적, 합리적, 순환적, 목적 · 수단 모형(모델) 등으로 다양하게 묘사되며 1970년대 이후 교육과정 개발을 위한 기본 논리로 계속 적용되고 있다.

그러나 그의 이론은 실제성만 있지 교육과정의 본질을 밝히는 이론적인 측면이 부족하고(Rogan & Luckowski, 1990), 교육현장에서의 높은 활용도에 비해 인간에 대한 존재론적인 성찰이 부족하다는 비판을 받기도 한다(Pinar et al., 1995). Tyler에 대한 비판은 주로 윤리학을 배제한 기술주의와 '정치적 단순성' 에 집중되어 있다(Kliebard, 1975c). 구조주의적인 전통에 기초한 Tyler의 이론에서는 학생이나 교사보다는 교육과정을 중심에 놓고 있으며 역사문화적인 맥락을 고려하지 않고 교육과정을 이념적으로나 정치적으로 중립적인 것으로 여긴다.

또한 교육목표에 관한 논의가 학습경험의 선정이나 조직보다 선행되어야 한다고 보고 있는데, 교육목표란 교육활동을 전개하는 과정에서도 설정할 수 있다는 사실을 간과한 것이다. 교육목표는 행동적으로 진술해야 한다고 주장하지만 인간의 행동 중에서 심미적이거나 정의석인 것은 외현적으로 관찰 가능하게 진술하기 어렵다. 행동적으로 진술해야 한다는 논리는 인간의 미묘한 감정과 같이 질적으로 표현될 수박에 없는 부분들을 간과할 가능성이 있다. 사전에 목표를 구체화하여야 한다는 논리 또한 교육의 역동성을 배제한 본질적인 문제가 있다. 행동목표의 대안으로 표현적 목표(experssive objective)를 제시했던 Eisner(1969, 1979)에 의하면 학생이 단순히 달성해야 하는 행동목표보다는 교육 상황에서 이루어지는 만남(encounter)을 표현한 목표가 더 의미 있을 때가 많다. 교사가 사전에 설정된 목표에 매달리게 되면 교육의 과정에서 생성되는 만남들을 놓치는 결과를 낳을 수 있다는 것이다.

인간의 정신세계를 체험-표현-이해의 순환과정으로 인식했던 Dilthey의 논리에 따르면 표현(ausdruck: expression)은 주관적이며 직접적인 경험을 의미하는 체험(erleben: experience)의 외적 발현이며 동시에 자신과 세계를 감지하고 이해(verstehen: understanding)하게 만드는 것으로, 삶에 대한 단순한 정신적 표상이기 보다는 실제적인 현실 그 자체를 의미한다(박범석, 이찬주, 2006). 그래서 교사에 의해 미리 설정한 행동목표보다는 교육적 상황을 의도적으로 제공함으로써 만남이 발생하고 그 과정에서 생성될 결과를 기술한 표현적 목표가 의미 있다.

한편 Rath(1971)는 같은 조건이 주어졌을 때, 아이들에게 수행할 활동을 자발적이고 능동적으로 선택하고 선택한 활동의 결과를 평가해 볼 수 있는 기회를 제공하는 일반적 목표(general objective)가 교사에 의해 사전에 설정된 구체적인 목표(specific objective)보다 더 교육적인 가치가 있다고 한다. 이러한 점을 감안하면 Tyler식의 행동목표보다 Eisner가 제안한 표현적 목표나 Rath가 제안한 일반적 목표가 더 다양한 상황이나 교육적 조건에서 적용할 수 있는 것이라고 볼 수 있다.

교육목표 진술에 대한 Tyler의 생각은 후일 Bloom이나 Mager에 의해 보다 구체화된다. Bloom 등은 1956년 출판한 책 『교육목표의 분류학 핸드북 I: 인지 영역』에서 지식, 이해, 적용, 분석, 종합, 평가 등의 요소에 따른 행동목표 분류방식을 제시하였다. 인지영역에 대한 Bloom의 분류학(texanomy)은 그 당시 교사양성 과정에서뿐 아니라 교육현장에 있는 교사들에 의해서도 적극 활용되었다. 1957년 러시아에서 스푸트니크 위성을 발사하자 미국이 과학기술 발전에 매진하면서 교과내용에 소홀했다는 비판을 받았던 Tyler와 달리 Bloom의 접근은 교과중심 교육과정학자와 생활적응 옹호자 모두의 지지를 받았다.

Bloom의 분류학은 Krathwohl, Bloom, Masia(1964)에 의해 정의적 영역과 운동 영역이 추가됨으로써 그 실용가치를 높였고 교육심리학을 교육과정의 기초로 생각하게 만들었다. Tyler의 개발 이론 중에서 교육목표 진술에 초점을 맞추어 목표에 관한 분류학을 제시했던 Bloom은 후일 학생들에게 학습에 완전히 숙달할 수 있는 충분한 시간을 제공하고 숙달을 위한 준거들을 명확히 설정해 준다면 학생들의 학습 능력은 높은 수준으로 올라갈 수 있다고 주장하며 '완전학습(mastery learning)'의 아이디어를 제안하였다. 그러나 Bloom의 완전학습 이론은 당대의 Skinner의 행동주의 심리학과 사회적 책무성 운동과 연결된 것으로 교육과정 이론이기보다는 학습이론이라 할 수 있다(Tanner & Tanner, 1990). 인간의 감정을 개념화할 수 있다는 관점을 가지고 있던 Mager(1962) 또한 Tyler 이론에서 강조된 교수목표를 어떻게 행동적으로 세분화하여 진술할 수 있는지에 대한 아이디어를 제시하기도 했다.

## 5. Bruner와 학문구조 이론

미국의 교육과정에서 실증주의와 구조주의가 최고조에 달했던 시기는 1960년대였다. 특히 학문의 구조(structure of the disciplines)에 대한 생각은 행동주의 심리학을 바탕으로 그 영향력이 매우 컸다. 1950년대 생활적응 운동의 실패, 교육과정에 대한 국가적 논쟁, 러시아의 스푸트니크 인공위성 발사, 1958년 국방법 개정 등으로 연방정부의 교육과정 개발 예산은 증폭되었고 학문구조 이론에 기초한 교육과정 개발에 관한 범국가적 관심도 증대되었다. 특히 1957년 러시아가 세계 최초로 우주에 인공위성을 발사하자 미국인들은 미국 교육의 질에 대한 의구심을 자아냈고, 과학 기술의 발전을 위해서는 국가가 교육개혁을 주도하여 학교 교육의 질을 높여야 한다는 여론이 형성되었다.

1960년대 러시아와의 냉전구도 속에서 미국은 국가의 경쟁력 강화를 위해 교육과정 개혁운동(National Curriculum Reform Movement)을 적극적으로 펼치기 시작하였다. 그동안의 교육과정 개발에서는 무엇을 가르쳐야 하는지, 즉 교과내용을 소홀히 다루었다는 비판과 함께 이후 10여 년 동안 엄청난 양의 교육과정 관련 서적이 출판되었던 것이다. 그 중심에는 과학자들과 Bruner를 비롯한 교육심리학자들이 있었는데, 이들에게 있어서 교육과정 연구는 교과의 학문구조를 밝히고 그것에 준해 수행하는 것이었다. 교육과정 개혁을 위한 최초의 시도는 우즈 홀 학술대회(Woods Hole Conference)로 나타났다. 과학학회가 주최하고 과학재단, 공군, 교육부, 미국고등과학회, 카네기재단, 랜드협회(Rand Corp.) 등의 후원을 받아 진행된(Tanner & Tanner, 1980) 우즈 홀 회의에서는 미국 교육과정 개혁 운동의 초안이 될 교육과정에 관한 선언문이 채택되었다.

우즈 홀의 교육과정 선언문은 곧바로 1960년 Bruner에 의해 『교육의 과정』으로 출판되었다. 이 책에서 그는 교육과정 이론의 기초로 학문구조의 개념을 도입하였고, 모든 학문에는 그 나름대로의 독특한 지식 구조를 가지고 있으므로 교육은 학생이 이 구조를 이해하는 데 역점을 두어야 한다고 주장하였다. Bruner(1960)에 따르면, 지식의 기본 구조를 반영하는 교육과정을 설계하기 위해서는 해당 학문의 본질을 이해해야 하는데, 그것은 그 분야의 뛰어난 학자와 과학자들의 적극적인 참여가 있을 때 가능하다(p. 32). 학문의 구조를 이해한 학생은 인지발달 수준에 관계없이 모든 지식을 학습할 수 있다고 보았던 Bruner에게 있어서 학문(지식)의 구조를 파악하기 위해서는 교과전문가와 함께 학문 분야에 종사하는 대표적인 학자와 과학자가 교육과정 개발 과정에 참여하는 것은 필수적이다.

학문구조 이론의 형성은 교육과정 분야의 주도권을 목표중심에서 학문중심으로 넘기는 단초가 되었다. 실제로 1962년 교육학회를 중심으로 과학, 수학, 영어, 외국어, 사회 등을 포함한 많은 아카데믹한 교과들의 학문 구조를 파악하려는 여러 연구들이 진행되었다. 그러나 많은 재정 투자가 과학과 수학 교육과정에 집중되었다. 새수학(New Math) 운동도 이 기간 동안 나타났고, 학문 구조 이론에 기초한 교육과정 개혁의 중심으로 물리학 연구회(PSSC: Physical Science Study Committee)가 부각되었다. 생물학(BSCS)과 화학 부문에서도 이와 유사한 형태의 시도가 있었다(Tanner & Tanner, 1980). 국가적 수준에서 이루어진 미국의 학교 교육과정에 대한 논쟁은 교육과정에 대한 학술 논문을 다량 배출하는 분위기를 형성하였다.

학문구조 이론은 어떤 교과이든지 학문의 구조를 올바르게 제시한다면 어떤 발달 단계에 있는 아동도 쉽게 가르칠 수 있다는 것을 의미한다. 이 점에서 Bruner(1960)의 이론은 얼마 전 사라졌던 Herbart주의와 크게 다르지 않다. 교육과정은 "지식의 본질뿐만 아니라 학습자 및 지식형성 과정의 본질도 반영해야 한다"(Bruner, 1966, p. 72)는 그의 생각은 교육과정의 조직기반으로 교과에 관심을 보였던 Herbart적 사고가 Bruner를 통해 심리학적인 언어로 다시 표면화된 것이라고 할 수 있다. Herbart주의자들이 교육과정을 교수·학습 방법으로 개념화했던 것처럼 Bruner도 교육과정을 개념화하고 있다. 이러한 관점에서 교육과정에 대한 학문 구조적 접근과 Dewey의 교육과정 이론은 유사하다고 보는 교육과정학자들(Goodlad et al., 1965)도 있다. 그러나 Tanner와 Tanner(1990)는, Bruner는 과학이나 수학과 같은 특정 학문에 관심을 둔 반면, Dewey는 학교가 새 세대를 육성하여 사회적인 문제를 해결하는 데 초점을 맞추고 있다고 말한다.

1970년대에 베트남 전쟁에 대한 반전운동이 확대되고 시민권과 인권에 대한 저항운동이 활발해지면서 학문중심 교육과정 운동도 그 영향력이 줄어들고, 교육과정 분야는 새로운 전기를 맞이하게 된다. 게다가 1966년 발발하여 1976년 종료된 중국의 문화혁명은 미국의 학계를 자극하여 사회과학 전반에 대한 비판과 함께 그간의 교육개혁에 대한 회의를 품게 만들었다. 1970년대에 접어들면서 20세기 초 30여 년간 있었던 진보적 개혁 운동을 상기시키는 다양한 움직임들이 나타났다.

## 6. Schwab과 실제성 이론

1960년대 초 많은 교육과정학자들이 학문구조 이론을 교육과정의 기초 이론으로 받아드려 '학문중심 교육과정'을 개발하였다. 그러나 이러한 교육과정 개혁운동은 교육 그 자체보다 국방에 큰 비중을 둔으로써 차츰 그 의미가 퇴색되기 시작하였다. 이러한 상황에서 학문중심 교육과정 운동을 위해 적극적으로 활약했던 대표적인 교육과정 이론가이었던 Schwab은 새로운 대안을 제시하였다.

Schwab(1964)에 따르면 교육과정 개발에서 교육과정 전문가들이 학문의 구조를 교리적으로 해석하고 '순수 이론'에 집착함으로써 교과 문제를 지나치게 단순화하고 단일화하는 폐단이 생겼다. 그러므로 다양한 지식 중에서 필요한 지식만을 '선택'하고 지식의 구조를 학생이 '학습'할 수 있도록 돕기 위해 교육과정 전문가들은 이론보다 실제성에 기초하여 교육과정을 탐구하는 방향으로 그 접근방식을 바꾸어야 한다. 교육과정 분야가 조직화된 지적인 탐구

분야로서 자리매김을 하기 위해서는 이론적인 탐구에 머물지 않고 실제적이 되거나 실제와 절충하려고 노력해야 한다는 것이다. 특히 실제를 강조한 Schwab은 '실제성(the practical)' 개념과 더불어 교육과정의 탐구 방식으로 실제적 기예(practical arts), 숙의(deliberation), 사회과학 이론의 필요성을 역설하였다.

1969년 논문으로 발표하고 1970년 책으로 발표했던 글에서 Schwab는 교육과정 분야는 빈사상태(moribund)에 빠져 있기 때문에 기존의 방법과 원리로는 더 이상 교육 발전을 기대하기 어렵게 되었다고 보았다. '검증되지 않은 신뢰성 없는 고질적인 이론들' 에 지나치게 의존하고 있는 교육과정 이론으로는 학교 현장의 실제적인 문제를 해결할 수 없다는 것이다. 따라서 교육과정의 에너지가 이론적인 것에서부터 실제성(the practical), 준실제성(quasi-practical), 절충성(the eclectic)과 같은 세 가지 모드로 전환될 필요가 있다. 실제적인 형태로 바뀌었을 때 비로소 교육과정 분야는 미국 교육의 질을 향상시키는 데 기여할 수 있게 되고 '부흥(르네상스)' 할 수 있다고 보았다(Schwab, 1970). 아울러 그는 교육과정 탐구의 방법으로 '숙의' 를 제안하였다. Schwab의 논리에 따르면 실제, 준실제, 절충의 실제적 기예는 숙의의 기술이다. 실제적인 지식을 선택하는 과정에는 참가자들의 숙의하는 과정이 필요하기 때문이다. 교육과정 탐구 방법으로 숙의를 적용한다는 것은 학교나 교실과 같은 교육 현장을 중심으로 교육과정이 전개되어야 한다는 것과 같은 의미를 지닌다. 이 밖에 Schwab은 실제적 교육과정의 사회적 책무성을 높일 수 있도록 교육과정 전공 교수들 외에 사회학자나 심리학자와 같은 사회과학자들로 구성된 외부 전문가들의 참여를 적극 유도하는 방안도 제안하였다.

Jackson(1992)에 따르면 Schwab은 Bobbitt이나 Tyler와 더불어 미국의 교육과정 분야를 주도했던 거장이라 할 수 있다. '성과를 얻기 위한 성장' 이 주된 목적이었던(Pinar et al., 1995, p. 233) 1970년대 상황에서 교육과정이 '빈사상태' 에 있다는 1969년 Schwab의 선언은 깊은 인상을 남겼다. 교육과정이 죽어가고 있지만 이론적인 연구를 포기하고 실제성을 중시하는 모드로 전환되면 교육과정 분야를 살릴 수 있다는 Schwab의 제안은 교육과정 분야에 희망을 안겨 주었다(Jackson, 1980a).

학문중심 교육과정에 불만을 가졌던 많은 교육과정학자들은 Schwab의 실제성 개념을 인용하며 교육과정을 새롭게 이해하고 그 아이이어를 교육 현장에 적용하고자 했다. 실제성을 강조한 Schwab의 관점은 Walker(1971)에 의해 계승되었다. 그는 Schwab의 실제성 관점에서 Tyler의 이론대로 교육현장에서 교육목표를 설정하고, 교육경험을 신정하고 조직하며 평가하는지를 조사하였다. 그에 따르면 교육현장에서는 Tyler의 이론을 적용하여 실천하고 있지 않다. 그만큼 교육과정 실제는 이론적이지 않다는 결론이다. 이러한 관점에서 볼 때, 후일 NAEYC가 발달적으로 적절한 '실제'를 유아 프로그램(Developmentally appropriate practice in early childhood programs)이 나아가야 할 방향으로 제안한 것(Bredekamp, 1987)은 유아교육 분야 역시 실제성 이론에서부터 자유롭지 않았음을 시사한다.

그러나 Schwab의 실제성 이론에 대한 평가는 학자마다 다소 차이가 있지만 긍정적인 것만은 아니었다. Starratt(1974)은 교실의 실제적 문제 해결에 직접 참여하는 것은 교사나 행정가의 업무에 해당하는 것이지 교육과정 이론가들이 할 일이 아니라고 반박하였다. 후일 Cherryholmes(1988) 또한 과연 Schwab이 Tyler 이론을 발전시켰다고 말할 수 있는지에 대한 의문을 제기하였다.

실제로 1970년대 정치, 경제, 사회적 변화와 함께 Schwab의 실제성 이론도 점차 그 빛을 잃었다. 1970년대가 깊어지면서 Tyler의 교육과정 개발 이론을 위시한 1960년대의 행동주의, 과학주의, 기술주의, 관료주의적 교육과정 접근에 대항하며 교육과정 분야를 재개념화하려는 시도가 본격화되었다. 그 중심에는 1975년 교육과정 분야에 대해 암울한 결론을 내렸던 Huebner를 위시하여 Macdonald, Eisner, Greene, Berman, Klohr 등의 교육과정 재개념주의자들이 있었다.

제9장

# 교육과정의 재개념화: 1970~1980년대

교육과정은 이론인가, 실제인가. 경우에 따라 교육과정 이론은 교육과정 실제와 대비되는 용어로 사용되기도 한다. 그러나 현대 교육과정 분야에서는 교육과정을 방법뿐 아니라 이론과도 관련된 문제로 가정하기 때문에 실제의 기술적인 차원에서만 교육과정을 탐구하지 않는다. 그렇다고 이론 탐구를 영원불멸의 진리 추구나 요지부동의 사상 정립으로 인식한다는 것은 아니다. "이론보다 더 실제적인 것은 없다(Nothing is more practical than a theory)"는 서양의 격언대로 이론이란 실제를 떠나서 존재할 수 없다는 의미다. 그리하여 전통적인 탐구 방식으로는 교육과정과 관련된 많은 문제들을 이해하고 해결할 수 없다고 간주하고, 현대 교육과정 분야에서는 인간의 사고를 자극하는 차원에서 교육과정 이론을 탐구한다(Pinar et al., 1995). 이론을 탐구한다는 것은 곧 교육을 중심으로 전개되는 삶에 대해 사유하는 것이고 교육하는 이유와 방법에 대해 고민하고 실제에 적용할 수 있는 방안을 찾는 것이라고 하겠다.

1970년대 미국사회는 베트남 전쟁, 인종차별 철폐 및 인권 운동, 중국 문화혁명 등의 정치 사회적 소용돌이를 거치면서 구조화된 교육에 대해 문제를 제기하기 시작하였다. 이러한 상황에서 진보적 개혁운동을 상기시키는 다양한 움직임이 나타났다. 1970년대에 가장 먼저 등장한 교육과정 개혁 운동은 교육계 밖에서 일어났다. 그것은 열린 교육 운동으로서, 교육과정에 대한 Tyler식 접근과 학문중심 교육과정 개혁에 대한 반작용이었다. 그러나 이 운동은 오래 지속되지 못하고 인본주의 심리학에 그 자리를 내주었다.

인본주의 심리학은 인간중심 교육과정이라 불리며 교육과정 근간으로 잠시 수용되는 듯 했지만 교육계에 깊이 뿌리를 내리지 못하였다. Schwab의 실제성 이론과 지식과 교과에 관한 Peters와 Hirst의 철학 또한 1970년대 교육과정 분야를 뜨겁게 달구었다. 특히 Schwab(1970, 1978)의 실제성 이론은 그가 말했던 '사라져 가던' 미국의 교육과정 분야를 살리는 강력한 원동력으로 작용하였다. 1960년대 초 교육이 빈사상태에 빠졌다는 Schwab의 선언은 교육과정학자들에게 깊은 인상을 남겼고, 이후 다양한 변화가 10년 동안 반복되었다. 1975년 Huebner는 교육과정 분야가 죽었다고 하였고, 1978년 Pinar는 교육과정 분야가 정지되었다고 보았다.

다른 한편에서는 사회과학이나 인문학의 다양한 이론의 힘을 빌려서 사라져가던 교육과정 분야를 부활시키고자 하는 움직임이 나타났다. 교육과정 분야를 살리기 위한 운동은 '재개념주의자'라고 불렸던 교육과정 이론가들에 의해 주도되었다. 재개념주의자들은 관료주의적인 교육개혁이나 학문중심 교육과정 운동을 거부하고, Tyler식의 목표 진술 방식과 교육평가에 대한 양적 접근 방식에 대해 강한 불만을 표시하며 정치, 경제, 사회적 맥락에서의 교육과정 이해와 재개념화를 주장하였다. 1960년대 순수 이론에 기초한 학문중심 교육과정을 선도했던 Bruner가 1970년대에 접어들면서 빈민과 소외 계층의 문화를 반영한 교육의 필요성을 강하게 주장하고 발달에 대한 Vygotsky의 사회문화적 접근을 적극적으로 미국 사회에 소개했던 것도 이러한 사회 변화에 대한 대처로 이해될 수 있을 것이다.

1970년대 미국에서 시작된 재개념화 운동은 한국 사회에서 교육을 통해 양극화 문제를 해결하고 사회통합을 추구하고자 했던 사람들에게도 많은 영향을 주었다. 이러한 움직임은 교육계 밖에서 더욱 활발하게 전개되었다. 예를 들어, Freire(1968)의 의식화 교육론은 1970년대 공장의 근로 청소년들이 다니는 비정규 학교의 교육과정 이론으로 적용될 만큼 한동안 그 파급력이 매우 컸다. 1980년대에 들어서면서 사회과학의 비판이론뿐 아니라, 현상학, 해석학, 포스트모더니즘 등에 기초하여 교육과정을 재개념화하려는 연구들이 본격화되었다.

재개념주의자들 중에는 개인을 문화 창조자이며 전달자로 보고 지식을 구성하는 주체로 인식하고 개인적인 경험을 연구의 한 방법으로 채택하는 사람들도 있다. 재개념주의자들은 교육과정 이론화의 근거로 실존주의 철학과 현상학, 정신분석학, 사회학, 인류학, 정치학 등을 적용하고, 은유와 같은 새로운 언어체계를 사용하기도 한다(Klohr, 1974). 이러한 현상은 유아교육과정 분야에서도 예외 없이 나타나기 시작하였다(양옥승, 1987; 유혜령, 1998). Dewey의 진보주의와 Piaget의 인지발달 이론이 결합된 교육과정 이론에 의해 지배되었던 유아교육과정 분야 또한 시간이 흘러가면서 다양한 이론에 기초하여 개인의 실존적 경험과 목소리에 가치를 부여하고 Vygotsky의 사회적 구성주의 관점에서 발생학적 인식론을 강조하게 된다. 새로운 교육과정 이론의 출현은 그 이전의 교육과정이 한계에 다다랐을 때 나타나는 것이지만 교육과정 발전의 역사적 산물이기도 하다. 새로운 교육과정 이론이 성립될 수 있는 데는 사회 변화 및 학문의 성장과 더불어 형성된 학자들의 교육과정에 대한 재개념화 시도가 작용했다고 할 수 있다.

교육과정의 재개념화는 '교육과정' 의 어원에 대한 재개념화도 포함된다. 교육과정은 영어의 '커리큘럼(curriculum)' 을 우리말로 번역한 것으로서 교수요목(a course of study)을 가리킨다. 원래 커리큘럼은 '코스를 달리다' 를 뜻하는 경주로에서 유래된 라틴어 '쿠레에레(currere)' 에 그 어원을 두고 있다. Grumet(1976)에 따르면 쿠레에레는 정신분석학, 현상학, 실존주의 등에서 그 의미를 찾을 수 있다. 정신분석학적으로 볼 때 쿠레에레는 경험에 대한 해석으로 정치적 암시뿐 아니라 표면적이고 명시적인 것 내지 잠재적인 것까지 언어가 지닌 의식적 내지 무의식적 내용 모두를 분석하고 검토하는 것이며, 자아와 비자아 간의 대화를 통한 자아구조의 확대를 의미한다.

이 장에서는, 1970년대와 1980년대를 교육과정 재개념화 시기로 규정하고, 이 시기에 교육과정 분야를 주도했던 열린교육 운동, 인본주의 심리학과 인간중심 교육과정, 지식과 교과에 대한 Peters와 Hirst의 철학적 논의, Schwab의 실제성 이론, Huebner와 Macdonald에 의한 교육과정 재개념화, 비판이론, 현상학, 해석학 등에 대해 논할 것이다.

## 1. 열린교육 운동

학문중심 교육과정 개혁과 Tyler식 교육과정 개발 전통에 대한 비판은 교육계 외부로부터 나타났다. 대표적인 인물로는 저널리스트이자 사회학자였던 Silberman이 있다. Silberman은 1966년 자신이 편집인으로 있는 포천지를 통해 학문구조 중심의 교육과정 개혁을 극찬했었으나, 4년 뒤에는 생각을 바꾸어 그간의 교육개혁을 큰 문제로 삼았다. 그는 구조적인 공교육으로 인해 학교가 꿈의 킬러로, 교실이 학생의 '자발성, 학습에 대한 즐거움, 창조의 기쁨, 자아감을 상실한 불구의 상태' 로 만들었다(Silberman, 1970, p. 10)고 개탄하며, 공교육이 붕괴된 것은 학교현장에 대한 경험이 없는 학자들에 의해 주도된 교육개혁에 그 원인이 있다고 주장하였다. 학문의 구조를 중시하는 학자들은 학생의 욕구를 파악하는 능력이 없기에 아동이 무엇을 배워야 하는지에 대해서는 잘 알고 있지만 학생이 무엇을 배우고 싶어 하는지에 대해서는 모르고 있다는 것이다. 공교육 붕괴에 대한 Silberman의 생각들은 '학교 교실에서의 살인' '학교가 어떻게 꿈을 죽이고 마음을 불구로 만드는가?' 와 같은 선정적인 제목으로 기고했던 잡지의 여러 글들을 통해 대중에게 널리 알려졌고 큰 반향을 불러일으켰다.

Silberman(1970)은 수단과 목적을 구분하지 못하는 교사와 행정가들이 학교에 있는 한 수단은 목적 달성을 위해 존재한다는 생각을 가질 수 없을 것(p. 125)이라고 보았다. 따라서 당면한 교육 문제들을 해결하기 위해서는 교육이 개조(remaking)될 필요가 있다. 그에게 있어서 교육의 개조는 교육목적이나 교육목표를 달성하는 수단으로 교육과정을 생각하는 Tyler의 논리에서 벗어나는 것이었다. 그리고 초등교육을 개혁하기 위해서는 1967년 영국에서 발간된 Flowden 보고서(Flowden Report)로부터 아이디어를 끌어내야 한다고 보았다. Flowden 보고서는 영국 교육부가 1963년 중앙교육자문위원회(The Central Advisory Council for Education)에 위탁하여 수행했던 초·중등교육의 연계성에 관한 연구 보고서를 위원장의 이름으로 1967년 발간되었던 것으로 그 당시 미국 교육자들에게 널리 읽혀졌다. 이 보고서에 소개된 열린 교육과 같은 비형식적인 교육은 Dewey의 교육이론을 따른 것이므로 이 아이디어를 미국 초등학교에 적용할 경우 영국에서처럼 크게 성공할 수 있을 것이라고 믿었다. 초등교육에 대한 그의 이론은 아동기를 성인기를 위한 준비과정이 아닌 그 자체로서 소중한 시기라는 입장에 근거하고 있다. 선택과목의 폭을 넓히고 휴식이나 여가활동을 할 수 있는 자유시간을 교육과정에 포함시킬 필요가 있다는 중등학교 개혁에 대한 그의 제안 또한 초등학교에 비해 단편적인 것이었음에 불구하고 매우 설득력이 있었다.

열린 교육에 대한 Silberman의 제안은 사실상 미국 교육자들에게는 새로운 것이 아니었다. 학교 현장을 민주주의 교육의 장으로 삼아 교육과정에 사회적 요구를 반영하고, 교과의 분과보다는 아동의 흥미를 중심으로 교육과정을 구성하며, 교육방법으로 프로젝트 접근법과 같은 아동주도의 교수·학습 방법을 활용해야 한다는 등의 생각은 20세기 초 이미 컬럼비아대학교 부속 링컨학교에서 적용되었던 것이다. 열린 교육은 아동을 직접 가르치기 보다는 아동이 자신의 교육목표에 따라 자유롭게 이동하고 학습자료를 자유롭게 선택하며 교육활동을 할 수 있도록 돕고 지원하는 데 있다는 아이디어조차 진보주의 교육을 경험한 미국 교육자들에게는 더 이상 새롭지 않았다(Tanner & Tanner, 1980). 그럼에도 불구하고 '열린 교실'에서 시작된 '열린 교육'에 대한 Silberman의 생각은 미국 전역에 유포되었고 마치 유행처럼 학교현장에서 채택되었다.

열린 교육 운동은 뚜렷한 연구 없이 현장에 도입되면서 그 개념이 다양한 의미로 정의되고 해석되었다. 미국에서 열린 교육은 전반적인 교육개선의 차원에서 보다는 교실공간을 개방하여 배치하는 데 주로 활용되었고, 그에 따라 교육계로부터 점차 외면을 받게 되었다. 더욱이 1970년대에 많은 미국 공립학교가 정도로 가고 있었기 때문에 Silberman 보고서는 곧 잊혀질 수밖에 없었다. 인본주의 운동이 나타나자 일부 교육과정학자들은 발달이론에 관심을 쏟기 시작하였다. '기초로 돌아가자(back-to-basics)'는 운동에 따른 교육과정 축소 여파는 심리학적 관점에 지배되었던 일부 교육과정 연구자들을 고등정신에 주목하게 만들었다. 많은 공립학교들이 Piaget의 인지발달 이론이나 기초교육에 눈을 돌리게 되면서 Silberman의 주장은 곧 잊혀졌다.

## 2. 인본주의 심리학과 인간중심 교육과정

1970년대 제3심리학파라 불리는 인본주의 심리학자들은 19세기말 20세기초 인문학에 기초한 고전적 교육과정 이론가와 전혀 다른 각도에서 교육과정을 조망하기 시작하였다. 오늘날 인간중심 교육과정으로 명명되는 인본주의 심리학에 기초한 교육과정 연구에서는 가치의 명료화라든가 학생의 자아실현, 인성교육, 학습에 대한 내적 동기화, 교육의 인간화 등에 많은 관심을 보였다. 이러한 입장을 가졌던 대표적인 인본주의 심리학자로는 Rogers와 Maslow가 있다.

Rogers는 인간의 주관성에 대한 확고한 믿음을 가지고 교육과정에서의 주관적 경험의 중요성을 강조하였다. 인간중심의 상담과 심리치료 이론을 정립하고 상담(counseling)이라는 단어를 처음 사용하기도 했던 Rogers(1959)에게 과학적 지식은 존재하지 않았다. 단지 과학적 지식에 대한 개인의 인식만이 존재할 뿐이다. 이러한 그의 기본 생각에는 개인은 자신과 자신이 사는 세계에 대한 주관적 인식에 근거하여 행동한다는 현상학적 사고가 그 밑바탕으로 깔려 있다. 존재론적으로 볼 때, 인간은 본래 사물에 대한 호기심, 학습에 대한 강한 열망, 미래 세계를 선택하고 결정할 수 있는 선택과 결정 능력을 가지고 있다(Rogers, 1969). 그러나 실제 학교의 교실을 들여다보면 학생들의 타고난 능력들을 신장시킬 수 있는 환경을 조성해 주지 못하고 제도적으로 학생의 배우고자 하는 자유와 의지를 억압하고 있다는 것이 그의 생각이다. 따라서 학교는 인간중심의 교육과정을 제공함으로써 학생이 자기 주도적으로 호기심이나 학습에 대한 타고난 욕구를 향상시켜 학습과 관련된 의사결정에 참여하고, 자신감과 자존심을 키우고, 발견의 즐거움을 경험하게 해야 한다고 주장하였다.

Maslow는 Rogers와 다르게 자아실현을 교육의 궁극적인 목표로 삼고 교육과정이 나아가야 할 방향을 기술하였다. 그는 자아실현에 대한 인간의 욕구를 수준별로 구분하고 설명하는 욕구 위계(hierarchy of needs)이론을 제시하고 그에 따른 교육의 목표와 방법을 구체적으로 제시하였다. Maslow(1970)에 따르면 인간은 무한한 잠재력을 소유하고 있는 존재로서 이 잠재력을 실현하고자 하는 강한 욕구가 동기화되었을 때 발달한다. 그에게 있어서 발달은 시간적 과정을 따르기 보다는 욕구체제의 위계적 단계를 거쳐나가는 과정이다. 인간은 삶에 의미와 만족을 주는 일련의 선천적 욕구들에 의해 동기화되며 이러한 욕구들은 개체를 항상 결핍 상태에 빠지게 한다. 인간은 어느 누구도 한 가지 상태에 만족하지 않는 속성을 지니고 있기 때문에 한 가지 욕구가 충족되는 순간에 또 다른 욕구가 만족되기를 요구한다는 것이다.

그의 견해에 따르면 인간의 욕구는 생리적 욕구, 보호와 안전의 욕구, 소속과 사랑의 욕구, 자기존중의 욕구, 자아실현의 욕구 등의 순서로 발달하며, 이는 크게 기본적 욕구와 성장의 욕구로 대별된다. 인간의 기본적 욕구에는 생리적 욕구 및 보호와 안전에 대한 욕구가 포함된다. 그리고 이러한 기본적 욕구를 바탕으로 하고 있는 성장 욕구에는 소속과 사랑의 욕구, 자기 존중의 욕구, 자아실현의 욕구 등의 세 가지 욕구가 포함되는데, 그중에서 자아실현의 욕구가 가장 꼭대기에 위치한다. 그의 욕구위계 이론에 따르면 높은 수준의 욕구는 이전 단계의 욕구충족을 전제로 발달되어 간다. 그렇다고 해서 모든 개인의 발달이 동일한 위계적 체계를 거친다고 말할 수 없다. 따라서 욕구위계는 고정화된 발달단계보다 자아실현을 발달의 목표로 삼는 보편적인 과정으로 받아들여야 한다.

인본주의 심리학에 기초한 인간중심의 교육과정 연구는 대체로 학습자의 관점에서 그동안에 시도된 다양한 교육과정 이론과 실제를 분석하여 문제점을 제시하고 그 문제를 극복할 수 있는 대안을 제안하는 방식으로 이루어졌다는 특징이 있다. 그리하여 서머힐 학교나 대안학교의 교육과정 기초가 적용되었던 인본주의 심리학조차도 교육과정 이론이기보다 인지주의에 치우친 기존의 교육과정의 불균형을 바로잡을 수 있는 교수 · 학습 이론으로 인식되었다. 이러한 맥락에서 Goodlad(1975)는 인본주의 심리학을 생태학적 모델이나 반응 모델을 개발하는 데 적용될 필요가 있다는 제안을 하였다.

그러나 많은 교육과정학자들은 인간중심 교육과정에 이론적인 가치를 부여하지 않았다. 일찍이 교육과정의 개념을 인본주의, 사회재건주의, 기술(공학)주의, 학문중심주의의 네 가지로 분류했던 McNeil은 후일 인본주의 심리학에 기초한 인간중심 교육과정에 대한 연구는 개인적 발달에 초점을 맞춤으로써 사회적 요구를 소홀히 다루었고 교육의 본질에 충실히 접근하지 못했다고 평가하였다(McNeil, 1996). Eisner와 Vallance(1974)는 교육과정에 대한 관점을 인본주의, 사회재건주의, 기술공학주의, 학문중심주의, 인지주의로 구분하였으나, 후일 Vallance(1986)는 1970년대와 1980년대를 거치면서 대중적 담론으로 자리 잡지 못했다는 점을 들어 인본주의를 제외시켰다. 그 만큼 교육과정 분야에서 인본주의 심리학은 교육과정의 이론적 기초로서 그 뿌리를 깊이 내리지 못했다.

# 3. 교과와 지식에 대한 철학적 논의 및 실제성 이론

## 1) 교과와 지식에 대한 Peters와 Hirst의 철학

교육과정에 대한 이론 정립을 철학자의 몫이라고 생각하고 있었던 영국에서는 미국과 다른 방식으로 교육과정을 연구하고 있었다. 철학에 기초한 교육과정 탐구의 중요성을 부각시킨 대표적인 영국의 교육학자로는 Peters가 있다. Peters는 교과로서 지식의 정당성을 철학으로부터 찾아내는 시도를 함으로써 교육과정 이론 탐구의 새로운 장을 열었다. Peters(1966)는 일찍이 윤리학의 기본 원리라 할 수 있는 자유와 평등을 정당화하는 것처럼 교과와 지식도 선험의 초월적인 방식을 통해 정당화하는 것(transcendental justification)이 필요하다고 주장하였다. 아울러 이러한 정당화 기준을 적용하여 지식의 형태를 논리학과 수학, 자연과학, 인간과학, 역사, 종교, 문학과 예술, 철학, 도덕적 지식 등으로 분류하기도 하였다.

Hirst(1974) 또한 Peters와 마찬가지로 철학은 개념과 명제를 명료화하여 인간의 경험과 활동을 쉽게 이해할 수 있게 하므로, 교육과정 이론은 언어나 개념 분석의 전통을 가진 철학에 의해 연구되어야 한다고 보았다. 이러한 생각은 1960년대와 1970년대 영국 교육과정 연구의 특징을 그대로 반영한 것이라고 하겠다. Hirst(1974)의 입장에서 보면, 교육과정은 학생이 어떤 특정 목적이나 목표를 학습함으로써 달성할 수 있도록 고안된 활동들에 대한 프로그램이다. 따라서 목표 없는 교육과정이란 존재할 수 없다. 이러한 그의 주장은 매우 중요한 의미를 지니는데, 그 이유는 그의 생각이 인문주의에 기초한 자유교육(인문교육, liberal education)의 의의를 적절하게 설명해 준다는 데 있다.

미국에서 교육과정에 대한 Peters와 Hirst의 이론은 찬반양론이 분분한 속에서도 Dewey에 필적하리만큼 교육철학자들에 의해 진지하게 받아들여졌다. 그러나 그들의 생각은 교육과정학자들이 논리 철학적인 연구에 치중하게 만들었고 교육과정 분야가 전문화되는 데 장애가 되었다. 이러한 상황에서 영국의 철학자들로부터 학교 경험과 관련된 교육과정 문제를 소홀히 다루게 만들었다는 비난을 받게 되자 미국 교육과정학자들의 관심영역에서 벗어나게 되었다(Callan, 1982).

### 2) Schwab의 실제성 이론

교육과정 분야가 정체되어 있는 상태에서 현재의 방법과 원리를 통해 교육이 발전하리라 기대하는 것은 어불성설이라는 1970년 Schwab의 주장은 매우 충격적인 것이었다. 원래 Schwab은 1960년대 학문구조 운동의 이론가로서 눈에 띄게 활약했으며 학교에서 과학 교수법에 대한 대변자로서 크게 주목받았던 인물이다. 학문의 구조가 교육의 목적과 어떤 상관이 있는지, 왜 교육과정 개발자나 교사가 교육과정과 학문구조를 관련지어 연구해야 하는지 등을 문제로 제기하고 그에 대한 해답을 찾고자 했던 그가 학문중심 교육과정을 거부하는 것은 놀라운 일이었다. 그가 보기에는 학문구조 이론으로는 정체되어 있는 교육과정 분야가 회생하기를 기대하는 것은 거의 기적과 같았다. 순수이론에 집착하고 있는 학문중심의 교육과정학자들은 교육과정을 단편적으로 인식할 수밖에 없기 때문에 그들에게 학교의 실제적인 문제들을 해결할 것을 기대하는 것은 근본적인 한계가 있었던 것이다.

Schwab(1978)의 입장에서 보면 미국 교육의 발전을 위해서는 교육과정 연구가 이론 중심에서 실제 중심으로 전환되어야 한다. 교육과정은 일반적이기보다는 상황적이고 맥락적인 것이다. 따라서 실제적 교육과정의 수혜자는 교육과정이 개발된 지역에 거주하는 아동이 되어야 한다. 바꾸어 말하면 교육과정은 일반적인 학교나 교실보다는 교육과정이 개발되고 있는 '지금' 과 '여기' 라는 특정의 시공간적인 맥락(특정 학기와 시간, 특정 학교와 교실)을 그 중심에 두고 연구, 개발되어야 한다.

그러나 Schwab의 주장들에 대한 평가는 학자에 따라 다르다. Jackson(1980)

은 Schwab을 교육과정 분야에서 매우 희망적인 제안을 한 가장 총명하고 영향력 있는 사람 중의 한 사람으로 꼽았다. 반면에 Starratt(1974)는 교육과정학자들이 교실에서 실제로 진행되는 일을 경험적으로 연구하기 위해 학교를 실용적인 문제 해결 영역으로 삼고 직접 참여해야 한다는 Schwab의 아이디어는 문제가 있다고 보았다. Starratt에 따르면 실제성 이론은 마치 건축가가 현장을 이해하기 위해서는 설계도를 내버리고 목수나 건설감독처럼 망치와 톱을 들어야 한다는 논리와 다를 바 없다. 그러나 연구를 포기하고 교실의 실제적 문제 해결에만 집중하는 것은 교사나 행정가가 해야 할 일이지 교육과정 이론가들이 해야 할 일이 아니라는 그의 지적이다. Aoki 또한 실질적인 교육과정 개발에서 실제적인 일상 세계에 철저하게 주목해야 한다는 Schwab의 생각에는 동의하지만 실제성만이 교육과정의 근원이라는 그의 주장에는 동조하지 않았다(Pinar et al., 1995 재인용). 실제성에 못지않게 이론에 대한 깊은 이해가 필요하다는 것이다.

후일 Schwab(1983)은 교육과정의 구성요소로서 교사, 학생, 교육내용, 교육환경의 네 가지를 제시하였다. 여기에는 교육과정에 대한 모니터링을 어떻게 할 것인가가 문제가 생기는데, 이 문제는 교육과정을 평가하고 수정할 수 있는 교육과정위원회 구성을 통해 해결될 수 있다고 보았다. Tyler의 이론에 기초하고 있는 Schwab에게 있어서 교육과정 평가는 전문적인 작업이기 때문에 교육과정이란 이념상에서 중립적일 수밖에 없다. Cherryholmes(1988)에 따르면, Schwab의 이론은 교육과정 논의에서 학생과 교사는 관심 밖으로 밀어내고, 역사적 맥락에 대한 고려 없이 교육과정을 연구하고, 성공적으로 전달된 것과 그렇지 않은 것, 집단적 결정과 개인적 결정, 헌신적인 교사와 비헌신적인 교사와 같이 구조주의적인 이분법적인 사고를 가지고 교육과정을 개념화하는 문제가 있다.

## 4. 재개념화의 기초 작업: Huebner와 Macdonald의 이론

교육과정 분야를 재개념화하려는 시도는 교육과정을 정치, 경제, 사회적인 맥락에서 이해해야 한다는 가정에서 출발한다. 일찍이 이러한 관점에서 교육과정을 논한 대표적인 교육과정학자로는 Huebner와 Macdonald가 있다. 이들의 관심 주제는 주로 정치적이고 자서전적인 것이었으며, 현상학이나 신학과 같은 유럽의 학문적 전통과도 맞물려 있었다. 교육과정 분야에 대해 암울한 결론을 내렸던 Huebner(1966, 1967)는 특히 과학적이고 경험적인 접근에서 벗어나서 교육 현상과 이론을 설명할 수 있어야 한다고 주장하면서 정치적이고 현상학적으로 교육과정을 새로이 개념화하고자 하였다.

Huebner(1974a)는 철학이나 신학 관련 문헌들을 보면 현재 순간을 강조하고 미래는 괘념하지 말라고 하는데도 교육과정 개발자들은 행동목표를 통해 미래만을 계획하고 있다고 비난한다. 정치성을 핵심 개념으로 한 교육과정 분야에 대한 그의 성격 규정은 1970년대와 1980년대 교육과정 이론의 출처로 마르크스를 지목했던 정치지향의 교육과정학자로서 자신의 제자이기도 했던 Apple(1975b)의 논거를 능가한 것이었다. Huebner(1974b)에 따르면 교육과정의 언어는 그 안에 내재되어 있는 두 가지 신화, 즉 학습과 목적에 의해 억압되어 있다. 따라서 학습, 목적, 목표라는 언어들은 모두 버려야 한다. 그 대신에 가치 있는 교육활동을 찾고 개발하는 노력을 해야 한다. 가치 있는 교육활동의 기준으로는 기술성, 정치성, 과학성, 심미성, 윤리성의 다섯 가지를 사용할 수 있다. 특히 윤리적 측면에서 볼 때 교육활동은 삶의 본질이라 할 수 있는 사람과 사람의 만남으로서 교육적인 가치가 있다. 따라서 학생과 교사의 만남은 평등이 아니라 형제애의 차원에서 인간 존재라는 동료적 관점에서 이루어져야 한다. 교육활동은 삶이고, 삶의 의미는 교실 안에서 살아나고 증명된다. 교육활동은 학생들이 학생들끼리 또는 주변 세계 또는 교사와 만날 때 이루어지는 것이기 때문이다.

Macdonald 또한 Huebner와 마찬가지로 교육과정 연구에서의 구조화된 주류 이론과 실제에 대해 매우 비판적이었다. 그는 중심적인 교육과정 이론가는 아니었지만 이론가의 한 사람으로서 1970년대 교육과정 분야를 재개념화할 수 있는 새로운 노선을 제시하였다(Pinar et al., 1995). Macdonald(1967)에 의하면 학교란 사회, 개인, 현실 간을 연결시켜 주는 기능을 한다. 따라서 교육과정 이론은 중립적이면 안 되고 분명한 입장을 가지고 본질을 발견케 하는(heuristic) 역할을 할 수 있어야 한다. 이러한 관점에서 볼 때 인간의 잠재력이라 할 수 있는 심미적 합리성(aesthetic rationality)과 기술적 합리성(technological rationality)은 모두 교육과정 구성 기초로 활용될 수 있다. 그런데 그동안은 Tyler의 논리에 막혀 교육과정을 기술적 합리성으로 규정하고 교육과정 구성에서 심미적 합리성은 제외되었다. 심미적 합리성이란 직관에 기초하여 세상에 이성적으로 대처하는 인간의 능력을 의미하는 것으로 닫혀 있는 기술적 합리성과는 대조적으로 언제나 '열려 있는' 것이다(Macdonald, 1967, p. 168). 이러한 관점에서 볼 때, 비인간적으로 전락한 학교가 인간의 자아의식 개발을 위해 Tyler 식으로 교육과정을 개념화하는 것은 더더욱 잘못된 것이다. 그의 이러한 도전적인 생각은 학문구조 운동에 반감을 가졌던 교육과정학자들 사이에서 많은 힘이 되었다.

교육과정 이론에서 정치적 입장을 분명하게 표명할 것을 강조했던 Macdonald는 그 시대에 유행했던 마르크스주의에 대해서는 분명한 반대의사를 표시하였다. 정치성과 역사성의 중요성은 인정하지만 오늘날에 와서 마르크스의 논리를 교육과정 이론으로 적용하는 것은 보수적인 정치 이론을 옹호하는 것과 다름없다고 보았다. 이러한 생각을 가졌던 그는 중심화를 축으로 한 초월적 발달 이념을 새로운 교육과정 이론으로 제안하였다(Macdonald, 1978). 그에 따르면, 중심화는 개인의 문화 내에서 일어나는 것이며, 교육목적으로서의 중심화는 특정 사회문화적 맥락과의 역동적인 관계 속에서 개인이 지닌 잠재력을 활용할 의미를 개인 스스로 발견하는 것이다. 현대사회에서 개인은 주어진 정치사회적 상황과 상호 교류할 수 있는 반성적 사고와 더불어 개인 내면에 잠재해 의식적이고 무의식적인 자아 간에 상호 교류하고 통찰할 수 있는 심미적 사고를 할 수 있어야 한다. 아울러 반성적 사고와 심미적 사고를 상호 교류할 수 있어야 한다. 이러한 능력 배양은 Tyler(1949)의 모형으로는 불가능 하지만 초월적 발달 모형을 통해서는 실현될 수 있다는 것이 그의 설명이다. 나아가서 그는 Tyler 논리에 대응되는 개념으로 자유화, 다문화, 참여, 선택, 의사결정과 행위, 다양성, 초월 등의 다양한 개념을 제시하며 새로운 학교교육 모형을 제시하기도 하였다(Macdonald, Wolfson, & Zaret, 1973).

Huebner나 Macdonald와 다소 다른 각도에서 교육과정을 이론화하고 설계한 또 다른 교육과정학자도 있다. 예를 들면, 과학화하려는 움직임에 맞서 예술의 중요성을 설파하고 미학에 기초한 교육비평, 교육감정(감식), 교육개념의 수립이라는 새로운 아이디어를 제안했던 Eisner가 있다. Eisner(1979)에 따르면 비평은 감식가가 지닌 감식안의 기법을 가지고 사적인 평가(appreciation)를 하는 행위다. 감식안은 미적인 감각이 있으면서 해박한 지식을 가지고 있는 통찰력과 같은 것이다. 그래서 비평 기술이 없어도 전문 감정가는 될 수 있지만 감식안이 없으면 비평가는 될 수 없다. 비록 교육과정 분야를 재개념화하는 과정에는 특별한 관계를 갖지 않았어도 과학이 아닌 미학의 관점에서 교육과정을 보았던 그의 접근은 1970년대와 1980년대에 커다란 영향력을 발휘하였고 교육과정의 전통을 바꾸는 데 일조하였다. 평가에 대해서도 그는 시험이나 점수 매기기, 측정보다는 예술적인 '감식'과 '비평'의 개념으로 이해할 것을 주장하였다. 감식은 평가의 기술로서 비평에 필수적이다. 감식은 사적 행위이므로 공적 판단이나 기술을 필요로 하지 않는다. 그리고 비평은 감정의 공적 요소이므로 비평의 기술이 없이는 감정사도 될 수 없다. 무엇이 중요하며 무엇이 난해한 것인지를 인식하지 못한 채 비평하는 행위는 피상적이고 공허한 것이다. 또한 그는 학교 교육과정에는 의도적으로 배제하여 가르치지 않은 교육내용이나 의도적으로 배제하지는 않았으나 가르치지 않은 교육내용을 포함하는 영 교육과정(null curriculum)이 존재한다고 주장하였다.

Eisner에 의하면 현대 교육의 아이러니의 하나는 교수활동을 예술이나 기예로서 생각하면서도 교수활동에 대한 연구와 장학의 과정은 과학적 가설과 방법을 통하여 수행되고 있다는 점이다. 그는 특히 교수활동을 평가함에 있어서 장학(supervision)이라는 단어 사용은 부적절하다고 지적한다. 장학의 영어 어원은 '탁월한(super)' '비전(vision)'을 의미하는 것으로 교사와 장학사 간의 위계적인 관계성을 내포하고 있기 때문이다. 이런 용어나 개념은 어느 면에서 지시적, 수직적, 그리고 위계적인 관계를 중시하는 산업 분야에서나 사용될 수 있을 뿐이다. 기존의 과학적 접근과 다르게 장학에 대한 예술적 접근은 교수활동의 전체적인 질을 평가할 뿐만 아니라 교수활동의 개별적 특성까지도 평가할 것을 요구하며 방법적으로 교사와 장학사간의 상호 신뢰적인 관계형성을 우선시한다(이은화, 양옥승, 1988). 이 모형에서 관심 갖는 것은 교사와 학습자 간에 이루어진 메타메시지와 같은 표현적 특성이다. 예술적 장학은 외현적 행동만으로는 알 수 없었던 상황적 의도성까지 파악할 수 있는 장점이 있다.

## 5. 비판이론

1970년대 시작된 교육과정에 대한 재개념화 운동은 Counts나 Rugg의 초기 시도와 대조적으로 프랑크푸르트학파와 결합된 신마르크스주의적인 성격을 지닌 비판이론(critical theory)에 기초하고 있다는 특징이 있다(Stanley, 1992). 사회학의 비판적 합리주의와 해석학의 방법 논쟁을 통하여 마르크스주의에 결핍된 유연한 방법론적 기초를 제공했던 프랑크푸르트학파의 Habermas의 지식관과 인간관에 기초하여 Pinar(1975)는 교육과정 분야를 전통주의자, 개념경험주의자, 재개념주의자로 분류하고, 비판적 관점에서 재개념주의의 우월성을 설명하기도 한다. 그러나 교육과정 분야에서 비판이론이라고 할 때에는 신교육과정 사회학, 급진적 교육과정 이론, 정치 중심의 교육과정 이론 등으로 다양하게 표현된다.

일반적으로 비판적 관점을 가진 교육과정학자들은 기존의 교육과 교육학이 현존하고 있는 사회의 정치적, 경제적 지배체제를 지속적으로 유지하는 기능을 하고 있으며, 교육과정이 불공평하고 정의롭지 못한 사회구조를 재생산하고 있다고 생각한다. 그리하여 교육현장에서 발생되고 있는 억압관계, 부당성, 지배와 피지배적 관계, 인간의 물상화, 그리고 그 결과로 나타나는 자기 소외의 문제를 드러내고, 이 문제들을 발생시킨 원인을 역사 · 사회적인 맥락에서 파악하여 지배이념을 극복하고 교육상황의 개선을 추구하는 데 관심을 갖는다. 실제로 1970년대 초 브라질의 Freire(1968)가 수행했던 비판적인 급진적 교육 연구는 정치적 자유를 갈망하며 교육을 통한 의식화를 추구하는 많은 사람들에게 영향을 주었다. 한국에서도 Freire의 의식화 교육론은 1970년대 근로 청소년을 위한 교육방법으로 적용되어 정치적인 파장을 불러일으킬 만큼 그 파급력이 매우 컸다.

독일에서 시작된 비판이론은 Bowles와 Gintis의 경제적 재생산 이론, Bernstein의 문화재생산 이론, Apple의 교육과정 사회학, Giroux의 저항 이론들과 이론적 특성을 공유한다. 비판적인 관점에서 교육과정을 이해하려는 첫 시도는 '재생산' 이나 '대응' 개념과 관련된 것이었다. 고전적인 마르크스주의에서는 하부구조는 상부구조를 결정한다고 본다. 이 입장에서 볼 때, 학교는 학교구조와 생산 구조를 대응시키는 원리에 의해 설명될 수 있다. 즉, 학교는 학생들을 현존하는 경제 체제에 들어갈 수 있도록 하고 기업의 계급 구조를 재생산하는 데 기여한다(Pinar et al., 1995).

비판이론에서의 또 다른 핵심 개념은 이데올로기다. 교육과정 자체가 이데올로기적 신화로 개념화되면서, 이데올로기의 재생산을 막기 위해 교육과정은 비판적이 되어야 한다고 보았다. 비판적인 입장만이 이데올로기의 재생산적 힘을 막을 수 있을 것이라고 보았던 것이다.

또한 1970년대에 정치적으로 교육과정을 이해하려는 학자들은 Jackson(1968, 1970)에 의해 알려진 '잠재적 교육과정(hidden curriculum)' 에 주목하였다. 잠재적 교육과정이란 의도되지 않았던 것이지만 학교 교육을 통해 나타난 학습의 실제적인 결과와 특징을 의미한다. 따라서 잠재적 교육과정은 목표를 포함하고 있는 명시적인 표면적 교육과정이나 계획된 교육과정과 구별된다. 잠재적 교육과정을 헤게모니와 관련지어 설명했던 교육과정학자들도 있었는데 그 대표적인 학자로는 Apple이 있다. Apple(1975a)은 학교가 잠재적 교육과정을 통해 헤게모니를 장악하고 현 상태(satus quo)를 재생산하는 데 기여하고 있다고 비판하였다. 헤게모니란, Gramsci에 따르면, 계급 관계를 재생산하는 데 권력과 이데올로기를 사용하는 것을 의미한다(Aronowitz & Giroux, 1985).

재생산 이론은 영국에서 중등교육을 받고 있는 노동계층의 학생들을 대상으로 실시한 연구를 통해 Willis(1981)가 학생들이 공식화된 명시적 교육과정뿐 아니라 잠재적 교육과정에 대해서도 '저항' 하고 있다는 사실을 밝힘으로써 수정이 불가피하게 되었다. 그에 따라 미국에서도 1980년대에 접어들면서 저항이론에 대한 논의가 활발해지기 시작하였다. 1980년대 중반에 들어서는 교육과정의 관심이 일상적인 교육 실제, 특히 인종, 계급, 성과 관련된 정치적 문제로 옮겨갔다. 이러한 교육과정에 대한 급진적인 접근은 Apple과 Giroux에 의해 주도되었다(Pinar et al., 1995). 그러나 교육과정을 정치적 맥락에서 논했던 급진론자들 중에는 자신이 중류층에 속하고 있음에도 자신을 노동계급과 동일시하는 위선적인 행동으로 말미암아 도덕적인 취약성을 드러내는 사람들도 많았다. 이러한 현상은 비판적 교육과정 이론에서 당연시해 온 '이데올로기' 나 '잠재적 교육과정' '저항' 과 같은 개념에 대해 의문시하는 결과를 초래하였다.

비판이론에 기초한 교육과정 연구를 가장 격렬하게 비판했던 인물로는 Bowers가 있다. Bowers에 따르면 마르크스사상에 기초하여 교육과정을 연구하는 사람들은 사회주의와 자본주의를 이항 대립적으로 받아들여 옳고 그름, 참과 거짓, 구원과 지옥 등으로 범주화하는 우를 범하고 있다. 그의 입장에서 보면 비판이론에서 반성적 사고의 개념을 강조하고 이에 특권적인 역할을 부여한 것도 개인의 반성적 판단만이 아니라 모든 형태의 권위를 상대화하는 또 다른 문제가 있다. 나아가서 그는 지구의 생태학적 파괴에 대한 위험을 경고하면서 마르크스주의에 대한 Freire의 해석은 '민주주의적 인문주의' 에 가깝다는 결론을 내리고, 불평등과 억압받고 있는 개인의 권리 신장 문제가 생태적 위기와 그에 따른 자연으로부터의 소외 문제보다 결코 심각한 것은 아니라고 주장한다(Pinar et al., 1995 재인용).

유아교육과정 분야에서 사회적 텍스트에 내재한 전제와 가치를 해석함으로써 사회의 역동성을 분석하는 사회과학의 비판이론은 1980년대와 1990년대 유아교육과정 재개념화를 위한 핵심이론이 되었다(양옥승, 1987; Bloch, 1991; Kessler, 1991; Kessler & Swandener, 1992; Keller, 1998; King, 1992). 사회 비판이론에 기초하고 있는 유아교육과정 연구자들은 집단생활의 소산이 되는 제도가 학교 교육에 심각한 영향을 준다고 보았다. 이러한 관점에서 학교교육으로서 유치원 교육이 어떻게 민주주의를 강화하여 평등하고 정의로운 사회를 구현할 수 있는지에 주목하여 학교 밖의 정치, 경제, 사회, 문화적 제 구조와의 관련 속에서 유아교육과정의 역할을 밝히고자 하였다. 어떤 연구는 유아교육과정이 불공평하고 정의롭지 못한 사회 구조를 재생산하는 교량 역할을 하고 있다는 결과를 제시하기도 한다. 어떻든 비판론적 시각에서 보면 변화하는 사회의 일부로서 유아교육기관은 부당한 사회적 조건으로부터 아동, 부모, 교사를 자유롭게 해 주어야 한다. 이러한 입장에서 볼 때 유아교육이나 교육과정에서의 부모, 교사, 지역사회의 비판적인 역할과 적극적인 참여는 중요하다.

## 6. 현상학

1970년대 교육과정 분야의 재개념화는 주로 현상학자들에 의해 주도되었다. 현상학은 모든 앎이란 항상 구체적인 대상에 대한 구체적인 경험에 의해서만 이루어질 수 있다는 엄밀한 가정에서 출발한다. 그리하여 현상학자들은 어떻게 현상이 개인의 살아 있는 경험 안에서 드러나는가에 관심을 갖는다. 일반적으로 현상학에서 말하는 '현상'이란 객관적인 대상을 가리키는 것이 아니라 '의식'의 대상이 의식과의 관계에 의해 이루어지는 경험을 뜻한다. 현상학적으로 사고한다는 것은 대상에 대해 직접적인 의식 활동을 하는 것이 아니라 그 대상이 의식에 나타나는 과정에 초점을 맞추는 것이다. 이처럼 현상학자들에게 있어서 의식은 매우 중요한 영역이다. 현상학적으로 볼 때 의식이란 대상, 사건, 타인의 인식, 판단, 믿음, 기억, 상상 등 인간의 과정을 통해 갖게 되는 직접적인 경험의 세계라 할 수 있는 '생활 세계'를 의미하기도 한다(Greene, 1973). 이러한 관점에서 보면, 유치원에서의 경험과 같이 경험의 세계가 중요한 의미를 갖는 것이지 유치원이라는 물리적인 세계가 중요한 의미를 갖는 것은 아니다.

현상학은 인간의 보편적인 이성을 통해 지식과 삶의 의미를 탐구하는 20세기 현대 서양철학 사조 중의 하나로서 Husserl에 의해 창시되었다. 그에 따르면 인간은 주변의 객관적 실체나 대상에 대해 개인이 의식 작용을 함으로써 어떤 의미를 부여하거나 의미를 형성하게 된다. 사람의 의식 작용과 대상, 주체와 객체, 유기체와 환경은 상호 독립적으로 존재하는 것이 아니라 하나는 다른 하나를 예측하는 상관관계를 가진다. 그는 인간의 의식을 대상에 지향하는 행위의 산물로 받아들였던 것이다. 지향성이란 의식이 표상 또는 이와 유사한 방식으로 대상과 관계하고 있음을 뜻한다. 그리고 의식에 대상이 존재하는 것을 현상(phenomenon)이라고 한다. 그러므로 현상의 기본 구조는 지향성의 구조라 할 수 있다(양옥승, 2000a).

Husserl 학파에 따르면 일반적으로 개인은 자신의 세계에 몰입되어 있기 때문에 자신의 생활 세계를 인식하지 못한다. 이러한 상황에서 인간은 실재와 일상적인 실제 삶의 이치를 당연한 것으로 받아들이며 이에 대해 자연스러운 태도를 취한다. 현상학적으로 볼 때, 이러한 태도의 경계에는 일상적으로 받아들이던 것들을 '괄호치기(판단중지, bracketing)' 하는 자기반성, 의식 등의 영역이 있다. 현상학적 연구는 주관적, 개인적 편견, 기존 관념, 이론 체계, '자연적 태도' 등을 괄호치고 현상에 대한 범주적 판단을 유보하는 것으로, 해석 과정에 대한 자기반성(self-reflection)이나 해석학적 자기이해(self-understanding)와 같다고 할 수 있다. 따라서 현상학적 연구의 관심은 사건의 빈도나 그 사건의 다른 사건에의 전이에 있기보다는 경험과 그 사건의 의미를 찾는 데 있다(Pinar et al., 1995).

현상학에서는 대상을 직접 탐구 주제로 삼지 않고 그 대상을 형성하는 주관과 의식을 주제로 하며, 의식의 구조와 작용에 관심을 가진다. 예를 들어, '삼각형의 세 정점에서 그은 세 수직선은 한 점에서 만난다' 는 표현은 누가 언제 어디에서 묘사하건 객관성을 띠며 동일한 관념적 의미를 가진다. 이에 비해 '둥근 사각형' 이라는 표현은 가리키고 있는 대상의 본질을 그대로 묘사한 것은 아니라고 할지라도 사물을 보는 사람의 주관에 따라서는 그 자신이 모순적이라는 것을 지적할 수 있을 정도의 의미를 지닌다.

현상학자들은 가르치는 것을 존재를 향한 지향이라고 주장한다. 기본적으로 가르침은 '자기반성에 대한 참여' 다. 현상학적으로 볼 때, 교사와 교과 간의 관계는 객관화된 지식과의 관계가 아니라 현상학적 앎을 위해 교과 속에 내재되어 있는 가능성과의 관계를 탐구하는 것이다(Silvers, 1984). 또한 교사는 계획으로서의 교육과정과 살아 있는 경험으로서의 교육과정을 동시에 고려하면서 둘 사이에서 긴장하고 살아야 한다. 현상학적으로 볼 때, 교실은 공유된 공간이다. 교실은 그 안에 있는 모든 개인에게 각기 다른 의미를 부여한다. 교실 내에서 교사와 학생은 고립된 존재로서가 아니라 서로를 강화하기 때문에 교실 공간은 사고와 행동이 혼합하고 혼재하는 곳이 된다(Olson, 1989).

현상학적 관점에서 어린이 놀이터를 연구했던 Smith에 따르면, 어린이들의 놀이터는 어린이다운 행동을 볼 수 있는 장소이자 아동들에게 어떤 일이 일어나고 있는지를 이해할 수 있는 장소이며 아동들에게 무엇이 중요한지를 볼 수 있는 좋은 장소다(Pinar et al., 1995). 더 나아가 아동들은 공공 놀이터와 같은 공적인 세계로부터 벗어난 자기들만의 비밀 장소를 만듦으로써 그 속에서 또 다른 자유와 개방을 즐기고자 한다. 비밀 장소에서 아동들은 고립감과 안정감을 찾기도 한다. 비밀 장소는 사실적인 의미에서도 사용될 수 있지만 비유적인 의미에서도 사용될 수 있다. 비유적으로 말하면 비밀 장소란 제도적 교육과정의 범주를 벗어나서 비밀을 만들거나 숨기는 어떤 장소를 만들어 내는 어린이의 창의적 활동의 의미가 있다.

현상학적 입장을 취하고 있는 교육과정 연구는 다양하다. 이를테면, Husserl의 순수현상학에 기초한 연구가 있는가 하면, Heidegger나 Sartre의 실존적 현상학 또는 Husserl 후기의 구성적 현상학에 관심을 두고 그것과의 관련성 속에서 계속 변형시켜 나가는 연구 등 여러 갈래로 나뉜다. 그러나 현상학의 기본 이념을 따르는 교육과정 연구자들은 Husserl이 제시한 순수현상학과 대화를 모색하면서 교육과정이란 교육현상이나 교육적 사건, 사태 등에 민감함을 잃지 말아야 한다는 것을 주장한다는 점에서는 공통점이 있다. 어찌 보면, 삶의 문제에 대한 민감성과 책임을 교육과정 탐구의 주제로 삼고 사회화 과정에서나 학교에서의 지식구성 과정에는 이를 받아들이는 사람의 해석의 자유가 내재하고 있음을 인정한다는 점에서는 서로가 닮은꼴이다.

실존주의자들은 의식의 주체적 자유를 주장하지만, 현상학자들은 '나는 지각한다' 는 것을 구체화된 것으로 보고 주체와 객체의 통일성 형성에 관심을 둔다. 그래서 실존주의자에게 있어서 텍스트란 나의 주체적 자유에 의해 내가 부여하는 의미 그 자체를 일컫는 것이지만 적어도 Merleau-Ponty의 전통을 따르는 현상학자들에게 있어서 텍스트란 구현되는 '여기 지금' 의 구체적인 현실에 대한 산물로서 의미가 있다. 교육과정을 현상학적으로 탐구한다는 것은 지금 여기에서 생활하는 사람을 연구하는 것이기 때문에 탐구에 의해 일반화된 지식은 과학적 사실에 기초한 법칙으로 인식되기 보다는 상황적으로 이해하는 형식을 따르게 된다. 실제는 더 이상 '거기' 에 있지 않으며, 관찰 대상자로부터 분리되어 있지 않다. 실제는 형성되고 간주관적으로 타협된 간주관적인 구성물이다. 그래서 교실 생활의 실제는 그러한 상황 안에 거주하는 사람들의 구성물로 인식된다는 것이다(Aoki, 1988).

현상학적으로 연구하는 것은 매일의 문제가 다른 문제가 되고 교실이 다른 실제가 되는 방법으로 언어와 함께 사는 것이다. 그러나 현상학자들에게 있어서 최우선적인 것은 경험이기에 언어와 사고는 그 다음에 위치한다. 그러다보니 현상학은 경험을 보다 진실 되고 깊이 있게 이해하려는 과정에서 매우 복잡해졌고 일부 교육과정 이론가들은 현상학적 탐구의 해석학적이고 설명적 측면을 강조하게 되었다. 현상학에 기초한 교육과정 이론가들 중에는 현상학의 철학적 전통을 강조하여 연구하는 사람도 있고, 현상학과 포스트구조주의의 중간 입장에서 연구하는 사람도 있다.

## 7. 해석학

교육과정에서 해석학은 현상학적 맥락에서 교육과정을 이해하는 노력의 정치적, 사회적, 제도적 관심과 연결된다. 이러한 관점을 가졌던 Willis(1979)에 의하면 현상학과 해석학은 서로 분리될 수 없다. 현상학적 탐구는 심미적이고 전 해석학적인 것으로 인간의 지각(perception)과 경험, 특히 인간 경험의 심미적인 질에 초점을 맞춘 설명적 탐구이기 때문이다.

원래 해석학(hermeneutics)은 Schleiermacher, Dilthey, Heidegger, Gadamer 등에 의해 발전되어 왔으며, 인간의 '해석 행위'에 대한 심층적인 탐구가 중요 과제이었다. Schleiermacher는 해석학을 텍스트에 대한 '해석의 기술'로 정의함으로써 해석학을 하나의 독립된 학문으로 정착시켰다. 텍스트는 객관적인 문법적 해석보다는 저자의 독특성을 이해하기 위한 심리적 해석이 이루어져야 한다는 관점에서 텍스트에 포함된 의미에 관심을 가졌던 것이다. 그런가 하면 Dilthey는 텍스트의 개념을 언어로 표현된 것으로부터 삶의 모든 표현으로 확장시켰다. 그는 특히 해석학을 인간 이해의 한 학문 분야로 발전시킴으로써 인간의 내면적 의식 활동에 관심을 가지게 만들었다. 그에 따르면 인간의 인식 과정에는 개인의 주관성이 작용을 하며 개인의 의식은 개인의 환경에 영향을 받는다고 보았다.

한편, 해석과 이해와의 관계를 존재론적 시각에서 논하고 있는 Heidegger에 의하면 인간은 해석을 통해서 이해가 생기는 것이 아니라 이해에 기초하여 해석을 한다. 즉, 모든 해석은 이해 속에 그 근거가 있다. 인간의 해석 행위는 이해한 것에 대한 단순한 인식이 아니라 이해한 것을 인간의 의식에 이미 존재하고 있는 이해된 것들과의 관계 속에서 재구성하는 과정이다. 다시 말하면 모든 해석은 인간에게 내재되어 이미 특징지어진 선 구조(또는 선 이해)에 의해 영향을 받는다고 보았다.

현대 해석학은 Gadamer에 의해 더욱 발전하여 정점을 이루게 되었는데, 그는 인간의 이해 과정의 특성을 선입견, 전통, 개인의 역사성, 언어성(특히 대화) 등의 관계로 설명하고 있다. 특히 그는 Heidegger의 이해의 선 구조와 연결하여 선입견, 전통, 개인의 역사를 이해의 전제 조건으로 설명하고 있다. 즉, 선입견은 인간의 해석 행위에서 오류의 원인이 아니라 모든 이해의 출발점이며, 인간의 지각의 방향을 결정해 줌으로서 새로운 이해의 기초가 된다는 것이다(양옥승, 2000a).

해석학에서 볼 때 인식 주체의 주관성, 해석하고 있는 상황적 특성, 개인의 삶의 역사성 등이 인간마다 특수하고도 절대적인 체험적 의미를 가지므로 텍스트 의미는 절대적인 것이나 저자에 의해 고정된 것이 아니라, 해석자의 해석적 상황에 따라 언제든지 달라질 수 있다. 이러한 해석학적 입장에서의 이해의 과정은 텍스트가 갖는 객관적인 의미 추구를 강조하는 계몽주의나 해석자의 지평과 유리된 채 전통의 지평에 비추어 텍스트를 이해할 것을 강조하는 낭만주의적 입장과는 다른 것이다. 해석학의 관점에서 보면 인간의 이해 과정은 해석학적 순환(hermeneutic circle)이라는 의식의 흐름을 거쳐 지평 융합(fusion of horizons)에 이르는 과정이다.

지평 융합의 개념은 해석자가 텍스트의 지평을 자신의 이해의 지평 속에 환원시키거나 역으로 텍스트가 담고 있을 법한 절대적 의미의 지평에다 자신의 지평을 맞추는 것이 아니다. 이는 끊임없는 내적 문제 제기를 통해 텍스트가 드러내고자 하는 바를 이해하고, 때로는 말하여지지 않은 부분까지도, 그리고 그 내용의 한계나 전제 등도 인식하면서 확대되고 심화된 이해를 하게 되는 상태를 말한다. 해석학적 이해는 개방성을 갖는다는 특색이 있다. 이해의 지평이 결코 닫혀 있거나 폐쇄되어 있지 않았을 때 다른 요소들과 융합하여 계속적으로 확장해나갈 수 있다. 이해는 항상 이해 당사자 어느 한편에 의해 이루어지는 과정이 아니라, 나와 너, 과거와 현재, 낯익은 것과 새로운 것, 텍스트와 해석자간의 두 지평 사이에서 융합이 이루어질 때 진정한 이해가 성립된다는 것이다(손승남, 1998).

현대 해석학의 핵심은 언어에 있다. 특히 Gadamer의 해석학에서 언어란 인간이 소유하는 의사소통 수단으로서의 상징체계이기보다는 하나의 존재 양식을 의미하며 해석학적 이해 그 자체를 구현하는 보편적 매개체다. 인간경험은 모두 언어에 의해서 매개되며 이해의 전제조건인 선입견, 개인의 역사, 전통은 언어를 통해서 전달되므로 언어는 이해 행위에 필요 불가결한 매개체로서 해석학적 이해 과정에서 중요한 요소가 된다. 특히 언어의 대화적 기능이 강조되는데, 그 이유는 언어는 타인과의 대화 속에서 본래적 기능을 최대한 수행할 수 있다는 데 있다. Gadamer는 대화가 이해를 추구하는 삶의 방식이고 진리에 접근하는 통로를 제공하는 방식이라고 주장한다. 소크라테스, 플라톤의 변증법적 대화 정신을 참된 사고의 방법과 사유의 논리에 대한 교육적 활동으로 보았던 것이다. 그는 또한 아리스토텔레스가 도덕적, 윤리적 지식이라고 규정한 실천지에 주목하고 대화적 이해(앎)의 과정에 작용하는 판단과 추론은 그 자체가 실천적 작용의 실천이라고 주장한다(최명선, 1999).

해석학적 입장에서 보면 교육은 대화를 통한 지평의 확장이라고 정의할 수 있고, 교육 현장에서의 대화와 해석은 사회역사적 맥락에서 이루어져야 한다. 또한 삶의 표현을 이해의 대상으로 보기 때문에 교육적 상황에서의 학생의 표정, 몸짓, 일상적 언어, 행동에 대한 이해가 무엇보다 중요하다. 해석학적으로 보면 교과서는 하나의 절대적 진리가 담겨 있는 정전이 아니라 인간 경험의 총체가 녹아 있는 전통의 미세한 부분으로서 전통에 접근하는 하나의 방식에 지나지 않는다(손승남, 1998).

교육과정은 삶에 대한 풍부한 경험이 되고, 교수 · 학습 방법으로 토론이 활성화될 수 있다는 것이 해석학에서 본 유아교육과정의 의미다(양옥승, 2002a). 교사에게는 유아의 개별적인 이해를 위해 세심하게 관찰하고 유아의 말을 듣고 의사소통하는 기술 뿐 아니라 유아교육기관에서 공유하고 있는 의미 체계를 탐구하는 기술이 요구된다. 그런데 해석학적 관점에서 유아교육 기관의 자유선택 활동 시간을 분석해 보면, 자유놀이가 유아에게 큰 의미가 있는 중요한 시간임에도 불구하고 교사가 자기의 입장에서 해석하고 유아의 놀이과정에 지나치게 개입함으로써 유아가 의미 있는 경험을 할 수 없는 그런 시간이 되고 있는 것으로 나타난다(유혜령, 1998).

제10장

# 교육과정의 다양화: 1990년대 이후

학문은 과거와 현재의 대화(dialogue)를 통해 발전한다. 역사적으로 한 시대를 풍미한 교육과정 이론이라는 것도 투쟁에 의한 승리의 결과이기보다는 '불명확하고, 잘 정돈되지 않은 타협의 산물'(Kliebard, 1986, p. 29)에 불과하다. 어떤 이론이 교육과정 이론으로 확고하게 자리 잡기 위해서는 그 이전까지 주도했던 이론들과 적극적인 대화가 필요하다. 그러나 재개념주의는 고전주의자나 전통주의자와의 충분한 대화를 이끌어 내지 못했다. 이런 점에서 1970년대 등장한 재개념주의는 이론이 아니고 사회를 급진적으로 비판하는 사람들을 대변하는 하나의 신조일 뿐이라는 Tanner와 Tanner(1980)의 주장이 맞을지 모른다.

교육과정 분야의 재개념화를 주장하던 교육학자들은 1980년대 Reagan 행정부가 신자유주의 경제를 표방하고 교육의 수월성을 강조하며 교육개혁을 시작하자 학교와 별도로 독자적인 노선을 걷게 된다. 더욱이 미국 역사상 두 번째 큰 규모의 이민 정책이 채택되고 사회가 다변화되면서 교육과정 분야는 사회과학이나 인문학의 학문적 힘을 빌려 새롭게 방향을 모색하게 된다. 마르크스주의에 기초했던 비판교육학자들조차 융통성을 보이며 성, 인종, 포스트모더니즘 등과 통합하는 등 1980년대 후반에 접어들면서 교육과정은 혼잡과 혼재의 하이브리드(hybrid) 교육과정으로의 변형을 꾀한다.

이러한 상황에서 1990년대에 접어들면서 일부 교육과정학자들은 포스트구조주의, 해체론, 포스트모더니즘, 자서전 이론으로부터 그 해답을 찾고자 하였다. 다른 한편에서는 세계화가 가속화되고 과학기술의 발달로 지식정보화가 급속하게 진행되면서 다문화주의가 교육과정의 담론으로 자리 잡기 시작하였다. 아울러 인류의 환경 파괴가 심각한 사회 문제로 이슈화되면서 자연친화가 강조되고 생태주의가 교육 분야에서 중요한 화두로 받아드려지고 있다. 따라서 이 장에서는 포스트구조주의가 활발히 전개되었던 1990년대부터 최근까지 교육과정 분야에서 주로 적용되고 있거나 앞으로 적용될 수 있는 이론들, 즉 포스트구조주의, 해체론, 포스트모더니즘, 자서전 이론, 다문화주의, 생태주의에 관해 논하고자 한다.

## 1. 포스트구조주의

프랑스에서 등장한 포스트구조주의(poststructuralism)는 초월적이고 보편적인 진리나 거대서사를 거부하고, 담론적 카테고리라 할 수 있는 언어나 권력, 욕망, 표상(representation) 등에 관심을 보인다는 특징이 있다. 이는 원래 사회와 인간의 영혼, 의식, 역사, 문화에서 불변의 구조를 찾고자 했던 서구의 형이상학적 이론들에 대한 반작용으로 출현했으며, 그 중심에는 Foucault, Lacan, Deleuze, Derrida 등이 있다. 포스트구조주의자들은 인간의 영혼, 자연, 사회, 현실에 내재하는 불변의 구조를 발견하고 의미를 창출하는 '체제'를 규명하고 설명하는 데 관심을 보였던 Kant, Marx, Freud와 같은 구조주의자들과 다르게 '주어진 체제'의 불변성을 반박하고 폭로하는 데 관심을 보인다(Pinar et al., 1995). 이러한 입장을 취하는 교육과정학자들은 교육을 개인이 누구인가에 관계없이 개인의 경험을 형성하는 기초나 불변적 구조의 관점에서 교육 현실을 비판하는 재생산 이론과 같은 구조주의를 부정한다.

포스트구조주의자들에게 담론(discourse)은 텍스트 이외에도 언어의 의미작용 일반이 된다. 한편, 담론은 사용 중인 언어를 일컫기도 하는데, 이는 포스트구조주의 이론가인 Foucault의 영향이다. Foucault에 의하면 담론은 특정 대상이나 개념에 대한 지식을 생성시킴으로써 현실에 관한 설명을 산출하는 언표들의 응집력있고 자기 지시적인 집합체이다. 담론은 글, 학문, 경전, 서적이나, 학교, 정당, 언론, 교회와 같은 다양한 사회적 기구와 제도, 신념, 관행 등 인간의 의식과 행위에 영향을 주는 일종의 사회분화적 환경을 가리킨다고 할 수 있다. 이런 맥락에서 철학적 담론, 심리학적 담론, 의학적 담론과 같은 말이 생겨나게 된다. 언표와 규칙의 집합체인 담론은 역사적이고 사회적인 맥락 속에서 어떤 과정을 거쳐 구성된 것으로 지식과 힘을 포함하고 있기 때문에 어떤 담론이 정초적이고 불변적인 고정된 의미나 본질에 충실하다는 것은 애초에 있을 수 없다.

담론은 역사적으로 존재하며 물리적 조건에 따라 변화한다. Foucalut에게 있어서 담론은 그것의 기원과 형성 지점이 주체적 의식도 집단적 의식도 아니라는 점에서 익명적이다. 담론은 사고하고 인식하는 주체의 표현이라거나 개인들 간의 교환에 의해 규정되는 것이라기보다는 '~라고 말해진다' 는 언급되는 수준에서 익명성의 층위에 존재하며 제한된 입장을 취한다. 그 이유는 담론이란 미학적 담론, 법률적 담론, 교육과정 담론과 같이 학문이나 학술서의 통일성에 영향을 주기 때문이다. 담론은 또한 자주적 의식을 지닌 주체를 다양한 입장으로 분산시키기도 한다.

담론이라는 언어만을 놓고 보면 포스트구조주의와 구조주의는 크게 다르지 않는 것처럼 보인다. 그러나 관계, 구조, 체제 등과 담론 간의 차이에 대해서는 서로 다른 견해를 가지고 있다. 포스트구조주의자들은 담론을 역사적으로나 사회적으로 불확정적이라고 생각함으로써 담론에 대한 분석은 기표의 수준에 머물러야 하는 것으로 생각하는 반면, 구조주의자들은 기초적인 것이며 불변하는 것으로 생각한다. 포스트구조주의의 입장에서 볼 때, 하나의 담론을 분석한다는 것은 그것이 의미하는 바를 말하는 것이 아니라, 그것이 어떻게 작용하는지, 어떤 조건이 그것을 가능하게 하는지, 그리고 그것이 비담론적 실제와 어떻게 교차하는지를 탐구하는 것이다(Pinar et al., 1995).

의미에 대한 포스트구조주의자들의 인식은 구조주의자나 현상학자, 실존주의자들과도 다르다. 구조주의자의 입장에서 볼 때, 의미는 그러한 불변 구조, 체제, 사물(대상)을 구성하는 관계나 구조화된 관계 속에 내재하지만, 현상학자의 입장에서 의미는 주체(몸)가 갖는 '나는 지각한다(I perceive)' 는 것의 결과이다. 실존주의자에게 있어서 의미는 주체의 의식에 의해 자유로이 선택된다. 그런가하면 포스트구조주의자들에게 있어서 의미는 담론적이다. 의미는 일상적 경험에 근접한 것만 표상할 수 있고, 언어는 경험과 말이나 로고스 사이의 공간을 차지한다고 여긴다. 말하기나 쓰기로서의 담론은 '사회적' 이라 부르는 공간을 차지한다. 그래서 '말' (the word)은 Foucault(1979, 1980)가 광기, 성행위, 지식과 관련된 담론 체계에 대한 연구에서 보여 주었듯이 인간적이고 정치적이다.

포스트구조주의자들은 구조주의, 현상학, 실존주의뿐만 아니라 기호학적 입장에 대해서도 비판적이다(Pinar et al., 1995). 기호학적으로 볼 때, 언어는 기표(signifier)와 기의(signified)로 구성된 기호체계다. 기표는 소리나 구어이고, 글로 표현된 표상이다. 기의는 기표가 상징하는 개념일 뿐 외적 대상이나 지시물(referent)이 아니다. 기표와 기의의 관계는 문화적으로 결정되지만 인위적으로 결정되기도 한다. 기호학 이론가인 Saussure에 따르면 비교적 적은 양의 언어학적 요소가 방대한 양의 의미를 가질 수 있게 되는 것이 '차이(difference)' 라 할 수 있으며, 언어는 남녀, 상하, 명암 등의 이분법이나 이항대립의 관계로 설명될 수 있다.

포스트구조적 분석에서 가장 크게 주목하고 있는 개념은 권력(힘)이다. 포스트구조주의자들에 의하면 지식은 권력에 지나지 않는다. '아는 것이 힘이다' 라는 Bacon의 명제대로 지식은 권력과 동일시된다. 그러나 이 등식은 지식이 실재(reality)의 존립 방식에 대해 왜곡된 시각을 요구한다는 것을 함축하고 있다. 포스트구조주의 관점에서 볼 때, 지식을 포함하고 있는 담론은 실재를 표상(represent)하지 않는다. 오히려 담론이 실재를 구성(construct)할 뿐이다. 그래서 포스트구조주의자들은 누가 지식/권력을 갖고 있는지보다는 어떻게 그리고 어떤 조건하에서 특정 담론이 실재를 형성하는지에 관심을 보인다. 통일성, 전체성, 기원, 거대서사, 제일의 원칙이란 것도 권력을 정당화하고 위장하기 위한 담론적 전략에 불과한 것이 된다.

포스트구조적 관점에서 볼 때 교육과정에 대한 Tyler의 논리와 Schwab의 실제성 이론, 그리고 Bloom의 목표 분류학은 구조주의적이다(Cherryholmes, 1988). Tyler의 논리가 구조주의에 기초하고 있다고 하는 사실은 목표, 학습경험의 선정과 조직, 평가의 단계를 거쳐 개발된 교육과정을 중립적인 것으로 본다든가, 목적의 유무, 적절한 교육목표 대 부적절한 교육목표, 조직의 유무, 평가의 유무, 책무성의 유무, 계속성의 유무, 계열성의 유무, 통합성의 유무와 같이 교육과정의 모든 조건을 이분법적으로 논하고 있다는 데 기인한다. 이러한 관점에서 보면 발달적 적합성에 따라 '적합한 실제(appropriate practice) 대 부적합한 실제(inappropriate practice)'로 유아교육과정이나 유아교육 프로그램을 이분화하여 설명하고 있는 NAEYC의 DAP(발달에 적절한 유아 프로그램 실제) 모형 또한 구조주의적이다.

## 2. 해체론

해체(deconstruction)는 텍스트에 의문을 제기하고 반대의 비판적 관점에서 텍스트를 분석함으로써 텍스트가 작성된 관점을 들추어 내는 것으로 현 상태 유지(the status quo)를 도와주는 지배적인 참조체계(frame of reference)를 분석하는 일이다. 그래서 사회문화적 텍스트들을 읽고 해석하는 한 방법론으로서 해체론은 현상 속에 숨겨진 의미와 침묵당한 목소리들, 내부적 모순들과 권력의 생산 현장을 드러내준다. 이러한 해체에 대한 생각을 이해하기 위해서는 여러 면에서 포스트구조주의적 사고를 필요로 한다. 현실과 언어를 동일시하고, 기원(origin), 전체성(totality), 보편성(universal), 거대서사(metanarrative) 등을 배격하고, 권력이 기능하는 방식에 대한 주장에서 해체론은 포스트구조주의와 유사하다. 그래서 해체는 흔히 포스트구조주의의 다양한 분석 방법의 한 가지로서 포스트구조주의에 이미 내포되어 있는 개념으로 인식된다. 해체론이 포스트구조주의와 다른 점이 있다면 그것은 바로 급진적이고 경우에 따라서는 해체의 과정에서 현상학적 시각을 필요로 한다는 점이다.

원래 해체론은 Heidegger가 사용했던 '해체'의 개념을 Derrida가 정교화한 것으로 철학적 담론에 관한 이론 또는 일종의 해설이라고 할 수 있다. 문화화된 글을 읽는 방법으로 해체를 제안했던 Derrida는 주로 문학적 측면에서 언어란 권력을 반영하고 또한 생산하는 기제로서 특정한 이데올로기와 사회적으로 구성된 규준들을 보여 주는 거울이라고 보았다. 그는 텍스트 내에서 특정 어휘나 개념들(기표)은 진리로 증명되어 특정한 문화적 표상 개념(기의)에 연결됨으로써, 결국 그러한 형태의 존재 방식에 특권을 주게 되는 결과를 낳는다. 해체는 단지 특정 기표와 특정 기의 간의 전통적인 결합이 얼마나 믿을 만한 것인지에 대해서만 비판하는 것이 아니라, 그러한 결합 관계에 담겨 있는 사고의 형태를 비판의 대상으로 한다. 해체는 권력이 '기호'에 의해 생산되는 장소(sites)를 드러내 줌으로써, 세계를 '읽는' 대안적 방법들의 존재를 인정하게 해 준다(Pinar et al., 1995).

해체 작업은 지배적인 담론의 형태와 주제들을 드러내고 그 속에 담긴 모순점과 편견들을 노출시키는 작업이기도 하다. 해체론적인 관점에서 보면 담론은 특정 역사와 정치적인 유산을 가진 특정 사고체계이고, 아이디어의 언어적 교환이고, 한 주제에 대한 표현이고 추론(rationality)이다. 따라서 해체론자들은 반성과 해체의 과정은 정확하게 편견 없이 텍스트를 기술하고 표현하고 해석하는 데 도움을 준다고 주장한다. 특히 Derrida의 입장에서 보면 텍스트 외에는 아무 것도 없다. 의미는 종종 분산되고 지연되며, 수사학적 주장이라는 것도 논리적인 이탈을 일삼기 때문이다(Pinar et al., 1995). 그에게 있어서 구조는 분석적으로 불안정하다. 그러므로 교과서의 구조, 일치성, 논리적 계열성,

의미라는 것도 픽션일 뿐이다. 그러나 Foucault에게 있어서 구조란 역사와 권력의 산물로 환영(illusion)에 지나지 않으며, 교과서는 실재를 보는 특정의 정치적 관점을 표상하는 하나의 정치적이고 물질적인 산물이다.

이러한 관점에서 볼 때, 해체적인 텍스트로서 교육과정을 이해한다 함은 지식을 역사적인 것으로 인정하는 것과 다름없다. 해체론에서 역사를 강조한다고 해서 역사를 이데올로기적인 구성물이라고 본다는 것은 아니다. 얼키설키 짜인 일련의 내러티브로서 이해한다는 것이다. 학교에서 학눈의 하나로 공식인정되고 있는 이야기라는 것도 언제나 동기(motive)나 반대동기(countermotive), 꿈이나 악몽을 전달하는 '타자의 이야기' 일 뿐이다. 그러나 해체된 텍스트로서 교육과정을 이해한다는 것은 듣는 사람(narratee)이 말하는 사람(narrator)이 될 수 있는 그런 이야기를 한다는 것이다(Pinar et al., 1995). 그렇지만 해체의 대상은 역사적인 과거의 것이거나 현재의 현상일 수도 있고, 다방향적 또는 대화적인 것일 수도 있고, 질적이거나 양적인 것일 수도 있다. 또한 텍스트에 숨겨진 메시지의 장소에 따라 무제한으로 나타날 수도 있다. 한 학문 분야의 담론이 특정한 인식 체계에 예속될 때 그 체계에서 지배적인 내용은 진리로 인식되는 반면, 여타 다른 인식론적 관점의 타당성은 부인되는 결과를 낳을 수 있기 때문이다.

해체론적 관점에서 교육과정을 탐구할 때에는 무엇보다도 연구자가 가지고 있는 교육철학과 관점을 먼저 파악하고 있어야 한다. 그것은 자신의 정치적 관점이 타인의 삶을 해석하고 기술하는 데 어떠한 영향을 주고 있는지 반성적으로 생각할 수 있게 하기 때문이다. 분석하기 전에 연구 대상(텍스트)과 정치적 이해가 동일한지, 예를 들어 인종, 국적, 성별, 연령, 계층, 학력, 학연, 지연, 국적, 정치 노선 등이 유사한지 등을 분명히 하여야 한다. 아울러 텍스트 분석을 위해 충분한 자료와 경험을 획득하고 있는지, 연구결과가 피연구자에게 부정적인 영향을 미치는 것은 아닌지, 독자는 누구이고 어떤 이미지를 생산할 것인지 등을 반성적 관점에서 살펴보아야 한다(김영천, 1997).

이러한 관점을 가진 유아교육과정 연구자들은 유아교육 담론을 지배해 온 경직된 인식론적 체계를 비판하면서 해체를 통해 유아교육 분야를 지배해 온 담론 속에 숨은 모순되는 내용과 편견들을 노출시키기 위한 작업들을 시도한다. 유아교육과정에 대한 해체는 유아나 유아교육이 특정 집단이나 제도에 희생되지 않도록 판단하고 대응할 수 있게 한다. 예를 들어, '천진무구하고 약한 존재' (기표)는 '아동' (기의)과 결합, 구성됨으로써 아동기에 대한 성인의 지배를 정당화한다는 주장이 그것이다(Cannella, 1997). 아울러 해체론은 유아교육의 과정에서 유아의 목소리가 외면당하고 있지 않은지, 그리고 유아교육 실제가 본질을 왜곡하고 있지 않은지를 비판할 수 있게 한다.

## 3. 포스트모더니즘

포스트모더니즘은 20세기의 지배적 패러다임이라 할 수 있는 기술주의, 이성중심주의, 합리주의, 실증주의 등의 모더니즘에 대한 반발에서 시작되었다. 그래서 지식이나 삶의 조건을 논할 때 확실성보다는 불확실성을, 안정성보다는 불안정성을, 절대성보다는 상대성을, 객관성보다는 주관성을, 획일성보다는 다양성을, 총체성보다는 파편성을, 통일성보다는 차이성을, 그리고 총체적 결합보다는 국부적 결합을 강조하는 특징이 있다. 이 세상에서 일어나는 현상들에서 확정적인 것은 있을 수 없을 뿐 아니라 생활양식을 포괄하는 보편적인 진리라는 것도 존재할 수 없다. 지식이나 진리라는 것도 상황과 맥락에 따라 달라질 수밖에 없다는 것이다. 이러한 시각을 가지고 있는 포스트모더니스트들에게는 획일적인 통일, 질서 유지, 안정성 등을 달성하고자 한다거나 하나의 거대한 이야기로 세상에서 일어나는 모든 현상을 설명하려는 모더니즘적 시도는 잘못된 것이다.

포스트모더니즘은 원래 예술과 기술 공학, 과학 분야의 급진적 개혁으로 인식되었으나 1990년대 이후에는 인식론이나 문화적 측면에서 모더니즘에 도전하는 이론으로 인식되고 있다. 포스트모더니스트들은 포스트구조주의자와 해체론자들이 앞서 거론했던 아이디어들, 예컨대 주체의 죽음, 실재의 심층 모델에 대한 반박, 거대서사, 역사, 언어의 투명성에 대한 환영, 최종적인 의미의 존립 불가능성, 담론, 권력이동, 세계 이해에서의 이성의 패배, 서구 로고스의 탈중심화, 차이에 대한 칭송 등을 보다 확실하게 규명하고자 한다. 이러한 맥락에서 포스트구조주의, 해체론, 포스트모더니즘은 각기 다르게 사용되기도 하지만, 포스트모더니즘은 상호교류적인 의미에서 진부한 이론이라 할 수 있는 포스트구조주의나 해체론까지도 포괄하는 확대된 개념으로 사용된다(Pinar et al., 1995). 포괄적인 의미에서 볼 때, 포스트모더니즘은 Lyotard, Rorty 등과 관련되기도 하고 포스트구조주의자와 해체론자와도 연계되어 있다.

이러한 관점에서 볼 때 포스트모던 텍스트로 교육과정을 이해한다 함은 모더니즘이나 계몽주의와 관련된 서구의 여러 시각이나 문화에 도전하는 것이다. 교육과정 분야에서 포스트모더니즘은 특히 인간의 이성적 능력에 의해 객관적인 지식의 구축이 가능하다는 근대의 인식론을 비판, 해체하고, 지식의 개념을 행위와 생활의 범위로 확대하며, 학교 교육과정에 감성적이고 행동적인 차원까지를 포함하는 다양한 지식뿐 아니라 주관적이고 구성적인 지식과 경험까지도 포함시킬 것을 요구한다. 또한 교육과정 구성과 운영에서도 결과보다는 과정에 초점을 맞추게 된다. Foucault가 지적한 대로 '누가' '어떻게' 지식을 구성하느냐가 교육과정에서 중요한 관건이 된다. 바꾸어 말하면 어느 누구의 지식도 확실하거나 객관적, 절대적일 수 없기 때문에 교육을 받고 있는 학생들이라 해서 지식을 구성하지 못한다고 말할 수 없다. 결국 포스트모더니즘이 교육이나 교육과정 이론으로 수용된 배경에는 삶에 대한 진지한 이해를 바탕으로 하여 교육의 방향을 모색할 필요가 있다는 것을 의미한다. 이러한 관점에서 볼 때 포스트모더니즘은 교육의 본질을 재차 숙고하고 현재적 삶을 간과하고 있는 교육 현실을 반성하게 하는 자극제가 되고 있으며, 21세기의 교육적 사고와 행위의 틀을 구성하는 배경 이념이 되고 있다(양옥승, 2000a).

포스트모더니즘은 어느 한 이론 체계를 바탕으로 형성된 운동이 아니라 서구의 문화 예술이나 여러 학문 분야에서 각기 그 관심 영역과 대상을 달리하여 광범위하면서도 다양하게 펴져 있는 이러한 지적 경향성 때문에 그 개념을 한 마디로 정의하기가 어렵다. 그러나 보다 근본적인 어려움은 한마디로 요약되기를 거부하는 포스트모더니즘의 특성 그 자체에 있다. 포스트모더니스트들은 총체성이나 질서를 위한 일원론 및 절대성의 개념을 배격할 뿐 아니라, 질서와 총체성이라는 것이 자칫 어떤 획일적이고도 전체주의적인 지배 체제의 미명일 수도 있음을 경계한다. 따라서 다원적이고 상대적인 관점에서 모든 현상을 파악하고자 하며 연속성보다는 불연속성과 단절성, 객관성보다는 주관성, 같음보다는 차이, 종합보다는 대조와 해체, 그리고 조화보다는 파편화나 편린화가 지배하는 현실의 모습을 있는 그대로 인정하고 포용하고자 한다.

교육과정을 포스트모던 텍스트로 이해하려는 최초의 시도는 Doll(1993)에서부터 찾을 수 있다. Doll은 Dewey의 진보주의, Piaget의 인지발달 이론, Bruner의 학문구조 이론에 대한 연구를 바탕으로 하여 Tyler의 교육과정과 교수 원리를 대체하는 새로운 패러다임으로 포스트모더니즘을 제시하였다. 그에 따르면 대화, 타협, 상호작용은 불확정성, 개방성 등을 함의하는 단어로서 '쿠레에레(currere)' 의 의미, 즉 경주로가 갖는 외양적 특징보다는 그 경주로를 거쳐 가는 가운데 일어나는 자신과 타자 간의 상호교류의 과정에 초점을 맞춘다. 이러한 그의 생각은 교실에서 학생들이 의미를 형성하는 과정에서 놀이가 얼마나 중요한 역할을 하는지에 대한 설명으로 확장된다.

포스트모던 관점에서 교육과정을 연구하기 위해서는 과거 모더니즘 시대에 확실하다고 믿었던 진리에 대한 해체 작업이 필요하다. 학교의 일상생활 속에 스며들어 있는 지배적 화법을 분석하는 의미에서 교사가 교실에서 무심코 내뱉는 말에 대해서도 '해체적 독해' 가 요구된다. 예를 들어, "남자 애가 여자같이 구네" 와 같은 발언조차도 지배구조의 재생산을 위한 담론으로 남녀 간의 권력관계를 반영한 것일 수 있기 때문이다.

어린이집에서 영아와 교사 간에 나타나는 힘의 관계에 대한 포스트모던 해석은 Leavitt(1994)의 연구에 잘 드러나 있다. 그에 따르면 영아 보육의 시간적,

공간적 체계는 교사와 영아 간의 불평등한 힘의 구조를 드러내며 영아로 하여금 교사의 권위에 굴복하게 만든다.

교육과정을 포스트모던 텍스트로 이해하는 학자들에게 시간 개념은 중요한 의미가 있다. 모던적 관점에서 보면, 시간이 흐르면서 삶이 향상될 것이라는 사고 방식은 교육의 역할이 미래를 준비하는 데 있으므로 교육을 위해서는 아동의 현재적 삶이나 요구쯤은 무시되어도 괜찮다. 그리고 시간은 학급을 관리하고 교육의 효과를 결정짓는 독립변수로서 인식되었나. 이러한 인식의 틀에 갇혀 학생은 물론이고 교사도 더 짧은 시간 내에 더 많은 문제를 해결해야 하는 현실에 압도당하고 좌절하고 점점 자유를 상실하고 있다. 그러나 포스트모던 관점에서 보면, 과거, 현재, 미래는 독립적으로 존재하는 것이 아니라 상호의존적이다. 그러므로 학생이나 교사가 '시간의 포로'가 되기 않기 위해서는 사람이 시간에 맞춰 가는 것이 아니라 시간이 사람에게 맞추도록 시간체계를 조정할 수 있어야 한다(Slattery, 1995).

포스트모던 관점에서 보면 전통적인 교실에 대한 정전화된 사고 또한 해체되어야 한다. 모던적 의미에서의 교육 공간은 획일적이고 보편적이고 절대적인 지식을 습득하는 곳에 지나지 않는다. 그러나 포스트모던의 시각에서 보면 교육공간은 학생과 교사, 공간과 시간, 미지의 기지, 과거와 현재, 개인과 집단, 사람과 사물이 연결되고 교류하는 삶의 현장이다. 그리고 교육현장은 개인과 문화가 대면하는 공간이다. 따라서 교육공간에 대한 탈정전화가 필요하고, 교실은 교사와 학생의 '권위 공유(shared authority)'의 공간으로 변용되어야 한다(Oyler & Becker, 1997).

집단의 공동체적 연대를 강조하는 포스트모던적 사고는 집단에 대한 모던적 사고 체계와 많은 차이가 있다. 포스트모더니즘에서 보면 집단은 서로 다르다는 것을 인정하는 개체들로 형성된 공동체로서 개인의 지식형성을 위해서만이 아니라 삶의 위해서도 의미가 있다. 포스트모더니즘이 불확정성이나 불확실성을 믿는다는 것은 집단 내의 개체 간의 상대성을 인정한다는 것이다. 이러한 관점에서 보면 교육과정 연구는 합의된 한 목소리를 지향하는 총체성보다는 서로 다른 여러 목소리에 귀 기울이고 차이와 다양성을 중시하는 방향에서 수행되어야 한다.

## 4. 자서전 이론

오늘날 각광받고 있는 교육과정 담론으로는 자서전 이론을 들 수 있다. 자서전 이론은 포스트구조주의나 포스트모더니즘은 교육과정과 개인의 삶과의 관계 규명이 명확하지 않다는 문제 제기와 함께 등장하였기 때문에 자서전 이론에 기초한 교육과정 연구는 주로 자서전 이론이나 실천에 관한 연구를 중심으로 이루어진다. 이런 유형의 연구들은 쿠레에레(currere), 협력(공동연구, collaboration), 공동체, 목소리(voice), 성, 대화식의 저널들, 시간, 장소, 자아(self)와 경험에 대한 포스트구조주의자의 언어적 묘사, 꿈, 상상 등을 핵심 개념으로 한다.

자서전적인 연구를 주창하는 사람들은 또한 사회과학의 양적 접근에 기초하여 교육과정을 경험 과학적으로 개념화하는 기존의 입장에서 벗어나 교육과정(curriculum)의 어원에 대한 성찰이 필요하다고 주장한다. Pinar와 Grumet(1976)에 따르면 커리큘럼은 라틴어 'currere(쿠레에레)' 에서 유래한 것으로 정신분석학, 현상학, 실존주의에서 그 기원을 찾을 수 있다. 쿠레에레는 정신분석학적으로 볼 때 정치적 암시, 명시적 내지 묵시적 의미, 언어의 의식적 내지 무의식적인 내용 분석 등을 포괄하는 '경험에 대한 해석' 을 일컫는다. 교육에 대한 개인적 경험이 갖는 본질적인 의미가 내포되어 있는 이 개념에서는 교육자의 관점보다는 학생 개인의 관점이 강조된다. 그래서 교육과정에서 쿠레에레가 갖는 의미에 집중한다함은 곧 교육과정 탐구에서 내용에 관심을 두었던 전통적인 관점으로부터 개인 아동(학생)에게 그 관심을 전환하는 것이다. 그리고 교육과정을 탐구한다는 것은 코스를 달리는 개인의 내적 경험과 그 의미에 대한 탐구가 된다.

자서전과 쿠레에레의 관계를 보다 명확하게 밝힌 교육과정학자는 Grumet(1978)이다. 그는 그동안 교육과정을 '의도된 학습의 결과' '사회화' '지식의 훈련' '학습 환경' 등으로 개념화함으로써 개인 내적인 것보다는 외적인 것을 선호하게 되었으며 개인적인 모든 것을 경시하게 되었다고 지적한다. 그에 따르면, 교육과정은 인간을 형성하는 과정이다. 그리고 자서전은 교육과정이 그러한 목적의 수행할 수 있게 하는 방법이다. 또한 교육과정은 학생들에게 새로운 경험을 제공함으로써 일상적인 경험을 드러내고 변형하게 만든다. 이러한 도식을 적용하게 되면 교육과정은 익숙한 것에서 낯설고, 소외되고, 변형된 상황으로 이동할 수 있게 하는 '중간 통로(middle passage)' 가 된다(Pinar et al., 1995).

아동의 목소리를 핵심 개념으로 하여 교육과정을 탐구하기 위해서는 아동 내부를 파악할 수 있어야 한다. 그러기 위해서는 아동을 의식 있는 협력자로 인식하고 연구에 참여케 함으로써 이야기하도록(story-telling) 해야 한다. 즉, 연구자와 아동이 보고 느낀 대로 삶의 세계를 묘사하고 기술할 수 있게끔 자서전의 기법을 적용한다. 그러나 이 방법을 적용하기 위해서는 아동이 삶에서의 개인과 집단, 지엽적인 것과 구조적인 것, 사적인 것과 공적인 것 간에 그 의미가 달라질 수 있다는 것을 어느 정도 이해할 수 있어야 한다. 목소리에 관한 이론적 연구들에서는 아동이외에 교사의 목소리, 여성 또는 어머니로서의 교사의 목소리에 주목하여 이루어진 연구들이 포함되어 있다. 특히 교직에서 여성들이 차지하는 비중이 다른 어떤 직능 단체보다 높다는 점에서 평범한 여교사들의 살아 있는 경험으로부터 나오는 여러 소리들을 통해 양육, 권위, 의존성 등을 교육과정 쟁점으로 삼기도 한다(Casey, 1990).

한국 초등학교 아동의 목소리를 중요한 개념으로 하여 교육과정을 탐구한 대표적인 예는 초등학교 교실생활과 수업을 분석한 김영천(1997)의 연구를 들 수 있다. 이 연구에서는 교실을 참여자의 적극적인 관여와 해석, 그리고 저항이 매개되고 반영되는 삶의 공간으로 가정하고 학생들이 교실 생활과 수업을 어떻게 비판하며 해석하고 있는지를 분석하였다. 이 연구에 의하면 학생들이 전달하는 비판적 이야기에는 '구속' '공평한 정의' '성차별' 에 관한 주제가 중심이 되고 있다. 그리고 학생들은 '지루함 없애기' '학교규칙 위반하기' '교사에 대한 경멸과 복수하기' 등의 형태로 자신의 목소리를 내고 있는 것으로 나타난다.

교육과정에 대한 자서전적인 연구에서는 또한 개인의 살아 있는 경험을 이해할 수 있도록 협동과 협력(collaboration)을 강조하며 일기(저널)를 활용하여 사회적 의의를 밝히고자 한다(Pinar et al., 1995). 사람은 살아가는 데 항상 타인과 협력하고 협상해야 하듯이 교육과정 탐구를 위해서는 교사와 교육과정학자가 협력하여 공동 연구하는 것이 바람직하다. 교사와 교육과정 연구자가 공동으로 진행하는 연구에서는 목소리뿐 아니라 시간, 관계, 공간도 큰 의미를 갖는다. 특히 시간과 장소는 상호 관계하면서 인간의 감정과도 복잡하게 얽혀 있다는 특징이 있다. 사건이 발생할 때에는 특수성과 구체화가 이루어지고 감정이 개입되는 것처럼 장소 역시 역사와 함께 할 때야 비로소 장소가 갖는 의미를 다하는 것을 볼 수 있다.

자서전 이론에 기초한 교육과정 이론과 실천 연구에서는 포스트구조주의적인 관점으로부터 자아와 경험을 기술하는 것이 방법론적으로 활용되고 있다. 아이들이 떠들지 않고 조용히 교사의 지시를 따르게 하기 위해 간혹 유치원이나 어린이집 교사들은 트라이앵글을 치거나 나무 막대를 두들기는데 이는 때때로 아이들에게 교사에 의해 강요된 침묵으로 인식된다는 것이다. 이와 유사한 교실 상황에서 다섯 살 때의 경험을 자서전적으로 분석한 Daignault(1992a)는 트라이앵글이 울릴 때마다 숨을 가쁘게 쉬는 것으로 자유와 행복을 느끼고 자아를 재형성할 수 있었다고 기술한다.

자서전 연구는 자서전 이론과 실천을 중심으로 한 연구 이외에 여성주의(페미니즘) 시각에서 수행하거나 교사를 대상으로 이루어진다. 여성주의자들은 자서전 연구에서 공동체, 중간통로, 자기 교정 등을 핵심 개념으로 적용한다. 이 시각에서 보면 자서전은 사적인 것과 공적인 것 사이에 있는 통로를 발견하게 해 주는 수단임과 동시에 지식을 표현해 주는 일종의 방법이다(Grumet,

1988). 그래서 자서전적인 글쓰기라 할 수 있는 저널 쓰기(journal-writing)는 자아를 발견하고 미래를 예견할 수 있는 지적 도전의 한 방법으로서 적극 활용되고 있다. 나아가서 자서전은 사회적이며 정치적인 것으로 '살아 있는 경험에 대한 해석' (Schubert, 1986, p. 33) 그 이상의 의미를 지닌다.

교사에 대한 자서전적 연구에서는 교육 예제로서의 전기와 자서전 이해, 교사 개인의 실천적 지식, 교사의 전문 지식, 교사의 삶에 대한 전기적 연구 등이 중심 주제가 된다(Pinar et al., 1995). 자서전은 교사들의 시식이 어떻게 형성되고 이해될 수 있는가를 알려 줄 수 있기 때문에 전기와 자서전을 교육 예제로 이해하는 연구에서는 자서전적 글쓰기와 더불어 교사와의 공동 연구가 필수적이다. 이와 다르게 교사의 개인적인 실천적 지식을 주제로 한 자서전적인 연구에서는 교사가 일상적인 교실 활동을 통해 개인적인 지식을 실천하고 있다고 보기 때문에 이야기의(narrative) 형식을 중시한다. 교사가 활용할 수 있는 내러티브 형식으로는 저널쓰기, 인터뷰 원고, 관찰 기록, 이야기하기, 편지쓰기, 자서전쓰기, 수업계획, 회보, 작문 등이 있다(Connelly & Clandinin, 1990). 내러티브 탐구는 공동연구자 간의 권한 부여(empowerment)에 관한 이야기로 전개될 수 있다. 이 점에서 보면 잘 쓰인 내러티브는 신뢰도와 타당도의 문제를 초월한다.

교사의 전문 지식에 관한 자서전 연구란 교사의 지식, 아이디어, 관점, 이해에 관한 연구를 가리킨다. 교사의 전문 지식을 연구하기 위해서는 교사와의 반성적인 대화, 앎의 과정에 대한 분석, 도덕적인 활동으로서의 교수활동 이해, 감식가로서의 교사 이해, 교사의 실천을 가로막고 있는 정치적 요인 분석, 교수활동의 특성 이해 등이 필수적이다. 이와 다르게 교사의 삶에 관한 전기적 연구는 '연구자로서 교사' 를 이해하는 데서부터 출발한다(Pinar et al., 1995). 이 입장에서 보면 연구란 교사의 목소리를 크고 분명하게 들려주는 것이다. 교사의 삶은 독특하기 때문에 자서전 이론에서 교사의 삶의 맥락을 분석하는 작업은 교사의 전문성 개발 이상의 큰 의미가 있다는 것이다.

## 5. 다문화주의

### 1) 사회통합과 다문화주의

사전적인 의미에서 다문화주의는 인종, 민족, 에스닉 집단(이민, 난민, 외국인 노동자, 주변지역 소수민 집단 등), 계층, 성별 등에 따른 다양한 문화를 공식적으로 인정하고 다문화, 다민족 공존을 위한 사상이나 운동 또는 정책을 가리킨다. 문화 차이는 사회 경제적 지위와 밀접한 관계가 있다는 점에서 다문화주의는 인종이나 민족 간의 사회적, 경제적 격차를 극복하는 이론과 정책이라 할 수 있다(구견서, 2003). 넓은 의미에서 볼 때 다문화주의는 다양성을 유지하고 인권, 권력 분산, 기회 균등을 촉진함으로써 민주주의와 사회통합을 실현하는 데 기여한다(양옥승, 1997b; 유정석, 2003; Kellner, 1998; Treppte, Fu, & Stremmel, 1993). 그러나 이러한 개념으로 다문화주의가 인식되기 까지는 상당 기간이 경과했음을 알 수 있다. 사회 변화에 따라 그리고 국가에 따라 그 의미와 개념이 다르게 적용되었던 것이다.

다문화주의는 미국, 캐나다, 호주 등지에서 오랫동안 지배해 왔던 동화주의(assimilation)가 지닌 한계를 극복하기 위한 방편으로 1970년대에 등장하였다. 동화주의는 문화 간에 우열관계가 존재하므로 한 국가(사회) 내에서 주류인 백인 문화가 소수 민족이나 소수자의 비주류 문화들을 흡수하는 인종 정책이 필요하다는 입장이다. 미국의 경우, 동화주의는 이주자의 자녀에게 앵글로색슨의 정의, 법, 질서와 정부의 이념을 심어 줌으로써 주류 문화인 백인 청교도 문화에 동화내지 융화시키는 데 있었다(Cubberly, 1909). 백인 중심의 문화나 지배적인 민족의 언어와 문화를 중시하는 동화주의는 후일 이민족이나 에스닉 집단이 본래 지니고 있는 문화적 특성을 그대로 보유하는 것을 중시하는 문화 다원주의(cultural pluralism)에 의해 그 개념이 대치된다.

문화 다원주의는 한 국가 내에 있는 다양한 에스닉 집단의 존재를 인정하면서도 주류 문화를 두고 그것과 연결되어 있는 다양한 하위문화(subculture)를 인정하는 것이 특징이다. 다문화주의와 문화 다원주의는 다양성을 인정하고 사회 통합을 추구한다는 점에서는 같지만 전제 조건과 실천 방법에서는 차이가 있다. 문화 다원주의는 문화의 다양성과 더불어 주류 사회의 존재를 인정한다. 이런 관점에서 보면 문화 다원주의는 각 문화의 고유 가치를 인정하고 한 사회 내에서의 복수문화 공존을 존중하는 다문화주의보다는 동화주의에 더 가깝다.

미국이 문화 다원주의를 사회통합의 원리로 적용하고 있다면, 캐나다와 호주에서는 다문화주의를 그 원리로 채택하고 있다. 문화 다원주의가 용광로(melting pot)처럼 주류 문화의 틀 안에서 다양한 소수 문화를 녹여내는 방식이라고 한다면, 다문화주의는 모자이크나 샐러드 볼(salad bowl)처럼 한 국가 내에서 여러 민족이 섞인 가운데 개별 민족의 특징을 보존하면서 전체적인 조화를 꾀하는 형태로 모자이크형 또는 샐러드형이라 일컫는다. 다민족으로 구성된 캐나다와 호주는 문화 간 충돌을 해소하고 사회를 통합할 목적으로 모자이크형 다문화주의를 채택하고 있다. 캐나다의 경우, 국가에 대한 정체성과 문화유산 강화의 차원에서 문화적이고 인종적인 다양성을 수용하고 이중 언어 사용을 제도적으로 보장함으로써 집단 간 장벽을 제거하고 사회구성원이 사회에 평등하게 참여할 수 있다고 본 것이다.

캐나다 이외에 모자이크형 다문화주의를 이민정책의 기조로 채택하고 있는 호주와 스웨덴에서도 이민자의 자긍심을 고취하고 인권 평등을 성취하는 개가를 올리고 있다. 그러나 모자이크형 다문화주의는 한 국가 내에 다양한 민족 문화의 섬을 형성하는 문제를 야기한다는 지적도 있다. 미국과 같이 하나의 인종이나 민족, 에스닉 집단에 의해 주류 문화가 확고해진 국가에서 모자이크형 다문화주의를 실시할 경우에는 소수 민족이나 소수자로 하여금 주류 사회와 소통할 수 있는 기회를 잃게 하고 주변인으로 머물게 함으로써 근본 취지였던 사회통합을 어렵게 한다는 결론이다.

그렇다면 다민족 국가로 진입하고 있는 한국이 추구할 수 있는 접근방식은 무엇인가. 한국은 현재 문화 다원주의로의 이행기에 있으며, 영국, 프랑스, 독일과 같은 선별적 이민정책을 취하고 있다고 한다(송종호, 2007). 이러한 맥락에서 볼 때, 한국사회가 취할 수 있는 교육의 방향은 국가가 추구하고 있는 기본 이념이나 사회체제, 즉 공동선을 수용하는 범위 내에서 주류 사회의 언어와 문화 교육을 강화하는 쪽으로 가는 것이 바람직하다는 주장이 나오고 있다. 그러나 자유 방임형의 문화 다원주의도 아니고 국가 개입형의 다문화주의가 아닌 새로운 지향점을 찾아야 한다는 주장도 있다. 아직까지는 어떤 유형이 진정한 사회통합으로 나아가는 것인지에 대한 논의만 무성할 뿐 구체적인 대안이 제시되지 않고 있는 실정이다.

### 2) 다문화주의를 보는 관점: 자유주의와 공동체주의

다문화주의에 대한 기본 입장은 자유주의와 공동체주의 중에서 어떤 것을 선택하느냐에 따라 차이가 있다. 자유주의는 계몽주의 또는 이성의 시대라고 불리던 18세기의 억압적이었던 중세적 공동체에 대한 저항에서 시작된 것으로 개인의 본성과 권리를 기본 가치로 삼는 개인주의(개체주의, individualism)에 기초하고 있다. 개인주의적인 관점에서는 도덕적 규범을 정당화하고, 의무론적(deontological) 윤리 체계에 따라 가치의 중립성을 강조한다. 인권과 자유를 가진 근대적 개인을 출현시켰던 자유주의자들은 도구적 합리성의 차원에서 공공의 도덕을 논하고 개인의 자유선택을 강조하기 때문에 본질적으로 개인의 사회참여에 큰 가치를 두지 않는다. 이러한 자유주의에 대항하여 1960년대에 마르크스주의로 무장한 공동체주의가 등장하였다. 1980년대에 접어들면서 공동체주의는 아리스토텔레스와 헤겔 철학에 입각하여 자유주의에 기초한 다문화주의를 공격하기도 하였다(Gutmann, 1985). 공동체주의자들에게 있어서 도덕적 규범이란 사회 문화적 전통에 내재하므로 총체주의(holism)적인 관점에서 이해될 수 있고, 통합성은 목적론적(teleological)인 윤리 체계에 의해 설명될 수 있다. 공동체주의에서는 개인의 도덕과 공공의 도덕을 통합하는 것이외에도 개인이 공적 활동에 적극적으로 참여하여 공동선을 추구하는 데 큰 가치를 둔다. 자유주의와 공동체주의는 무엇을 핵심개념으로 하느냐에 따라 보수주의적 다문화주의, 자유주의적 다문화주의, 좌파 자유주의적 다문화주의, 비판적 다문화주의 등으로 갈라진다(유정석, 2003).

'보수적 다문화주의' 는 동화주의에 대항해 등장한 것으로 문화의 다양성을 인정하려는 입장이다. 이 이론은 열등 문화나 소수 문화를 보호하고 육성함으로써 문화 간의 격차와 이질화에 따른 사회적, 정치적, 경제적 갈등을 해소하려는 측면이 강하다. 그러나 문화 간에 우열을 매김으로써 소수 문화를 상대적으로 격하시키는 경향이 있다. 전통적인 자유주의에 준하여 다문화주의를 개념화하고 있는 '자유주의적 다문화주의' 는 미국이 취하고 있는 이념적, 정책적 노선이다. 이 입장에서는 자유주의 사상을 토대로 하여 민족 간 평등 보장을 위해서는 사회경제적 조건이 우선적으로 개선되어야 함을 강조한다. 그러나 보수주의와 마찬가지로 주류의 지배 문화를 우월 문화로 간주하고 소수 문화를 열등 문화로 인식하고 격하시킬 수 있음이 취약점으로 지적되고 있다. 이러한 문제점을 극복하고자 등장한 것이 기존의 자유주의 이념에다 1980년대의 공동체주의를 접목한 '좌파 자유주의적 다문화주의' 라 할 수 있다. 그러나 이 입장은 차별성을 유일한 기준으로 하고 지배 문화를 배척하는 문제점을 안고 있다. 마지막으로 제시된 '비판적 다문화주의' 는 자유주의적 모델과 좌파 자유주의적 모델이 가진 장점을 절충한 이론이다. 이 입장에서는 차별성을 중시하되 주류의 지배적인 문화를 배척의 대상으로 삼지 않는다. 소수 문화를 과대평가하는 것도 지배 문화를 과소평가하는 것도 모두 바람직하지 않다고 보기 때문이다. 다양성과 상대성을 존중하는 비판적 관점이 탄생된 배경에는 포스트모던적인 사고가 작용하였다고 볼 수 있다.

### 3) 세계화와 다문화주의

21세기에 접어들어 세계화(globalization)의 메커니즘이 본격적으로 작동하면서 국가의 시장 개입이 줄고, 시장의 자율성과 개방이 보장되고, 공기업의 민영화, 분권화, 규제의 완화와 철폐 등을 통한 국가의 역할이 축소되고 있다. 이러한 상황에서 다문화주의가 이론적으로나 정책적으로 새로이 정립되고 있다. 원래 세계화는 1980년을 전후하여 서구의 국가들이 재정 위기에 직면하면서 금융 자유화 및 혁신, 국제 교역의 증대, 자유주의 이념 등을 대안으로 하여 등장했던 것이다. 신자유주의는 종래의 복지 자유주의가 안고 있었던 '국가의 실패', 즉 거대한 복지국가가 효율적인 자원 배분에 실패하게 만들었다는 문제의식을 토대로 1970년대와 1980년대에 영국과 미국이 채택한 고전적인 경제철학을 근간으로 한 보수적인 경제정책 노선이다.

이러한 세계화가 20세기 말 한국에서도 모든 부문에 응용되면서 다른 국가뿐 아니라 국내의 여러 부문간, 개인들 사이에 치열한 경쟁을 유발하고 소수가 많은 다수를 차지하는 현상이 나타나고 있다. 교육 분야에서는 시장 원리가 적용되고 학교의 자율화와 다양화가 강조되고 있다. 그러나 무한경쟁 속에서 소수의 다수로의 흡수나 동화는 옛말이 되었다. 지금은 소수가 다수를 부정하거나 다수의 관용에 호소하려 들지 않는 양상도 벌어지고 있다.

교육적으로 볼 때, 세계화는 개인의 '선택'에 큰 의미를 부여한다는 특징이 있다(Burbules & Torres, 2000). 게다가 개인은 이미 정보통신의 비약적인 발전으로 인터넷을 통해 자유롭게 선택적으로 정보를 교환할 수 있게 되었다. 이러한 상황에서 자유선택 교육이나 다양성 교육은 중요한 교육적 이슈가 되고 있다. 이러한 입장을 가진 사람들은 가족에 대해서도 '표준 가족'의 이상에서 벗어나 개인의 자유와 정의를 존중한다는 의미에서 가족 형태의 다양화를 정당화한다. 이 입장에서는 가족의 다양성이 증가할수록 개인의 삶에 대한 선택지가 확대되고 그에 따라 개인의 자유, 권리, 행복이 증진된다는 믿음을 가지고 있다(박승희, 2006). 그러나 다양성은 개인의 자유를 강조하는 장점이 있으나 개인이 다른 사람과 더불어 지내는 상생과 같은 공통성을 소홀히 다룰 수 있다는 양면성이 있다. 따라서 세계화가 진행되고 다민족 국가로 진입하고 있는 한국적 상황에서 다양성과 더불어 공통성을 강조하는 다문화주의는 사회

정책의 측면에서뿐 아니라 교육적으로도 매우 큰 의의가 있다. 세계화 과정에서 나타난 여러 문제들을 해결하기 위해서는 어떤 유형의 다문화주의를 채택하고 어떤 방식으로 다문화 교육을 할 것인지에 대해 보다 많은 연구가 수행되어야 할 것이다.

### 4) 다문화주의와 다문화 교육

한국이 다민족 국가가 되고 있는 현실을 감안하면 다문화 교육은 더 이상 선택이 될 수 없다. 최근의 사회과학 연구들(김남국, 2005; 박승희, 2006)을 참고하면 다문화 교육은 다양한 집단의 다양한 문화를 상호 존중하고, 합리적으로 의사소통하고, 정치적 권리를 인정하는 다문화주의를 전제로 해야 한다. 2007년 교육과학기술부는 교육과정을 개정하면서 다문화주의의 이념을 교육과정 이념으로 포함시키기 시작하였다. 그러나 아직은 교과 전반이기보다는 학습주제로서 다문화 교육이 다루어지고 있는 상태다(양영자, 2007). 뿐만 아니라 어떤 시각으로 다문화주의를 개념화했는지가 불분명하고 구체적으로 제시되어 있지 않다는 문제점이 있다.

역사적으로 볼 때, 다문화 교육은 1980년대와 1990년대의 자유주의적 내지 좌파 자유주의적인 관점에서 출발한다(Banks & Banks, 1993a, 1993b). 이러한 관점에서 다문화주의를 자유주의와 혹인 급진주의 간의 일시적인 타협이라고 규정했던 McCarthy(1993)에 따르면 소수 민족의 정체성을 중시하는 다문화 교육은 문화이해, 문화능력, 문화해방의 세 가지 다문화주의 요소 중에서 어떤 요소를 강조하느냐에 따라 차이가 있다.

'문화이해' 에 초점을 맞춘 모델에서는 문화 차이를 인정하고 인종 간의 조화를 강조한다. 그러나 이 모델은 국적, 인종, 피부색, 지역, 문화에 따른 차이를 이해하는 것으로 교육의 역할을 다한다고 보는 문제가 있다. 문화이해에 기초한 유아교육과정 모형으로는 '반편견 교육과정(anti-bias curriculum)' (Derman-Sparks & the ABC Task Force, 1989; Derman-Sparks, 1992)이 있다. 이에 비해 '문화능력' 중심의 다문화 교육은 소수 민족이나 소수자의 정체성과 언어를 보존하고, 소수 문화와 주류 문화 사이 간의 교량역할을 중시한다. 그러나 이 모델은 소수민족의 언어나 문화유산의 가치를 인정하지 않는다는 단점이 있다. Head Start 프로그램이 바로 여기에 속한다. 마지막으로, 사회재건주의와 같은 노선을 취하고 있는 '문화해방' 중심의 다문화 교육은 민족이나 에스닉 집단의 차원보다는 계급적 관점에서 지식이나 문화 정체성에 큰 관심을 보인다. 자유주의적 관점에서 출발한 문화이해나 문화능력 모델과 다르게 문화해방 모델은 공동체주의적이다. 그러나 세 가지 모델 모두 소수민족 아동에게 다문화 교육의 기회를 제공하면 경제적으로나 사회적으로 성공한다는 것을 기본 전제로 하고 있다는 공통점이 있다.

국가수준에서 다문화주의에 기초한 교육과정을 개발하고 있는 영국을 보면 2002년에 인권교육을 포함한 시민교육을 중등학교 필수교과로 지정하고 이 교과목을 독립교과나 다른 교과와 연계한 통합교과로 제시, 운영하고 있다. 시민교육의 내용에는 사회통합과 사회참여를 강조하여 자아정체성과 관련된 문제로부터 지역주민으로서, 국민으로서, 그리고 세계 시민으로서의 다양한 역할과 책임을 강조하는 내용이 들어 있다. 뿐만 아니라 민주적인 참여의 기술 개발의 차원에서 효과적인 의사소통기술이나 리더십 등과 관련된 내용들도 시민교육 교과에 포함되어 있는 것을 볼 수 있다(박선영, 2006).

필자는 일찍이 다문화주의를 적용하여 유아교육과정을 개발한 바 있다. 이 연구에서는 자아 정체성 및 문화 정체성 형성, 다양한 문화에 관심을 가지고 다른 사람과 더불어 생활하는 기초 능력과 태도 형성, 창의적인 문제해결 능력 형성 등의 세 가지를 교육 목적으로 제안하였다. 아울러 교육내용으로는 신체 기관에 대해 관심 가지기, 나에 대해 긍정적으로 생각하기, 다른 사람과의 관계 알기, 전통 문화에 친숙해지기, 북한 사람에 대해 관심 가지기, 다른 사람의 생각과 표현 존중하기, 더불어 사이좋게 지내기, 다른 나라에 관심 가지기, 특이한 상황에 관심가지기, 다양하게 사고하기, 독특한 사고를 인정하기, 생활 속에서 느낀 것을 전하고 나누기, 상황에 알맞게 감정과 생각을 조절하기 등을 제시하였다(양옥승, 1997b).

다문화 교육에서는 다양성과 함께 공통성을 인정할 것인지, 공통성을 인정한다면 그 범위는 어느 정도로 할 것인지가 아직 쟁점으로 남아 있다. 공통성을 강조한 다문화 교육은 인종 간, 민족 간, 에스닉 집단 간, 지역 간, 계층 간의 불평등 문제를 해소하고, 공동체로서 국가의 응집력과 결속력을 도모할 수 있다. 아울러 공동선에 대한 가치관과 다문화 시대에 적응할 수 있는 능력을 배양하고, 다양성의 가치를 존중하는 편견 없는 시민의식을 형성할 수 있다는 장점이 있다(Halstead, 2007). 그러나 그 범위를 정하는 데 있어서는 공통 가치로서 자유와 평등 중에서 어느 것에 보다 큰 비중을 줄 것인지에 대해 아직 의견이 분분하다. 자유민주주의의 핵심 가치이지만 일부 에스닉 집단에서는 사회 기본체제로 인정되지 않는 일부일처제, 남녀평등, 정교 분리와 같은 제도들은 사회적으로 갈등을 야기할 수 있기 때문이다. 이러한 문제는 또한 잠재적 교육과정이나 영 교육과정으로서 작용하여 아동의 가치관에 혼돈을 줄 수 있다는 어려움이 있다.

다문화주의와 관련된 또 다른 쟁점은 다문화 교육의 영역을 어디까지 확대할 것인가다. 다문화 교육을 논할 때에는 한 국가 내에서의 다양성 존중에 초점을 맞춘 다문화 교육과 국가 간 다양한 문화 이해에 관심을 둔 국제이해 교육을 구분할 필요가 있다는 주장도 있다. 이러한 의견을 제시한 대표적인 교육학자로는 Banks가 있다. 그에 따르면 다문화 교육과 국제이해 교육의 개념을 혼돈한 상태에서 다문화 교육을 논하게 되면 자국 내에서의 민족 집단 간, 계층 간 발생하는 다양한 갈등 양상에 둔감해질 위험성이 있다고 한다(Banks, 2006).

## 6. 생태주의

생태계의 위기에 직면한 오늘날에는 자연과 조화를 이루는 생태 친화적인 삶을 추구하는 교육에 대한 관심이 증폭하고 있다. 인간과 인간의 관계로 그쳤던 교육 연구의 영역과 범위도 인간과 자연의 관계로 확대되고 있다. 인간은 자연의 일부이자 동반자로서 자연환경과 상호 의존적이고 순환적인 삶을 이룰 수 있어야 한다는 생태주의 시각에서 교육연구가 수행되고 있다. 이러한 연구 동향은 인간 중심적인 사고가 인간 사회를 문화적으로 다양하게 하는 데는 기여했으나 자연 생태를 다양한 생물체가 생존하는 안정된 상태로 만드는 데는 실패했다는 자각에 기인한다.

다양한 종류의 생물들이 서로 얽혀 있는 생태계는 생물의 종류가 다양할수록 공동체로서 균형과 조화가 유지되고 안정성이 보장된다. 만일 인간이 생물종의 다양성을 유린하게 되면 약간의 외부 충격에도 자연은 완전히 파괴될 수밖에 없다. 따라서 인간은 자연을 살아 있는 생명체로 느끼고 사람을 대하듯 자연 생태계를 대할 수 있어야 한다(황대권, 2006). 그런데 인간은 인간중심의 물질주의적이고 반생태적이고 개체주의적인 사고에 젖어 자연에서 함께 살아야 하는 생물종의 다양성을 위협함으로써 자연 생태계를 생존의 위기에 빠뜨렸고 지금도 그런 삶의 방식을 버리지 못하고 있다. 인간중심의 관점에서 보면 적자생존의 진화론에 따라 생태계에 인간 위주의 가치를 부여하며 인간이 자연을 도구로 이용하는 것은 당연하고 정당하기 때문이다.

윤리학에서 생태 문제를 보는 관점은 인간중심적인 윤리와 생태중심적인 윤리가 있다. 인간중심적 윤리는 인간의 복지를 위해 자연을 관리해야 한다는 이념을 기본 목표로 하는 것이고, 생태중심적 윤리는 생태계의 다양성은 물론이고 균형과 조화 유지를 기본 이념으로 한다. 인간중심주의에 빠져 있게 되면 인간만이 이성적인 사고를 할 수 있고, 타인 또는 사물의 관점에서 사물을 조망하여 보살피고 배려할 수 있는 초탈함과 초월성을 지니고 있다고 생각한다. 과학기술에 의지해 자연을 물리적으로 지배할 수 있는 힘과 능력을 소지하고 자유의지에 따라 이타적이고 도덕적인 행동을 할 수 있는 그런 유일한 존재인 인간이 자연을 지배하는 것은 당연한 이치다. 이에 반해 생태주의자들은 모든 존재는 그 나름의 고유성을 지닌 귀중한 존재이므로 사람이 사람을 서로 존중하는 것과 마찬가지로 생태계의 모든 존재를 존중하는 세계관이 더 타당하다고 본다. 생태적 관점에서 보면 인간중심의 사고로부터 벗어나서 자연을 보살피고 배려하는 것은 마땅하다(조정옥, 2005).

생태계의 조화와 안정성의 시각에서 교육을 논할 경우, 교육과정 연구는 고려한 생태중심의 윤리관 형성에 초점을 맞추게 된다(노상우, 2007; 양옥승, 2006; 임재택, 2006; 조용개, 2006). 생태중심의 윤리를 특징짓는 가장 소중한 가치는 '다양성'과 '상생'이라고 할 수 있다. 아직 생태주의를 학문적으로 정립된 교육과정 이론이라고 보기는 어렵지만 교육과정을 생태적 관점에서 보게 되면 교육의 목적은 자연의 생명과 권리를 인정하고 다양성과 상생의 가치관과 태도를 함양하는 데 있다. 아울러 자연환경을 책임져야 하는 유일한 생태적 존재로서 인간은 자연 생태계를 가꾸고 지켜 나가야 할 사회적 책무가 있다. 생태계와 함께 살아가기 위해서는 인간 스스로 생물종의 다양성을 존중하고 그들과 상호 의존하는 공생의 관계 속에서 살아야 한다는 상생의 도덕적 가치와 보살핌의 윤리가 필요하기 때문이다.

인간과 자연의 상생과 다양성 존중의 차원에서 보면 인간은 생태계에 존재하는 다양한 생명체를 존중하는 보살핌과 배려의 가치관과 태도를 가지고 살아갈 수 있어야 한다. 인간이 자연을 도구로만 이용하는 일은 정당화되지 않는다. 인간이 살아남기 위해서도 자연을 배려하고 보살피는 것은 필요하다. 또한 자연은 현 세대만이 아니라 앞으로 태어날 미래 세대를 위해서도 보호받고 보존되어야 한다. 생태계는 자연과 인간이 서로 배려하고 보살피는 상생을 통해 조화와 균형을 유지할 수 있을 것이다.

인간의 자아실현을 논하면서 자아를 '작은 자아'와 '큰 자아'를 구별하여 설명했던 Naess(1995)에 의하면 큰 자아란 모든 존재 안에 있으며 자아를 실현하는 과정에서 나타난다. 큰 자아는 타자와 일체화하고 생명(생물)의 다양성과 복합성을 인정하며 공생하는 삶의 과정에서 실현된다. 큰 자아를 실현할 수 없는 상태, 즉 생태적 감수성(ecological sensibility)이 결여된 그런 상태에 도달하게 되면 인간은 아무 거리낌 없이 자연 생태계를 파괴하는 행위를 하게 된다. 따라서 큰 자아의 실현을 돕기 위해서는 무생물을 포함한 모든 자연에 대한 생태적인 감수성을 기르는 자연체험 교육이 필요하다. 이러한 관점에서 볼 때 유아가 자연과 만나는 생태 나들이는 생태적 감수성 형성의 출발점이 될 수 있을 것이다.

제3부

# 유아교육과정의 쟁점 탐구

제 11 장

# 자유선택 활동

## 1. 자유선택 활동, 초등교육과 차별화된 유아교육

유아교육의 역사적이고 문화적인 이미지를 가장 잘 표현해 주는 교육활동은 자유선택 활동(free-choice activity)이다. 자유놀이(free-play)라고 부르기도 하는 자유선택 활동은 유아가 자유의지나 흥미(관심), 요구(필요)에 따라 자발적으로 놀이를 선택하여 활동하는 것으로 유아교육 특유의 강력한 문화적 주제이자 초등학교 교육과정과 구별되는 유아교육과정의 특징이라고 할 수 있다. 이런 맥락에서 자유선택 활동은 유아교육기관의 하루 일과에서 빠질 수 없는 교육과정으로서 유아들이 유아교육기관에서 생활하며 실천해야 하는 제도화된 일상적인 주제가 되었다. 현재 자유선택 활동을 위해 유아교육기관은 전체 일과 시간의 3분의 1내지 4분의 1 정도 배정하고 교사에게 철저한 계획과 준비, 예리한 관찰력과 민첩성, 순발력 등을 요구하고 있다.

유아의 자유선택 활동은 유아에게 자유롭게 놀이 활동을 선택할 수 있는 기회를 제공하게 되면 유아가 스스로 사고와 정서를 조절하면서 즐겁게 놀이 활동을 전개할 것이라는 공식적인 교육적 기대가 내포되어 있다. 자유선택 활동을 통해 유아는 자기조절 능력을 향상시킬 수 있다는 것이다(양옥승, 2004a;

Yang, 2000). 이외에도 자유선택 활동에 대한 교육적 의의로는 유아의 자발성을 신장하고, 자기 목적성과 의도성을 계발하고, 유아에게 즐거움과 자기 만족감을 주며, 자기교수(self-instruction)를 가능케 한다는 것이 있다. 또한 자유선택 활동은 자율성과 창의성을 개발하고 개별 학습(personal learning)이나 개별화 학습(individualized learning)의 기회를 제공하고, 또래 및 교사를 포함한 성인과 능동적이고 적극적인 사회적 관계를 형성하며, 통합 교육을 위한 효과적인 교수 · 학습 과정이라 할 수 있다.

오늘날의 사회는 포스트모던 사회이고 한국 사회도 예외가 아니다. 포스트모더니즘은 지식이나 삶의 조건이 절대적이기보다는 상대적일 수 있고, 객관적이기보다는 주관적일 수 있으며, 총체적인 결합이나 통일이 강조되기보다는 국부적 결합과 차이가 중시되는 그런 관점을 가리킨다. 포스트모던 시각을 한마디로 정의하기는 어렵지만 불확정성이라 특징지을 수 있을 것이다. 이는 특정한 이론이나 사상적 체계에 의지하고자 하는 안정성에 대한 도전이며, 모든 이론이나 현상에 대한 해체를 통해 새로운 대안을 찾으려는 시도라고 할 수 있다. 이러한 맥락에서 볼 때, 유치원 창설 이래 문제제기 없이 쭉 실시되어 온 자유선택 활동에 대한 지배적인 담론의 형태와 주제를 드러내고 그 속에 담긴 모순점과 편견을 찾아내는 해체 작업은 필요하다.

인간의 삶과 행동은 시간, 장소, 문화와 같은 사회적 관계 속에서 이해되고 설명될 수 있다. 오늘날과 같이 세계화가 가속화되고 정보통신 기술이 고도로 발달한 사회에서는 개방성은 늘어나지만 예측 가능성은 크게 줄어드는 양상을 이러한 사회 문화적 맥락에서는 교육을 통해 다양한 정보나 조건 중에서 개인이 원하거나 필요로 하는 것을 '선택' 하고 결정하는 문제해결 능력 개발이 필요하다(Burbules & Torres, 2000). 따라서 유아교육기관에서 제공하고 있는 자유선택 활동에 대한 관점들을 역사적으로 분석하는 비판적 연구는 큰 의미가 있다.

유아교육의 지배적 관점이라 할 수 있는 발달주의에서 자유선택 활동은 어떤 의미가 있는가. 유아교육 분야에서 정의하는 자유선택 활동은 유아가 자신의 흥미와 필요에 따라서 자발적으로 탐구하며 유아 스스로 자유롭게 활동하는 것이다. 자유선택 활동에 대한 보다 엄밀하고 구체적인 해석은 전통적 시각, 즉 아동발달에 대한 보편적 시각(보편적 아동발달 개념에 기초하고 있는 발달주의)에서 아동의 인식형성 과정을 논하느냐, 아니면 사회적 구성주의 시각에서 사회적문화적 맥락이나 상황과 관련지어 아동의 인식형성 과정을 논하느냐에 따라 다르다. 현재 대부분의 유아교육자들이 자유선택 활동을 개념화하고 이론적으로 정당화하는 데 적용하고 있는 관점은 보편적 아동발달의 개념을 중심으로 한 발달주의의 전통적 시각이다.

이러한 유아교육 현실에 비추어 볼 때 유아교육과정 분야에서 그동안 전통적 시각으로 이해했던 자유선택 활동이나 놀이에 대해 문제를 제기하고 새로운 시각을 가지고 유아교육과정을 새롭게 이해하려는 시도는 매우 의의가 있다. 유아교육과정에 대한 새로운 이해를 위해 선행연구에서 대안으로 적용했던 이론이나 방법론으로는 현상학, 사회적 구성주의, 포스트모더니즘, 상징적 상호작용론, 문화기술 방법 등이 있다(김진영, 1998; 김혜영, 2008; 나은숙, 2005; 신은미, 2005; 양옥승, 2000a, 2002b; 유혜령, 2001; 이정란, 2004; 임부연, 오정희, 최남정, 2008; 황윤세, 양옥승, 2002). 최근 필자가 수행했던 연구들(나은숙, 양옥승, 2007; 양옥승, 2002b, 2003, 2004a; 양옥승, 나은숙, 2005; 양옥승, 이정란, 나은숙, 2002)에서도 자유선택 활동에 대한 인식은 어떤 이론에 근거하고 있는가에 따라 많은 차이가 있는 것으로 나타난다. 따라서 이 장에서는 전통적 시각, 사회적 구성주의, 포스트모던 관점의 세 가지 시각을 중심으로 유아의 자유선택 활동에 대한 이해와 해석의 차이를 논할 것이다.

## 2. 자유선택 활동에 대한 전통적 시각

전통적 시각에서 자유선택 활동이나 자유놀이를 정의하게 되면, 이것은 유아가 잠재되어 있는 자신의 흥미와 요구, 자발적인 의지에 따라 놀이 활동과 놀잇감을 자유롭게 선택하여 놀이 활동을 하게 하는 것으로, 인간의 타고난 이성이나 감성에 충실한 교육활동이다(Frost, Wortham & Reifel 2001; Johnson, Christie, Yawkey, 1999). 이러한 생각의 기저에는 Froebel의 놀이론, Hall의 발달론, Dewey의 상호작용론, Freud의 정신분석 이론, Piaget의 인지발달 이론 등이 작용한 것으로 나타난다. 그러나 인간의 자유나 아동의 흥미와 요구의 개념을 어떻게 규정하고 있는지, 흥미를 이성적으로 이해하는지 혹은 감성적으로 이해하는지, 자유선택 활동을 안내하고 진행하는 과정에서 교사가 어느 정도 개입하는지, 교실 공간을 어떻게 구성할 것인지, 유아가 놀이 활동할 수 있는 공간(흥미영역)을 어느 정도로 구조화하는지 등에 대한 구체적인 생각은 어떤 이론을 취하느냐에 따라 다소 차이가 있다.

교육과정에서의 놀이, 발현, 통합을 강조했던 Froebel은 유아의 자발성과 자유에 근거한 놀이의 활동적 의의를 밝히고, 교육활동으로서 자유놀이를 유아교육 현장에 최초로 적용하였다. Froebel(1826)에 있어서 놀이는 내면세계에 잠재한 요구(필요)를 표상하는 활동이자 타고난 인간의 이성과 활동적 본성을 발현시킬 수 있는 최고의 교육적인 활동이다. 놀이는 모든 활동 중에서 가장 자발적인 정신 활동으로 사람, 사물의 내면에 잠재해 있는 자연성이자 삶의 특성이고 선의 원천이기도 하다. 따라서 유아에게 자유로움, 즐거움, 만족, 휴식 등을 가져다주기 위해 유아교육은 유아의 자발성에 근거한 자유 놀이를 중심으로 이루어져야 한다. 그의 이러한 생각은 아동중심 교육과정의 실천 개념과 원리로 자유놀이, 즉 자유선택 활동을 인식하게 만들었다.

한편, 아동을 학습의 질과 양을 결정할 수 있는 자발적인 존재로 보았던 Hall(1883)을 위시한 아동중심주의자들은 아동이 자발적으로 수행하는 활동을 모두 학습이라고 주장한다. 아동중심주의자가 볼 때 아동의 흥미와 필요는 학습의 시작이자 끝이다. 그래서 아동이 자유롭게 자발적으로 선택한 어떠한 활동도 교육적인 가치가 있다고 가정하고 교육활동 과정에서의 교사의 개입은 철저히 배제된다. 그러나 아동의 자발적인 흥미를 슬로건으로 내세웠던 아동중심의 교육은 아동의 일상생활과 삶의 질을 높여 줄 수 없는 자유방임 교육이라는 비난과 함께 후일 교육 현장으로부터 외면을 받았다.

아동중심주의자들의 흥미론에 반론을 제기하며 사회적이고 언어적인 상호작용자로서 교사의 적극적인 개입을 주장했던 사람은 Dewey다. Dewey(1902, 1938)에 의하면 아동의 자발성에 기인한 모든 활동에 가치를 부여하는 것은 아동으로부터 가치 있는 활동의 기회뿐 아니라 가치 있는 활동에 대한 관심을 빼앗는 것이다. 삶의 수준은 무엇을 알고 있고 무슨 일을 하느냐에 의해서도 결정되기 때문에 아동의 자유나 흥미를 중시한다는 이유로 아동이 가치 없는 활동이나 일에만 얽매이는 것을 방치하게 되면 아동은 그것에만 흥미를 갖게 되어 낮은 수준의 삶에 머물게 된다. 그에게 있어서 진정한 의미의 자유는 교사가 유아에게 놀잇감을 제시해 주고 유아가 자발적으로 흥미와 요구에 따라 행동하게 맡기고 내버려두는 것이 아니다. 아동의 흥미가 학습을 시작하는 출발점이라면 교육과정은 학습을 통해 추구하는 최종 목표이자 결과이기 때문이다.

Dewey의 상호작용 이론에 따르면 인간은 환경과 연결되고 상호 의존한다는 연속성과 의존성의 특성을 가지고 있고, 환경과의 사회적 상호작용을 통해 성장하고 발달하는 특징을 가지고 태어났다. 따라서 교사는 아동의 흥미와 교사의 교육목적을 연결하기 위해 언어적 상호작용이라는 수단을 적극적으로 활용할 수 있어야 한다. 교사는 유아의 능력과 필요, 과거의 경험 등을 참작하여 방향을 제시하는 형태로 적극적인 언어적 상호작용, 즉 개입을 할 수 있어야 한다는 것이다. 그렇다고 교사가 자기의 의도대로 유아의 활동을 몰고 가거나 의도한 목표를 완수하려고 해서는 안 된다. 교육과정 상에서 유아의 자유와 흥미를 교사의 의도나 교육목표와 연결짓기 위해서는 연속성과 의존성의 원리에 입각한 적극적인 언어적 상호작용이 필요하다. 교사의 적극적인 개입이 있어야만 아동의 자유의지에 따른 선택활동은 교육적인 활동으로 이어질 수 있다고 본 것이다.

유아교육 분야에서는 전통적으로 유아의 놀이를 무의식 내지 전 의식의 세계 속에 깊이 잠재해 있는 정서적 욕구인 요구와 흥미를 표현하고 분출하게 해 주는 일종의 출구로 규정하기도 한다. 이러한 생각의 기저에는 자유롭게 정서를 표출할 수 있는 놀이 활동을 통해 유아는 사회적으로 유용하게 승화시키고 자아를 형성하고 초자아를 내면화한다는 Freud의 정신분석 이론이 그 배경으로 작용하고 있다. 발달적으로 볼 때, 인간의 흥미는 정서적인 흥미와 인지적인 흥미로 나눌 수 있다(Kintsch, 1980). Froebel이나 Dewey가 인식론적인 차원에서 흥미를 논했다면, 정신분석 이론은 정서적인 의미에서 흥미를 논한 경우다. 특히 정신분석적인 관점에서는 흥미보다는 요구나 욕구의 개념과 표현을 사용하며 자유선택 활동을 설명하는 특징이 있다.

정신분석 이론에 따르면 유아는 자신의 요구를 자유롭게 표현하는 자유놀이를 통해 스스로를 통제(self-control)하는 방법을 배우며 창의성을 개발해 나갈 수 있다. 그래서 교실 공간을 구조화하거나, 교사가 유아의 자유선택 활동 과정에 적극적으로 개입하는 것은 금지된다. 그런 자유놀이에 대한 정신분석적 접근은 구성과정을 과학적이고 발생학적으로 설명하는 Piaget의 인지발달 이론이 유아교육 분야를 주도하게 되면서 유아교육 현장에서 그 맥을 이어가기 어렵게 되었다.

Froebel이 유치원을 설립한 이래 유아교육 분야에서 사용해 왔던 자유 놀이라는 용어가 자유선택 활동으로 바뀌고 유아의 내적 동기, 자발성, 자율성, 능동적인 참여 등과 관련지어 자유선택 활동이 본격적으로 논의되기 시작한 것은 Piaget의 인지발달 이론이 적용되기 시작한 1970년대부터다. Piaget의 발달 이론에 따르면, 자유선택 활동은 유아 자신의 내적 동기, 자발성, 능동성, 재미, 즐거움 등에서 시작된 것으로, 외부에서 부여된 어떠한 규칙에도 예속되지 않은 상태에서 놀이 활동을 선택·결정하고 진행하는 과정이다(양옥승 외, 2001). 이 시각에서 보면 자기 주도적인 자발적 선택에 의해 이루어지는 자유선택 활동이나 자유놀이는 유아만이 지닌 고유의 특성이자 보편적인 발달 양상이다. 그러므로 놀이과정에서 유아가 지식을 구성할 수 있도록 자유선택 활동은 유아의 능동적인 참여를 보장하는 범위 내에서 이루어진다. 아울러 유아교육과정에 놀이를 핵심적인 요소로 포함시키고 유아의 발달 수준을 참작하여 하루 일과 속에 자유선택 활동이나 자유놀이 시간을 배정한다. 그러나 교실 공간은 유아의 인지적 갈등과 혼란을 최소화할 수 있도록 유아의 인지적인 흥미에 따라 흥미영역으로 구조화하고 흥미영역 별로 유아의 인지 발달을 돕는 다양한 놀잇감(교수 · 학습자료)들을 분류하여 비치할 수 있어야 한다(Bredekamp & Copple, 1997; Weikart, Hohmann & Rhine, 1981; Wood & Bennett, 1998).

Piaget(1962)는 놀이의 개념을 자기목적성, 자발성, 즐거움, 조직화의 결여, 갈등으로부터 자유로움, 과다동기 등의 여섯 가지 특징을 가진 활동이라고 정의한다. 그리고 아동의 연령이 증가할수록 놀이는 자유선택적인 요소보다는 즐거움이 더 중요한 요인으로 작용한다고 보았다(양옥승 외, 2001, p. 126). 재미나 즐거움이 자발성보다 진보된 개념이라는 것이다. 그리하여 이 관점에서는 교사가 자유선택 활동이나 놀이를 '재미있는 것'과 '재미없는 것', 또는 '발달적으로 적합한 것'과 '발달적으로 적합하지 않은 것' 등으로 이분화하고 유아에 대한 성인의 통제를 정당화한다. 이러한 시각이 유아교육과정 연구의 기초로서 적용되면서 유아들은 교사나 성인에 의해 제시된 규칙보다는 자발적으로 구성한 규칙을 잘 지킨다는 관점을 가지게 되었고, 그에 따라 자유롭게 놀이 활동을 선택할 수 있도록 교사의 환경구성이 중요하게 다루어졌다.

Piaget의 인지발달 이론에서 보면 흥미영역을 구조화하는 것은 개별 유아가 흥미와 선행 경험 내지 지식, 성숙 수준, 학습 형태에 따라 집중하여 놀이 활동을 전개할 수 있게 하고, 놀이의 주제와 질에 영향을 주고, 타 영역에 있는 유아의 놀이를 방해하거나 갈등할 수 있는 소지를 줄일 수 있다(Seefeldt & Barbour, 1998). 발달에 적합한 자유선택 활동이 되기 위해서는 유아의 인지적 흥미와 놀이 활동 유형을 언어, 수학, 과학, 조작놀이, 쌓기놀이 등으로 세분화하고 그에 따라 교실 공간을 구획화하고 구조화하는 것이 필요하다는 논리이다. 그러나 이러한 논리는 다분히 인위적이고 성인 중심적이라 할 수 있다. 마치 초 · 중등학교가 교육과정을 교과중심의 조직하는 것처럼 매우 구조적이다.

현재 많은 유아교육자들은 전통적인 발달주의 시각에서 자유선택 활동을 정당화하고 있다. 초・중등학교와 같이 유아교육과정을 교과 중심으로 조직하는 데 반대 입장을 분명히 표방하고 있는 유아교육자들조차도 자유선택 활동에 대해서는 전통적인 아동발달주의에 기초하여 그 의의와 필요성을 주장한다. 그러나 이런 전통적 관점은 최근 10여 년 동안 현상학이나 포스트구조주의, 해체론의 관점에서 수행된 연구들에 의해 많은 비판을 받아 왔다. 자유선택 활동이 아동중심 교육의 핵심적인 개념의 하나로서 인식되고 있는 것은 보편적 아동발달 개념에 입각한 발달론에 의한 것이라 가정하고 포스트 구조적이고 해체적인 관점을 가지고 자유선택 활동에 대한 전통적 시각을 신랄하게 비판한 사례는 Burman(1994)과 Cannella(1997)에서 볼 수 있다. 이들에 의하면 자유선택 활동에 대한 전통적인 발달론은 사회문화적 맥락을 무시한 비현실적인 '환상'에 지나지 않는다.

자유선택의 주체인 유아의 입장에서 자유선택 활동이 어느 정도 유아의 흥미와 요구를 반영하고 있는지에 대한 필자 등(양옥승, 이정란, 나은숙, 2002)의 연구에서도 유아들은 유아교육기관의 자유선택 활동 시간에 이루어지는 모든 활동을 자유선택 활동이라고 생각하지 않는 것으로 나타난다. 유아들은 예를 들어, 자기가 원하는 것을 마음대로 하거나("내가 하고 싶은 것을 할 때는 놀이예요."), 교사의 통제나 제재가 없거나("숙제가 아니니까 아무렇게나 그려도 돼요."), 능동적으로 참여할 수 있고 자기 의지대로 활동을 중단하고 완성할 수 있는 경우("다른 것이 하고 싶으면 그만둘 수 있고 다른 곳으로 갈수도 있어요."), 오랜 시간(물론 유아의 입장에서 본 상대적인 개념이지만) 정신적인 집중과 인지적인 노력을 요하지 않는 상황, 신체적, 인지적 긴장감을 조성하지 않는 상황("신나게 노는 게 놀이죠."), 그리고 즐거움이나 재미와 같은 정서적인 만족감을 안겨주는 놀이나 활동들("재미있으니까요.")을 자유선택 활동이라고 생각한다. 아울러 유아들은 실내에서 제공되는 자유선택 활동시간만이 아니라 실외놀이 시간에 대해서도 실내의 자유선택 활동과 같은 의미를 부여하고 있는 것으로 나타난다. 다만 실외놀이는 실내의 자유선택 활동보다 교사의 눈을 피해 외진 곳에 비밀장소를 정하고 자기들끼리만 '재미있고 신나게' 노는 장면이 더 많이 나타난다는 점이 다를 뿐이다(김혜영, 2008). 이러한 모든 사실들은 개인적 흥미 못지않게 상황적 흥미가 유아의 자유선택과 자유선택 활동에 영향을 준다는 것을 시사한다.

그러나 자유선택 활동에 대한 반응은 유아와 교사 간에 차이가 있는 것으로 나타난다. 교사들은 전적으로 자유선택을 통제할 수 있는 권한을 가지고 유아에게 발달적으로 적합한 놀이 활동이라고 생각하고 있었거나, 교사가 유아의 발달 수준에 맞추어 사전에 계획했던 활동이기 때문에 유아는 교사가 추천한 활동이나 놀이를 반드시 수행해야 한다고("~를 꼭 해 보세요." "선생님이 말한 대로 ~를 해야 해요.") 생각한다. 또한 교사는 유아의 자유선택 활동에 대한 교사의 입장은 상당히 결과 중심적이며, 과업을 완수하지 않은 상태에서는 유아가 자발적으로 놀이 활동을 중단하지 않는 것이 바람직하다고("그림을 다 그린 다음에 놀 수 있어요.") 여긴다. 게다가 교사는 인지적인 과정을 필요로 하지 않는 재미나 즐거움만을 추구하는 놀이는 자유선택 활동의 범주에 포함시키지 않으려는 경향이 있다.

최근에는 전통적인 시각을 벗어나서 유아교육 현장에서 유아의 놀이 현상이 유아의 생활 세계, 즉 경험 속에서 유아에게 어떤 의미를 부여하고 형성하는지를 현상학적으로 수행한 연구들(김혜영, 2008; 유혜령, 1998, 2001)에 의해 유아의 놀이가 새롭게 이해되고 있다. 현상학적인 관점에서 자유선택 활동과 흥미영역에 초점을 맞추어 수행된 연구에 의해 보다 구체적인 해결책을 제시한 연구들도 나오고 있다. 비구조적인 교실 상황에서 유아들이 보여 주는 자유선택 활동의 의미를 찾고자 했던 연구(임부연 외, 2008)에 따르면 교실의 흥미영역을 비구조화하고 실내외 공간을 자유로이 이동할 수 있게 하고 자유선택 활동 과정에서 교사의 개입을 최소화했을 때, 유아는 '진짜' 재미있는 자유선택 활동을 한다는 것이다.

## 3. 사회적 구성주의에서 본 자유선택 활동

유아교육과정 분야에서 Vygotsky의 발생학적 인식론은 Piaget의 인지발달 이론과 다르게 유아의 사고는 사회적으로 구성된다는 아이디어를 제공함으로써 유아교육 패러다임 전환의 토대가 되었다. 유아의 자발성이란 유아의 개인적 동기뿐 아니라 사회문화적인 상황이나 역사적 맥락에 의해서도 발생된다는 입장을 가지고 자유선택 활동을 논한다는 점에서 사회적 구성주의는 전통적 시각과 큰 차이가 있다. 이 입장에서 보면 흥미에는 학습과 무관하게 개인의 자발성에 의해 발현되는 개인적 흥미(individual interest)만이 아니라 상황이나 학습에 의해 형성된 상황적 흥미(situational interest)도 포함된다는 논리나 주장들(임현식, 1992; Hidi, 1990)이 설득력 있고 타당하다.

삶의 맥락에서 자유선택 활동이나 놀이를 설명하는 방식은 지식의 형성과정에서 발생학적 기원과 함께 사회문화적 맥락의 중요성을 역설했던 Vygotsky(1962, 1978)의 인식론에서 그 근원을 찾을 수 있다(양옥승, 2004a). Vygotsky의 관점에서 볼 때 아동은 지식을 생산하고 형성할 수 있는 능력을 가진 존재이기도 하지만 사회문화적 맥락이나 상황과의 상호작용을 통해 사회적으로 지식을 구성하고 근접발달지대를 형성할 수 있다. 아동은 자기가 처한 여러 사회 문화적 맥락 속에서, 즉 주변의 사람이나 사물뿐 아니라 일상적으로 일어나는 여러 가지 사건들과도 상호작용하는 과정에서 자신의 흥미와 요구를 조절한다는 것이다. 그래서 유아의 자유선택 활동이나 놀이는 사회문화적인 맥락에 대한 이해나 고려 없이 논할 수 없으며, 자기조절 향상이라는 교육적 의의를 가진다.

유아의 자기 조절적 사고를 형성하기 위해서는 긍정적 자아개념 형성뿐만 아니라 유아가 자발적이고 능동적으로 선택한 활동과 교사가 의도적으로 구성해 놓은 환경과의 적극적인 상호교류가 필요하다. 그리고 자유선택 활동을 통해 유아의 자기조절 능력을 향상시키기 위해서는 교실의 상황 조성이 중요하다. 교실은 의사소통의 장이며 상황은 의사소통이나 언어적 상호작용 과정에서 형성되고 의미는 상황에 따라 다르게 해석될 수 있기 때문이다. 따라서 유아가 개인적인 흥미나 요구에 따라 놀이 활동을 선택하는 과정에서 언어적인 상호작용을 통해 자기가 처한 사회문화적인 맥락이나 상황에 비추어 자신의 생각과 감정을 조절할 수 있게 도와주는 것이 교사의 역할이다. 그러나 자유선택 활동 과정에서 유아의 흥미와 요구에서 나온 자발적인 선택과 교사의 언어적 상호작용 간의 관계를 어떻게 설정할 것인지, 즉 교사의 언어적 개입을 어느 정도 구조화할 것인지에 대한 결정은 신중을 기해야 한다. 교사의 역할 규정은 교실을 의사소통의 장으로서, 사람, 사물, 사건이 지니는 의미와 가치를 인정하는 상황으로서 인식하는 사회적 구성주의에 대한 기본 전제를 충분히 이해한 상태에서 이루어져야 한다.

사회적 구성주의를 토대로 자유선택 활동을 개념화한다 할지라도, 자발성이 사회적 상황에 의해 발생한다는 사실(Cooney, Gupton & O' Laughlin, 2000)을 과신한 나머지, 교사가 유아의 자유선택 과정에 과도하게 개입하거나 자기의 의도대로 유아의 생각을 몰고 가는 것은 지양되어야 한다. 교사는 스캐폴더(scaffolder)로서 유아가 생각하고 있는 것을 언어적으로 표현하게 하고 그에 따라 지지해 주는 상호작용지의 역할을 수행하면 된다. 유아의 자유선택에서의 자발성은 교사의 스캐폴딩과 같은 단계적 지지에 의해 강화될 수 있기 때문이다. 실제로 교사의 단계적 지지 속에서 놀이 활동을 선택한 유아들은 자신이 계획한 놀이 활동을 위해 분주히 움직이고 놀이에 몰입하는 것을 볼 수 있다(양옥승, 2004a). 이러한 현상들은 유아의 자유선택은 사회적인 맥락에 의해서 영향을 받으며, 또래와의 협동적이고 협력적인 문제해결이나 교사의 스캐폴딩은 근접발달지대를 형성하고 선택지를 확대한다는 사회적 구성주의의 기본 생각들을 뒷받침하는 것이라 하겠다.

다른 한편으로, 교사는 스캐폴딩 과정에서 유아 스스로 자신의 놀이를 선택하고 구체적으로 놀이 계획을 생각하여 말할 수 있도록 유아에게 자기언어화(self-verbalization)의 교수 · 학습 방법을 적용할 수 있다. 아울러 유아에게 선택에 따른 책임감을 향상시키기 위해서는 자신이 활동한 놀이를 스스로 검토해 보도록 하는 자기평가의 기회를 주는 것이 필요하다. 유아가 자유놀이 시간에 스스로 활동을 선택하여 계획하고 평가해 보는 경험은 자율적 선택의 의미 이상으로 지적 능력, 문제해결, 탐색, 학습적용의 능력과 함께 자기조절 능력을 개발한다는 연구결과들에 의해 보다 확실시되고 있다. 바꾸어 말하면 교사는 자유선택 이후에 유아가 언어적으로 놀이 활동을 계획하는 과정과 놀이 활동이 끝난 이후에 언어적으로 자신의 활동을 회상해 보게 하는 언어적 계획·평가(VPE: Verbal Plan and Evaluation) 프로그램을 통해 유아의 자기조절 기초형성을 도울 수 있다(양옥승, 2004a).

사회적 구성주의 관점에서는 유아의 지식이 사회적인 상황과의 상호작용을 통해 구성된다는 전제하에서 교실의 상황적 의미를 부각시키고 그에 따라 교실의 물리적 환경을 구성할 것을 강조한다. 유아의 발달을 촉진시키는 최적의 사회문화적 환경으로서 교실 공간을 흥미영역으로 구분하여 구성할 것을 권장한다(Petersen, 2003). 그러나 놀이에 관한 선행연구에 따르면 유아의 자유선택의 폭과 놀이활동에 대한 스트레스는 공간적 밀도와 사회적 밀도에 따라 증감된다(Ford, 1993)고 한다. 따라서 전통적인 방식으로 흥미영역을 철저하고 엄격하게 구조화하는 것보다는 상황 설정의 의미에서, 그리고 교실의 연구 밀도를 고려하여 교실 공간은 오히려 반(semi)구조적인 형태를 띠는 것이 적절하다(양옥승, 2004a). 흥미영역 간 소통이 원활히 이루어질 수 있도록 흥미영역을 교과목 구분하듯 세분화하고 구조화하는 것은 지양해야 한다. 또한 교실 공간의 배치와 구성은 자유선택 활동 시간의 배정이나 구성과 같은 시간 요인을 고려하여 결정되어야 한다.

사회적 구성주의에서 보면 자유선택 활동에서 교사개입의 문제는 공간의 크기와 학급당 유아 수를 고려하여 결정해야 한다. 교사의 과다한 개입은 오히려 유아의 자발성과 자유에 따른 선택과 결정을 방해하고 유아에게 진정 놀이다운 놀이, 재미있는 놀이를 하는 데 저해요소로서 작용한다는 것이다. 지나친 교사의 개입은 유아들로 하여금 흥미에 따라 활동을 선택하기보다는 한정된 영역만을 선택하거나 놀이나 활동에 대한 흥미 자체를 잃어버리고 배회하게 만드는 경향이 있다. 자발성은 자유선택 활동의 전형적인 특성으로 외부의 지시나 강요 없는 상태를 가리킨다. 유아들은 자발적인 선택이 이루어졌을 때 자유선택 활동이라 생각하고 즐거움과 재미를 느낀다.

유아의 자유선택 활동 과정을 관찰해 보면, 자발성은 유아 내적인 동기에 의해서만이 아니라 자기가 좋아하는 또래나 교사에 의해 외적으로 동기화되어 발생한다는 것을 알 수 있다(양옥승, 2003). 유아들은 놀이 활동을 선택할 때 친구가 하는 것을 따라 하거나 친구가 권하는 것을 선택하는 경향이 있다. 또래가 놀이하는 방법을 가르쳐 주거나 흥미를 유지시켜 주는 역할을 한다는 것이다. 그런가 하면 자유선택과정에서 유아의 자발성은 교사가 유아의 요구와 흥미에 따라 스캐폴딩하는 과정에서 외적으로 동기화되기도 한다. 교사가 사전에 계획하고 설정한 활동은 유아의 상황적 흥미를 자극하고 자발성을 촉진한다. 교사가 스캐폴더로서 유아의 흥미나 요구, 발달 수준에 맞추며 놀이 활동을 단계적으로 지원할 때 유아의 자유와 자발성에 근거한 활동 선택은 증가한다. 또한 자유선택 활동 과정에서 교사가 불개입하기보다 개입을 최소화하여 그 방식을 스캐폴더가 되는 그런 형태로 개입하는 것이 유아의 자발성 신장과 선택지 확장에 기여함을 볼 수 있다(양옥승, 2003). 유아가 개인적인 흥미에 따라 즉흥적으로 선택하게 하는 것보다 교사가 유아의 자유로운 선택 과정에 스캐폴더로서 도움을 주었을 때 자발적인 선택이 늘고 놀이 활동에 대한 성취도가 높아진다는 것이다.

자발성은 스스로 흥미를 점검하는 유아의 주변 탐색 과정에서 나타나기도 하지만 놀이 자체를 좋아하는 유아의 특성과도 밀접한 관련이 있다. 유아 편에서 진정한 의미를 갖는 자유선택 활동은 유아가 자발적이고 능동적으로 자유 의지에 따라 선택할 수 있는 자연스러운 상황 조성이 선결되었을 때다. 3세에 이미 교사의 도움이 없어도 활동을 선택하기 전에 교실에 있는 또래의 활동 과정을 유심히 관찰하는 탐색의 과정을 갖는 것을 볼 수 있다. 물론 유아가 어릴수록 활동을 선택하기 위한 탐색 시간은 길고 활동 집중 시간은 짧은 것도 사실이다. 그렇다고 유아의 활동 전이 현상이 발생할 때마다 교사가 개입하는 것은 바람직하지 않다. 교사에게는 또래의 활동이나 흥미영역을 관찰하고 탐색할 수 있도록 기다리는 여유가 필요하다. 유아의 움직임을 세심하게 관찰한 후에 유아에게 다가가 스캐폴더로서 유아와 언어적인 상호작용을 할 때, 유아는 자기의 생각을 조절하면서 자발적으로 활동을 선택하는 것을 볼 수 있다. 이와 같은 과정과 절차를 거치면서 교사가 유아의 자유선택 활동에 개입했을 때에는 집중하는 시간이 길고 자신이 선택한 활동에 대한 즐거움과 만족감도 높아지는 것으로 나타낸다.

유아의 자유선택은 물리적 환경에 의해서도 그 폭과 내용이 달라진다(양옥승, 2003). 교사가 물리적 환경을 교육적 상황으로 조성했을 때, 유아는 교사의 개입이 없어도 흥미를 느끼고 자발적으로 선택의 폭을 넓힐 수 있다. 그러나 교사에 의한 흥미영역별 인원 수 제한은 유아가 선택한 놀이 활동을 포기하게 만들고, 신중하기보다는 충동적으로 놀이 활동을 선택하게 하고, 오랫동안 타인의 놀이 활동만을 지켜보는 방관자적 위치에 처하게 하고, 무조건 또래가 양보할 것만을 강요하거나 기다리는 현상을 유발한다. 이런 경우 제한했던 인원수를 늘리거나 흥미영역의 구조를 완화하는 방식으로 교실 상황을 변형시키는 노력이 필요하다. 만일 흥미영역별 인원수 제한을 풀지 않은 상태에서 교사가 영역별 인원 조정을 목적으로 특정 영역 내에서 자유선택 활동을 수행하고 있는 유아에게 자리 양보를 권유하게 되면, 유아들은 또래를 불신하거나 놀이 활동 포기에 따른 개인적 상실감을 표출하는 것으로 나타난다. 이러한 현상은 유아의 연령이 낮아질수록 보다 빈번해진다. 또한 흥미영역의 구조화가 심하면 심할수록 자유선택에서의 유아의 자발성과 흥미는 줄어들고, 안정적인 상태에서 흥미영역 간 소통을 늘리는 비율도 줄어들며, 영역 내에 비치된 놀잇감이나 활동자료에 대한 탐색 시간도 짧아지는 것을 볼 수 있다.

인간의 흥미란 정서적인 것과 인지적인 것으로 구분할 수도 있지만 개인적 흥미와 상황적 흥미로 분류할 수도 있다. 자유선택 과정에서 보여 주는 유아의 흥미는 개인적인 것뿐 아니라 상황적이라는 사실은 유아의 자유선택 활동 실재 속에서 언제나 목격되는 현상이다. 자기가 좋아하는 또래가 주위에 있을 때, 또는 흥미영역이 구조화되어 있고 그 안에 놀잇감이나 활동자료가 충분히 비치되어 있으며 이 모든 것을 한눈에 잘 볼 수 있게 공간이 구성되어 있을 때, 유아에게 쉽게 발현되는 것이 개인적 흥미다. 그런가 하면 교사나 또래가 새로운 활동을 제시했을 때, 비록 간접적인 형태이지만 TV, 만화, 인터넷 게임 등 미디어를 통해 자주 접했던 문화 활동을 경험할 기회가 주어졌을 때, 또는 흥미영역 간에 소통이 원활히 이루어질 때 자연스럽게 발생하는 것은 상황적 흥미다(나은숙, 2005; 나은숙, 양옥승, 2007). 그러나 개인적 흥미라 해서 상황과 무관하지 않으며 의사소통할 수 있는 상황이 설정되었을 때 개인적 흥미는 보다 쉽게 발현된다는 점에 미루어 볼 때 개인적 흥미와 상황적 흥미의 구분은 매우 인위적인 것이라 할 수 있다.

## 4. 포스트모던 관점에서 본 자유선택 활동

포스트모던 관점은 자유선택 활동 과정에서 유아가 형성하는 주관적인 의미, 내재적인 구조, 의도 및 동기 등에 대한 기존의 연구 개념과 방법을 해체하고 그에 따른 새로운 대안을 모색하는 데 초점을 맞춘다(양옥승, 2002b; Dahlberg, Moss & Pence, 1999). 왜냐하면 포스트모더니스트들에게는 '누가' '어떻게' 지식을 구성하느냐가 중요한 관건이 되기 때문이다. 따라서 자유선택 활동이나 놀이에 대한 성인의 인식과 유아의 인식이 다를 수 있다는 전제하에 유아교육기관에서 제공하고 있는 자유선택 활동의 문제점과 특징을 파악하고 해결책이나 대안을 찾고자 한다. 놀이 활동의 주체로서 유아가 생각하고 있는 자유선택 활동에 대한 개념은 어떠하며 그것이 교사가 갖고 있는 개념화와 어떠한 차이가 있는지를 보다 구체적으로 밝히는 데 관심을 보인다. 그리하여 어떤 연구에서는 교사가 자유선택 활동 과정에 적극적으로 개입하면 할수록 오히려 유아들은 그 활동을 자유선택 활동이라고 여기지 않는다는 결론을 내리기도 한다.

포스트모던 관점에서 보면 유아가 흥미와 요구에 따라 자발적인 목소리를 내고, 자유로운 상태에서 지식을 구성하는 일련의 경험을 할 수 있는 자유선택 활동은 교육과정적인 의의가 있다. 어느 누구의 지식도 확실하거나 객관적, 절대적일 수 없다는 포스트모던 기조는 어린아이들이라 해서 지식을 구성하지 못한다고 말할 수 없다는 것으로 귀결된다. 아울러 일상적인 행위에 대한 의미는 사회적 상호작용을 통해 생산되고 성취된다는 점에서 유아와 교사가 상호작용을 통해 자유선택 활동에 대해 가지고 있는 의미와 상징을 어떻게 생산하고 이해하며 실천하고 있는지를 파악하는 것도 매우 중요한 연구주제가 된다. 따라서 빈틈없이 짜여진 하루 일과 속에서 자유선택 활동 시간이 교사의 의도에 따라 제한되었을 때 그것이 진정 유아에게 의미 있는 것이 되는지에 대한 문제제기는 당연하다. 포스트모던 관점에서 보면 Slattery(1995)가 말한 '시간의 포로'가 된 상태에 있는 유아에게 자유를 허용하는 것이 진정 자유인가 묻지 않을 수 없다.

포스트모던 관점에서 보면 유아교육자들은 아직도 모던적인 사고를 가지고 자유선택 활동 공간을 개념화하고 있다는 비판을 받을 소지가 많다. 자유선택 활동은 유아와 성인이 함께 사회적이고 경제적인 의미에 참여하는 과정으로, 유아의 개인적 흥미와 요구나 교실의 인적 조건 이외에 물리적 조건이나 상황에 의해서도 그 의미가 달라지기 때문이다. 자유선택 활동 과정에서 유아는 놀잇감으로 인해 또래와 싸우고 경쟁하거나 반목하며 또래로부터 소외감을 느끼는 경향을 보이는 것도 이런 상황을 반영한 것이다. 이러한 시각에서 보면 자유선택 활동이 다양하고 역동적인 교육활동으로 발전하기 위해서는 자유선택 활동공간에 대한 개념은 해체되어야 한다. 구조화의 정도가 높은 흥미영역 구성은 진정한 의미의 자유와 자유선택을 어렵게 하고 흥미영역 간 원활한 소통을 억제할 가능성이 높다(양옥승, 나은숙, 2005). 이런 의미에서 교실 공간을 흥미영역으로 구분하고 구조화하여 구성하는 것은 바람직하지 않다. 아울러 자유선택 활동을 위한 공간의 범위를 교실내로 국한시키기보다는 복도와 실외 놀이터까지 그 범위를 확대하는 것이 필요하다.

보편적 아동발달의 개념을 중심으로 한 전통적인 시각에 입각하여 유아의 자유선택 활동 공간을 개념화하는 사고는 모던적인 것이다. 포스트모더니즘의 시각에서 보면 획일적이고 보편적인 지식을 전달하고 습득하도록 교사에 의해 사전에 설정된 공간은 교육 공간이 될 수 없다. 유아에 의해 지식이 구성되는 상황적, 과정적, 변용적인 공간만이 활동공간으로서 교육공간의 의미를 지닌다. 이렇게 보면 흥미영역별 공간 구성은 정진화된 사고로 해체되어야 마땅하다. 유아가 교실이라는 한정된 공간에서 이탈하게 될 때 제재하는 것은 유아교육이 유아들에게 전체적인 공간의 흐름이나 자신을 확장하게 하는 공간의 개념을 갖게 하기보다는 규제를 경험하는 곳이 공간이라는 인식을 가지게 한다. 이 점에서 자유선택 활동 공간을 제한하는 것은 유아의 행동과 삶에 대한 교사의 간섭과 통제를 합리화하고 정당화하는 것에 지나지 않는다.

이러한 관점에서 필자가 자유선택 활동에 대한 유아의 인식을 분석했을 때에도 교사의 인식과 많은 괴리가 있는 것으로 나타났다(양옥승, 2002b). 유아들은 '내가 진짜 하고 싶은 놀이를 하는 것' '재미있게 노는 것'과 같은 자유의지, 자발성, 즐거움, 자기 목적성, 성인의 통제로부터 해방감, 상황적 흥미와 요구를 중시하는 의미에서뿐만 아니라 '놀고 싶을 때 노는 것' '아무 데나 마음대로 노는 것'와 같이 시간이나 공간의 구애를 받지 않은, 즉 시간과 공간을 해체한 의미로까지 자유선택 활동 개념을 확대하고 있었다. 그러나 교사의 제재와 관련된 사항에 대해서는 자신의 놀이를 중단하는 권한을 교사가 가지고 있기 때문에 하고 싶은 놀이를 마음껏 즐길 수 없게 하는 것, 자기의 자유와 자유선택에 일방적으로 개입하고 통제하는 것은 당연하다고 반응함으로써 교사의 인식과 차이 없는 것으로 나타났다.

유아교육 현상을 들여다보면 유아의 자유선택 활동은 교사가 설정한 교육과정 주제와 상관없이 각자가 현재 경험하고 있는 일상생활과 삶의 실재를 그대로 반영하는 경향이 있다. 그러나 사전에 설정한 문화적 개념이나 교육적 주제와 상관없이 유아들이 자유선택 활동을 계획하거나 놀이 활동을 전개하는 상황에 직면하면, 교사는 유아에게 '~하면 어떨까?' '~로 바꾸어 보면 어떨까?'와 같은 유도질문을 통해 교사의 의도대로 선택하게 하는 등 다른 유형의 제재를 가한다(양옥승, 2002b). 결론적으로 교사는 포스트모던 관점에서 자유선택 활동을 이해하고 실천하는 유아와 다르게 모던적인 사고를 가지고 자유선택 활동을 이해하고 지도함으로써 유아의 일상생활과 삶을 규제하고 있다고 볼 수 있다.

필자 등(양옥승, 지성애, 김영옥, 홍혜경, 2002)의 연구에 따르면 현재 많은 교사들은 비록 교실공간이나 놀잇감 부족으로 인해 흥미영역별로 구성하지 못하고 있지만 국가수준의 유아교육과정에 부합하는 것이라고 보아 흥미영역을 세분화하여 구조화하고 그 안에 놀잇감을 충분히 비치하는 것이 중요하다고 생각한다. 교실 공간에 비치된 놀잇감이나 활동자료는 유아들이 세상을 인식하고 자신의 내면세계를 표현할 수 있는 수단이자 도구로 보기 때문이다. 아울러 교사들은 놀잇감의 절대적인 양 또한 중요한 교육적 이슈로 받아들이고 있다. 놀잇감이 충분하지 않은 상황에서는 개별 유아가 타인으로부터 방해 받지 않고 자유선택 활동을 수행하기 어렵고, 소유권으로 인해 또래와 다툴 가능성이 많다고 보기 때문이다. 이와 같은 교사의 흥미영역이나 놀잇감과 활동자료에 대한 인식은 삶의 세계이자 상황으로서 교실 공간이 진정으로 유아가 자신의 놀이 활동을 자유롭게 선택하는 상황으로 작용하고 있는지에 대한 또 다른 의문을 야기한다.

유아의 자유선택 활동이 물리적 환경구성에 따라 그 의미가 어떻게 다르게 나타나는지를 관찰해 보면 유아가 모든 영역을 쉽게 한눈에 볼 수 있게 개방적으로 흥미영역을 구성한 교실에서 유아의 자유선택 활동이 보다 활발한 것으로 나타난다. 30명의 유아들이 생활하는 20평이 조금 넘는 비좁은 교실 공간을 8개 이상의 흥미영역으로 분리하고 가구로 칸을 막아 구조화하는 것은 유아에게 스트레스를 유발하고 유아의 자유와 자유선택의 폭을 제한하고 영역 간 이동 과정에서 유아들이 빈번하게 부딪히게 하고 그로 인해 유아 간 갈등이 야기되는 양상이 벌어진다(양옥승, 나은숙, 2005). 이러한 현상은 스트레스를 줄이기 위해 흥미영역을 구조화한다는 전통적인 시각과 상반된 것이라고 하겠다. 어떤 유아교육기관에서는 부족한 공간과 놀잇감 문제들을 해결하기 위해 흥미영역별 활동 가능 인원을 제안하고 있는데, 이는 과밀학급의 문제와 함께 복합적으로 다루어져야 할 사안이라고 하겠다. 포스트모던 관점에서 보면 교사의 개입과 시공간의 구조화를 최소화하는 길이 자유선택 활동에서 자유와 자유선택, 그리고 자유선택 활동을 모두 보장하는 최선의 길이 될 것이다.

## 5. 결론 및 제언

어떤 관점에서도 자유선택 활동만으로 유아의 자발적인 선택이나 자유로운 활동을 신장시킨다고 여기질 않는다. 자유방임이 부적절하다고 해서 교사가 유아의 자유선택 과정에 무조건 또는 지나친 의도를 가지고 개입하는 것도 교육적이라고 생각하지 않는다. 그런데 본래의 교육적 취지나 기대와 다르게 유아들은 왜 자유선택 활동에서 즐거움이나 자기만족을 느끼지 못하는가. 이에 대한 해답은 포스트모던 관점을 적용하면 용이해진다. 포스트모던 연구에 따르면 교사는 구조적인 모던적 관점에 머물러 있지만 유아는 이미 포스트모던의 관점에서 자유선택 활동을 이해한다. 한 마디로 유아는 교사의 개입이 최소화되고 자발적인 선택과 자유가 보장될 때 자기만족과 행복을 느낀다는 결론이다.

사회적 구성주의 시각에서 볼 때 지배적인 유아교육 담론, 즉 과학주의나 보편적 아동발달 중심의 전통적 시각은 교사의 과도한 개입을 정당화하거나 시공간적 규제를 당연시 하거나, 아니면 사회문화적 맥락을 간과하거나, 재미있는 것과 재미없는 것 또는 발달적으로 적합한 것과 적합하지 않은 것 등으로 이분화함으로써 유아의 자유의지, 자발성, 즐거움, 자기 목적성, 성인의 통제로부터 해방감, 상황적 흥미와 요구를 억제하는 경향이 있다. 이러한 문제가 발견되었다고 해서 전통적인 관점을 불필요한 것으로 매도할 순 없다. 자유선택 활동에 대한 전통적인 담론 또한 역사적 산물이면서 오늘의 사회문화적 상황과 긴밀하게 연결된 이성적인 활동이기 때문이다.

그러나 자유선택 활동에 대한 지금까지의 연구로는 활동 과정에서 어느 정도 교사 개입을 최소화하고, 시간과 공간을 덜 구조화할 것인지에 대한 해답을 얻기 어렵다는 또 다른 문제가 있다. 아마도 그 이유는 확률로 설명할 수 없는 자유선택 활동의 개념이나 의미의 속성에 있을 것이다. 교사 개입의 최소화가 교사 불개입을 의미하거나 시간의 확대가 매일의 일과를 자유선택 활동으로 채우거나 공간의 비구조화(반구조화라 해도 마찬가지)가 흥미영역을 없애는 것을 의미하는 것이 아님은 분명하다. 최소화, 확대, 구조화라는 말 자체가 상대적인 의미를 담고 있기 때문에 그 범위를 정하는 것이 쉽지 않다. 교사는 교육적인 방식으로 자유선택 활동에 임했다고 생각할지라도 유아들이 과도하다고 느낀다면 그것은 최대화된 개입이라 할 수 있다. 물론 유아 스스로 교실문화에 상당부분 적응하고 있으며 유아의 판단에는 일상적인 삶의 다양한 여건들이 작용하기 때문에 그러한 불편함이나 불만을 찾아내기가 쉽진 않을 것이다.

최근 연구들을 종합해 보면, 유아교육 현장에서는 사전에 설정한 주간 교육주제나 그날의 주제에 짜 맞추어 유아의 자유선택을 유도하는 일이 다반사로 일어나고 있다. 유아의 자발적인 선택보다 교사에 의해 확정되고 절대화되고 객관화되어버린 비자발적인 선택이 자유선택 활동 과정에서 강화되고 있는 것이다. 따라서 자유선택 활동이 자발성에 기인한 것인지에 대한 문제제기가 유효하다면 이와 관련된 연구들이 앞으로 보다 많이 나와야 할 것이다. 아울러 오늘날에는 시간 체계가 '개인화' 되고 있다는 점을 감안하여 시간을 제한하지 않고 유아의 요구대로 자유선택 활동 시간을 확대하는 것이 유아의 자발성과 자유선택을 어느 정도 신장하는지에 대한 연구도 나와야 할 것이다.

포스트모던 관점에서 볼 때 분할의 기술, 활동의 통제, 발생의 조직, 힘의 조합 등의 네 가지 힘/지식의 실행 원리가 교사 · 유아 관계(신은미, 2005)나 또래 관계에 존재한다(김진영, 1998; 이정란, 2004). 그리고 이러한 교실문화는 놀잇감(교수 · 학습자료, 교재교구, 활동자료)이 부족한 교실에서 더욱 두드러지게 나타난다. 놀잇감이 부족한 교실에서 유아의 자유선택 활동은 교실 내에서 힘 있는 유아가 힘없는 유아의 놀잇감을 부수거나 빼앗는 놀이 문화를 형성한다(양옥승, 나은숙, 2005). 놀잇감으로 인한 다툼이 발생했을 때에는 교사가 개입하지 않더라도 또래 내에서 다분히 사회적으로 힘이 있다고 인정되는 유아가 등장하여 문제를 해결한다는 것이다. 따라서 놀잇감이 절대적으로 부족한 교실에서 교사가 부재하거나 교사 개입이 최소화된 그런 상황이 벌어지면 또래 관계는 어떻게 되는지를 살펴볼 필요가 있다. 그렇지만 어떠한 연구 결과가 나오더라도 힘/지식에서의 우월성과 그에 따른 과대 일반화는 경계되어야 할 것이다.

자유선택 활동에 관한 한 정답은 없다. 유아의 자유와 그에 따른 선택은 존중되어야 한다. 유아교육기관은 자유선택 활동을 통해 너무 많은 것을 가르치려 들지도 말아야 할 것이다. 그렇지만 우리말을 알아야 대화가 가능하듯이, 교사의 의도성을 완전히 배제한 교육을 교육이라고 할 수 있는가, 이 문제도 함께 고민해야 할 것이다. 인간은 이미 사회적으로 구축해 놓은 구조나 철저한 짜임새를 지키려는 노력의 과정에서도 자유를 느낄 수 있듯이, 개인적으로 아무런 상관없는 언어나 수의 세계를 알아야 자유를 느끼고 그에 따른 선택도 풍부해질 것이기 때문이다. 교육자의 딜레마는 바로 여기에 있다.

모든 인간은 환경의 제약을 받는 존재다. 자유에 대한 개념이나 자유선택에 대한 개념 규정 또한 민주주의라는 개념과 마찬가지로 개인이나 집단이 처한 삶의 맥락에 따라 달라질 수 있다. 자유선택 활동 역시 교수 · 학습 과정의 하나로서 사람, 사물, 사건과의 상호작용을 통하여 사회적으로 구성되는 문화적 활동일 수밖에 없기 때문이다. 이런 의미에서 앞으로의 연구는 자유선택 활동 담론 그 자체의 문제점을 드러내는 데 두기보다는 특정한 생각이나 해석 또는 인식을 낳게 된 배경을 분석함으로써 혹시라도 간과된 어떤 내용이나 사실은 없는지를 살피고 자유선택 활동에 관한 보다 다양한 대안들을 모색하는 데 초점을 맞추어야 할 것이다. 그동안 가져왔던 자유선택 활동에 대한 신화를 깰 수 있는 한 어떤 관점으로든 실천적인 방안을 찾기 위한 집중적인 연구 작업은 유효하다고 하겠다.

제12장

# 잠재적 교육과정과 영 교육과정

현대 사회가 비록 위기의 시대라 할지라도 교육과정 분야에서 다양한 교육과정 이론이 수용되고 있음은 유아교육과정 탐구에 대한 낙관을 갖게 한다. 교육과정은 전통적으로 '무엇을 어떻게 가르칠 것인가?' 와 같은 선형적 질문에 대한 답변을 통해 교육의 절차와 내용들을 조직하고 구성하는 데 주력하였다. 그러나 그러한 교육과정 개발 원리는 교육과정을 구획화하고 교과목 간의 고립화를 초래함으로써 교육과정의 이론과 실제를 분리하는 결과를 낳았다. 그리고 교육과정의 이론과 실제의 분리는 삶과 교육을 분리하는 현상을 초래하였다. 최근 교육과정은 무엇을 어떻게 가르칠 것인가에 머물지 않고 '무엇을 가르쳤는가?' '혹시 가르치지 않은 것은 없는가?' 라는 전환적인 질문에 대해서도 답하고자 한다. 이러한 물음에 대한 대답은 교육의 과거, 현재, 미래를 거시적으로 통찰하고 그간의 교육 실제를 반성하는 계기로 작용할 것이다. 아울러 차세대에 교육과정 담론의 역사를 새롭게 이어갈 수 있는 혁신적인 아이디어를 창출하게 하는 동력이 될 것이다.

유아의 일상생활과 삶의 질은 교육기관이 명시적으로 밝힌 교육과정에 의해서만 향상되는 것이 아니다. 유아교육기관이 의도하지 않았으나 은연중에 가르친 잠재적 교육과정도 있고 의도적으로 가르치지 않은 영 교육과정도 있기 때문이다. 잠재적 교육과정은 일상생활과 놀이 중심의 교육을 전제로 하는 유아교육 상황에서 다소 외면되지만 그것이 지닌 실제적인 힘은 강력하다. 그런가 하면 영 교육과정은 유아교육기관이 특정 발달 특성이나 교육내용을 중심으로 교육과정을 구성함으로써 의도적으로 가르치지 않는 것은 없는지 판별하는 중요한 단서가 될 수 있다는 점에서 충분히 관심을 불러일으킬 만하다. 따라서 이 장에서는 잠재적 교육과정과 영 교육과정의 개념을 살피고 이 두 유형의 교육과정이 유아교육에서 왜 쟁점이 될 수 있는지에 대해 논할 것이다.

## 1. 잠재적 교육과정

학교 교육은 모종의 의도성에 따라 수행된다. 그러나 학교의 의도와 다르게 또는 학교가 의도하지 않았음에도 제도적, 행정적, 물리적, 사회적, 심리적인 제반 여건이 학교생활 과정에 작용하여 학습의 효과를 초래하기도 한다. 이러한 유형의 교육과정을 잠재적 교육과정(hidden curriculum)이라 일컫는다. 잠재적 교육과정은 표면적 교육과정의 의도와 결과에 영향을 미치는 중요한 요소로 작용하지만 결코 표면적 교육과정과 대립적인 관계에 있다고 할 순 없다. 오히려 표면에 드러나지 않기 때문에 잠재적 교육과정은 교육과정이 아니면서도 표면적 교육과정을 계획하고 운영하고 관리하는 교육적 조건으로서의 기능을 효과적으로 수행한다는 이점이 있다(이돈희, 1986).

교육과정 분야에서 잠재적 교육과정을 최초로 쟁점화했던 교육학자는 Jackson이다. Jackson은 1968년 초등학생의 교실생활에 대한 현장연구를 통해 표면화된 공식적인 교육과정에는 드러나 있지 않지만 학교를 통해 아동에게 은연중에 전달되는 잠재적 교육과정이 아동의 학습에 어떠한 영향을 미치는지를 상세히 설명하였다. 그에 따르면 아동은 학교가 공식적으로 제시한 교육 목표에 없는 군중(crowd), 권력(power), 칭찬(praise)과 관련된 특성이나 태도들을 학교생활을 통해 내면화하게 된다는 것이다. 후일 잠재적 교육과정을 한국에 소개했던 김종서(1976) 또한 Jackson(1968)과 유사한 입장에서 잠재적 교육과정의 개념을 학교의 물리적 조건, 제도 및 행정적 조직, 사회 및 심리적 상황을 통하여 '학교에서 의도한 바 없으나 학생들이 은연중에 가지게 되는 경험' 이라고 규정하였다. 잠재적 교육과정은 교육과 이데올로기의 관계를 설명한 비판이론가들에 의해 새롭게 해석되기도 한다. Apple(1971)은 학교가 잠재적 교육과정을 통해 이데올로기를 재생산하고 현상(status quo) 유지를 가능케 한다고 지적한다.

이처럼 잠재적 교육과정에 대한 이해와 해석은 교육과정을 어떠한 관점에서 보느냐에 따라 그 범위와 의미가 달라질 수 있다. 교육과정을 학교에서의 계획, 의도, 문서 등으로 개념화하는 관점에서 보면 잠재적 교육과정은 논리적으로 성립될 수 없다(양옥승, 김지현, 2004). 비록 아동이 학교생활을 통해서 은연중에 무엇인가를 배운다고 하더라도 그것은 교육과정 밖에 존재하기 때문이다. 그러나 아동이 학교생활을 통해 경험한 모든 것을 교육과정으로 규정하는 관점에서 보면 아동의 비공식적이고 묵시적인 유형무형의 경험이라 할 수 있는 잠재적 교육과정은 표면적 교육과정과 함께 교육적으로 의의가 있다.

일반적으로 잠재적 교육과정은 그 용어의 모호성으로 인해 개념 정립에 어려움이 있다. '잠재적' 이라는 용어를 우리말 그대로 교실이나 학교의 문화에 '잠재되어 있는' 그 무엇으로 해석하게 되면 문제없지만 '숨겨진' '드러나지 않은' '비밀의' '감추어진' 등으로 그 의미를 해석하게 되면 복잡해진다. 과연 처음부터 의도성이 없었던 것을 숨겼다고 말할 수 있는가이다. 이러한 해석이 있을 수 있음에도 불구하고, 어떤 교육학자들(Cornbleth, 1984; Vallence, 1991)은 잠재적이라는 용어가 갖는 의미의 모호성 내지 무정형성이 오히려 다양한 시각에서 교육 현상을 이해하게 한다고 평가한다.

## 2. 영 교육과정

학교 교육이 의도성을 전제로 하는 한 학교가 의도적으로 배제한 가치나 사실도 가르친 것만큼이나 의미가 있다. 그럼에도 불구하고 특정 발달 영역에 집착하거나 전통적인 교육과정을 고수하는 것은 교육적으로 가치 있는 내용들을 제외시킴으로써 학생의 학습 기회를 박탈하는 결과를 초래한다. 더욱이 특정 부분에서의 학습자의 무지나 지체가 단순한 개인적 특성이기보다는 교육의 또 다른 일면이라고 보면 이 문제는 그냥 지나칠 수 없을 것이다. 이처럼 학교가 의도적으로 가르치지 않은 교육과정을 통틀어 영 교육과정(null curriculum)이라 부른다. 이런 의미에서 영 교육과정이라는 용어를 최초로 사용한 교육과정학자는 Eisner다(1979, 1985).

학교가 교육적으로 유익하거나 학습자에게 필요한 모든 것을 가르칠 수 없다는 것은 자명한 사실이다. 학교가 교육과정의 모든 요구를 만족시킬 수 없다는 것은 학교가 무엇인가를 선택하여야 함을 뜻하며 무엇을 선택한다는 의미는 선택과 배제, 포함과 제외의 양면성을 동반한다. 따라서 영 교육과정은 명시적인 표면적 교육과정의 필연적 결과이기도 하다. 아울러 인간의 사고의 폭을 넓히고 그에 따른 대응 방안을 찾는 중요한 변수로 작용할 수 있다는 점에서 표면적 교육과정과 마찬가지로 중요하다. 영 교육과정은 학습자의 입장에서 보면 학교교육을 통해 잃어버린 교육과정이라 할 수 있다. 이러한 관점에서 개념의 모호성을 지적했던 교육학자들(Flinders, Noddings, & Thornton, 1986)조차도 교육과정 분야의 발전을 위해 영 교육과정은 적용될 만한 충분한 가치가 있다고 주장한다.

그러나 영 교육과정은 그 실체를 판별하기 쉽지 않기 때문에 표면적 교육과정과 같이 독자적인 교육과정으로 수용하는 것은 모순적이고 얼마간의 패러독스가 있다(양옥승, 김현경, 2007). 영 교육과정을 제대로 규명하기 위해서는 학교에서 강조하고 있는 인지적인 과정과 교육내용에 대한 평가가 필요하다

(Eisner, 1994). 그 이유는 본래 인간의 중요한 능력이라 할 수 있는 인지는 비언어적인 것에서부터 논리 이전의 논리, 시각적, 청각적, 은유적인 정의적 과정, 논리, 수학 등의 모든 영역을 총괄한 것임에도 학교는 인지 과정의 단편적 측면만을 강조했기 때문이다. 교육과정에서 다루는 지적 과정이 특정 인지 영역에 편중된다면 인간 능력이나 지성의 범위를 일정 규모로 한정짓는 것과 다름없다. 그럼에도 불구하고 학교는 가르칠 교과나 교육내용을 선정하는 데 있어서 미래의 영향력이나 어떤 가능성을 고려하지 않은 채 전통적으로 가르쳐온 교과 내지 교육내용이라는 점에서 특정 인지 영역을 강조하고 그에 따라 교육과정을 구성하고 있다.

교육의 과정을 학습자의 개인적인 요구에 맞추어 교육적 신념이나 가치관을 변형해 가는 일종의 예술이라고 규정하는 Eisner(1994)에 따르면 교육내용을 선정하는 과정에는 심미적인 경험과 학습에 대해 질적으로 해석할 수 있는 전문적 판단 능력이 요구된다. 특히 전문적 판단 능력이란 학습자 중심으로 질적으로 향상된 교육과정을 운영할 수 있도록 교육과정의 실천 과정을 지속적으로 평가하는 능력으로 교육의 과정에서 영 교육과정의 출현의 단초를 발견할 수 있는 교육적 상상력과 감식안이 필요하다. 교육적 상상력은 육체와 정신, 감각과 인지가 분리되지 않으면서도 개별 학생에게 적합하도록 미학적 관점에서 교육목표와 내용을 변형시킬 수 있는 능력을 가리킨다. Eisner가 말하는 교육적 상상력에서 '상상'은 교육과정의 규범적인 이론이나 기술적인 어떤 것도 학생에게 적합한 것이 될 수 없다는 의미를 담고 있으며(Pinar et al., 1995), 현상학적이고 해석학적으로 보면 상호 주관적인 관계성을 이해하는 것이다(Bleicher, 1982). 그런가 하면 교육적 감식안은 복잡한 교실 상황에서 발생하는 일상적인 사건 속에서 아동이 표현한 경험이나 활동을 지각하고 교육의 질을 통찰할 수 있는 감정사적 안목을 의미한다.

## 3. 유아교육에서의 잠재적 교육과정과 영 교육과정

교육은 특정 가치관을 가진 학교와 교사를 통해 의도적으로 전개된다. 인간의 가치에 따른 행위의 실천은 신념과 판단에 따른 일관된 실천을 유도하며 정도의 차이는 있지만 다소 습관적인 것이다. 이러한 가치추구의 행위는 표면적 교육과정보다 잠재적 교육과정이나 영 교육과정을 통해 훨씬 유리하게 수행될 수 있다. 더욱이 유아교육이 유아의 일상생활과 놀이를 통해 이루어진다는 점에서 그 의의는 더할 나위없다.

유아는 유아교육기관에서 사람, 사물, 사건과의 상호작용을 통해 힘, 질서, 복종, 양보, 나눔, 타협, 협동, 의사소통 방법 등에 관한 다양한 사회적 특성과 가치관을 학습하고 내면화한다. 그런데 30명의 유아(5세 기준)들이 비좁은 교실과 실외공간에서 더불어 생활해야 하는 한국의 유아교육 여건에서 이러한 특성들은 긍정적인 측면보다 부정적으로 작용될 소지가 크다. 유아교육기관에서 교사나 소수 유아의 힘에 의해 유아 집단이 지배되고 있음을 밝힌 여러 연구들이 이러한 사실을 뒷받침한다. 다른 한편에서 보면 유아교육과정에서 보살핌과 가르침의 양 측면이 갖는 교육적 역할의 중요성을 간과하거나 양쪽을 적절하게 결합하여 중용을 이루지 못할 가능성이 크다. 보살핌이 중요한 인성으로 인정받지 못하고 영 교육과정으로 남거나 잠재적 교육과정으로 기능하면 공동선이나 상생과 같은 사회윤리 의식보다는 이기적인 특성이 강화될 수 있다.

유아교육 현장에서 일어나는 현상들은 끝없는 불확실성의 연속이라고 할 수 있다. 유아교육 분야에서는 특정 교과를 중심으로 교육과정을 운영하지 않기 때문에 초·중등학교보다 예기치 않은 현상이 자주 발생할 수밖에 없다. 유아교육과정이 갖는 이런 개방적이고 자율적인 특성은 잠재적 교육과정과 영 교육과정의 발생 가능성을 넓히는 요인으로 작용할 것이다(양옥승, 김지현, 2004; 양옥승, 김현경, 2007). 예를 들어, 유아교육기관이 발달주의에 매몰되어 유아가 낮은 발달 단계에 있다는 이유로 유아의 자기조절 능력을 과소평가하고 성인의 윤리 강요를 정당화한다면 유아의 권리나 인권은 잠재적 교육과정이나 영 교육과정에 머물게 될 것이다. 유아교육 전문가들이 특정 문화적 메시지를 담은 담론만을 주장하거나 옹호한다면 잠재적, 영 교육과정이 표면적 교육과정보다 더 큰 의미를 가지게 될 것이다. 그러나 현재 진행되고 있는 거대 담론 해체와 유아교육과정 이론의 다양화는 유아교육 분야에 긍정적인 가시적 변화를 가져올 것이라는 기대와 희망을 갖게 한다.

# 참고문헌


경제기획원 조사통계국(1986). 한국통계연감.

경제기획원 조사통계국(1990). 한국의 사회지표.

공동육아연구회 편(2000). 코뿔소 나들이 가자. 서울: 또 하나의 문화.

곽노의(1996). Froebel의 인간교육원리와 유치원 교육. 열린유아교육연구, 1(1), 3-22.

구견서(2003). 다문화주의의 이론적 체계. 현상과 인식. 가을호, 29-53.

구승회(1995). 에코필로소피-생태 · 환경의 위기와 사회 철학적 대안. 서울: 새길출판사.

구승회(1996). 아나키 · 환경 · 공동체. 서울: 모색출판사.

권태환(1997). 한국 출산력 변천의 이해. 서울: 일신사.

김규수(1997). 아동중심 교육에 관한 Froebel과 Dewey의 견해 비교연구. 창조교육학회. 창간호, 107-128.

김남국(2005). 심의 다문화주의: 문화적 권리와 문화적 생존. 한국정치학회보, 39(1), 87-107.

김두정(2006). 한국 국가수준 교육과정의 개정 방식과 개선방향. 교육과정 이론과 실제의 발전: 국제 비교, 간학문적 담론 그리고 연구와 현장의 교류(pp. 237-245). 한국교육과정학회 2006년도 춘계학술대회 및 국제 심포지엄 자료.

김선양 역(1972). 프뢰벨. 안인희 편. 교육고전의 이해. 서울: 이화여자대학교 출판부.

김영옥, 박혜경, 양옥승, 이기숙, 이영자, 이원영, 이윤경, 장영희, 정미라, 주영희(1995). 한국 현대 유아교육사. 파주: 양서원.

김영천(1997). 네 학교 이야기: 한국 초등학교의 교실생활과 수업. 서울: 문음사.

김재춘(2002). 국가 교육과정 연구 개발 체제의 문제점과 개선방향: 제7차 교육과정 연구개발체제를 중심으로. 교육과정연구, 20(3), 77-97.

김종서(1976). 잠재적 교육과정. 서울: 익문사.

김진영(1998). 유치원에서 또래 간 사회적 힘의 형성 과정. 이화여자대학교 대학원 박사학위 청구논문.

김혜영(2008). 유치원에서 유아의 비밀장소가 지니는 의미. 덕성여자대학교 대학원 박사학위 청구논문.

나은숙(2005). 유아에게 자유선택 활동이 지니는 의미. 덕성여자대학교 박사학위 청구논문.

나은숙, 양옥승(2007). 자유선택 활동시간에 나타난 유아들의 흥미. 유아교육연구, 27(1), 281-304.

나장함(2005). 교육과정의 세계적 동향과 과제. The Newsletter: 한국교육학회, 41(1), 7-11.

노상우(2007). 생태주의에서 본 현대교육학의 세 가지 과제. 교육철학, 39, 57-79.

박범석, 이찬주(2006). 교육목표로서 '표현' 개념의 교육과정적 해석. 교육과정연구, 24(1), 41-60.

박병춘(1999). 보살핌 윤리의 도덕교육적 접근 연구. 서울대학교 박사학위 청구논문.

박선영(2006). 영국의 시민교육과 다문화주의. 미래청소년학회지, 3(1), 41-68.

박순경(2004). 국가수준 교육과정 변화 방식의 대안 모색에 관한 일고. 교육과정연구, 22(3), 73-91.

박승희(2006). 가족의 다양성론에 대한 성찰적 검토. 경제와 사회, 70, 215-236.

박이문(1998). 문명의 미래와 생태학적 세계관. 서울: 당대.

법무부(2007). 2007년도 출입국 · 외국인정책 통계연보.

삼성경제연구소(2005). 출산율 연구.

삼성경제연구소(2006a). 2006년 경제전망.

삼성경제연구소(2006b). Korea economic trends. 삼성 Weekly, 4.

손승남(1998). 가다머(H. G. Gadamer)의 철학적 해석학에 입각한 교육 해석학의 가능성 탐색. 교육철학, 19, 165-181.

손인수(1992). 미군정과 교육정책. 서울: 민영사.

송정호(2007). 단일민족 환상 깨고 다문화주의로의 '전환시대'. 현대의 민족문제와 다문화주의. 민족연구, 90-125.

신은미(2005). 유치원 교육과정에서 교사의 힘/지식에 관한 연구. 덕성여자대학교 박사학위 청구논문.

신화식(2001). Montessori 유아교육의 사상사적 의의. 양옥승 외. 유아교육학 탐구(pp. 37-74). 서울: 학지사.

신화식, 김명희(2006). 다중지능이론에 기초한 유아교육과정. 서울: 학지사.

심성보(1996). 보살핌의 윤리와 도덕교육론. 초등교육연구, 9, 1-26.

심성보(1999). 도덕교육의 담론. 학지사.

양영자(2007) 분단-다문화시대 교육이념으로서의 민족주의와 다문화주의의 양립가능성 모색, 25(3), 23-48.

양옥승(1987). 유아교육과정 연구의 재개념화. 유아교육연구, 7, 5-23.

양옥승(1991). 교육과정 기초로서의 Vygotsky의 발생학적 인식론. 교육과정연구, 10, 3-16.

양옥승(1992). 유아교육과의 교육 · 연구 현황. 대학교육, 102-108.

양옥승(1993). 유아교육과정 연구의 재개념화 II: Vygotsky의 발생학적 인식론 활용. 유아교육연구, 13, 93-113.

양옥승(1995). 한국의 유치원 교육제도 연구. 덕성여자대학교 사회과학논문집, 2, 115-125.

양옥승(1997a). 아동과 사회환경. 아산사회복지사업재단 편. 아동복지편람(pp. 156-174). 서울: 정문출판사.

양옥승(1997b). 유아교육과정 연구의 재개념화 III: 다문화주의의 적용. 덕성여자대학교 교육연구, 5, 49-66.

양옥승(2000a). 재개념론적 관점에서 본 유아교육과정 탐구. 한국영유아보육학, 22, 139-170.

양옥승(2000b). 유아교육과정이론: 분석적 탐구. 교육학 연구, 38(1), 135-151.

양옥승(2001a). 유아교육과정 이론. 양옥승 외. 유아교육학 탐구(pp. 225-256). 서울: 학지사.

양옥승(2001b). 자연을 통한 유아교육. 한국어린이육영회 학술대회 자료집.

양옥승(2002a). 유아교육과정 모형의 변화 방향 탐색: 역사적 접근. 아동학회지, 23(5),

77–88.
양옥승(2002b). 유아교육과정의 재개념화: 포스트모더니즘적 관점에서 유치원의 자유놀이에 대한 이해. 교육과정연구, 20(1), 55–73.
양옥승(2002c). 유아교사의 정체성과 전문성, 어디서 찾을 수 있을까. 교육개발, 133, 26–33.
양옥승(2003). 자유선택 활동에서 유아의 선택의 의미. 유아교육연구, 23(3), 131–152.
양옥승(2004a). 유아 때부터 시작하는 자유선택 교육: 언어적 계획 · 평가(VPE) 프로그램의 적용. 서울: 학지사.
양옥승(2004b). 보살핌의 텍스트로서 유아교육과정 이해. 유아교육연구, 24(4), 247–262.
양옥승(2005). 아동중심 교육과정의 의미 탐구. 유아교육연구, 25(2), 103–117.
양옥승(2006). 생태적 성장: 보육 담론의 새 지평. 이부미, 이기범, 정병호 편. 함께 크는 삶의 시작, 공동육아. 서울: 또 하나의 문화.
양옥승(2007a). 이론적 탐구분야로서의 유아교육과정 이해: 1828~1927년 미국의 교육과정 이론을 중심으로. 유아교육연구, 27(2), 281–294.
양옥승(2007b). 이론적 탐구분야로서의 유아교육과정 이해(III): 1970년대 미국의 교육과정 이론을 중심으로. 유아교육연구, 27(6), 383–396.
양옥승(2008a). 이론적 탐구분야로서의 유아교육과정 이해(II): 1928~1969년 미국의 교육과정 이론을 중심으로. 열린유아교육연구, 13(1), 425–440.
양옥승(2008b). 창의 · 상생 사회의 스타트, 영유아보육교육. 한국보육교육단체 총연합회 토론회 자료집.
양옥승, 김지현(2004). 유아교육에서의 잠재적 교육과정 탐구. 덕성여대 사회과학연구, 10, 185–201.
양옥승, 김현경(2007). 유아교육에서의 영 교육과정 탐구. 덕성여대 논문집, 36, 83–104.
양옥승, 나은숙(2005). 물리적 환경구성과 유아의 자유선택 활동의 의미에 관한 질적 연구. 열린유아교육연구, 10(1), 21–40.
양옥승, 이정란, 나은숙(2002). 유아의 관점에서 본 자유놀이. 열린유아교육연구, 7(1), 143–165.
양옥승, 이원영, 이영자, 이기숙(2003). 21세기 바람직한 유아교육에 대한 한국유아교육학회의 입장. 서울: 정민사.

양옥승, 지성애, 김영옥, 홍혜경(2002). 유아놀이에 대한 유치원 교사의 인식 및 실태 조사. 한국영유아보육학, 28, 289-318.

양옥승 외(2001). 유아교육개론. 서울: 학지사.

양옥승 편(1991). 탁아연구. 서울: 양서원.

양옥승 편(1993). 탁아연구 II: 교육적 접근. 서울: 양서원.

오천석(1972). 교육철학 신강. 서울: 교학사.

유성석(2003). Canada: 다문화주의 제도화의 산실. 민족연구, 11, 12-26.

유혜령(1997). 질적 아동연구를 위한 해석학의 방법론적 시사. 아동학회지, 18(2), 57-71.

유혜령(1998). 교수매체 환경과 유아의 경험양식에 관한 현상학적 연구: 자유선택 활동을 중심으로. 유아교육연구, 18(1), 131-152.

유혜령(2001). 유아의 역할놀이 경험 양식과 그 교육적 의미: 현상학적 이해. 유아교육연구, 21(3), 55-79.

윤병희(1998). 교육과정연구의 동향과 대안적 접근의 필요성. 교육과정연구, 16(2), 1-27.

이기영(1998). Dewey의 흥미개념에 있어서 아동중심교육의 방법적 원리. 열린유아교육연구, 3(1), 33-51.

이대균(1997). 아동중심 교육철학에 기초한 세 가지 교수방법의 비교 연구. 열린유아교육연구, 2(2), 69-88.

이돈희(1986). 잠재적 교육과정과 가치교육. 교육논총, 2, 1-18.

이미식, 최용성(2002). 도덕교육에 대한 새로운 접근: 배려의 윤리. 부산: 부산대학교 출판부.

이부미, 이기범, 정병호 편(2006). 함께 크는 삶의 시작, 공동육아. 서울: 또 하나의 문화.

이원영, 주영희, 김경철(1992). 유치원의 교육목적에 관한 연구. 서울: 창지사.

이은화, 양옥승(1988). 유아교육론. 서울: 교문사.

이정란(2004). 어린이집에서의 교사의 힘에 관한 연구. 유아교육연구, 24(2), 199-221.

이홍우, 유한구, 장성모(2003). 교육과정이론. 서울: 교육과학사.

임부연, 오정희, 최남정(2008). 비구조적인 자유놀이 시간에 유아들이 보여 주는 '진짜 재미있는 놀이' 에 대한 현상학적 연구, 유아교육연구, 28(1), 185-209.

임재택(2005). 생태유아교육개론. 파주: 양서원.

임현식(1992). 열린 교육의 특성에 대한 논평. 교육철학, 11, 199-204.

전제아, 권희경, 김원경(2002). 구성주의에 나타난 아동중심교육의 개념 분석. 열린유아교육연구, 6(4), 1-17.

정범모(1974). 교육과 교육학. 서울: 배영사.

정선아(2000). 아동중심의 의미를 벗기며: 의미의 역사. 한국유아교육학회 연차 학술대회 발표자료집.

조용개(2006). 생태중심주의 환경윤리의 철학적 함의와 교육적 대안. 환경철학, 5, 33-62.

조정남(2007). 현대국가와 다문화주의. 현대의 민족문제와 다문화주의. 민족연구, 6-15.

조정옥(2005). 이상적 생태주의적 자연관에 대한 철학적 인간학적, 환경 윤리적 고찰: 독일 생태 공동체의 예. 철학과 현상학 연구, 25, 103-134.

지성애, 정대현, 김경숙, 김현주, 채영란, 김지예(2006). 유치원과 초등학교의 다문화 교육실태와 교사의 인식비교. 유아교육학논집, 351-369.

최명선(1999). Gadamer의 해석학에서 '실천지' 로서의 '대화' : 지식의 존재론적 성격과 그 교육적 의미. 교육학연구, 37(3), 79-101.

최미현(2000). 생태학적 유아교육의 기본 프레임워크 탐색. 경북대학교 대학원 박사학위 청구논문.

최성욱(1996). 교육과정 개념화의 대안적 접근. 교육학연구, 33(5), 193-216.

최양미(1994). 아동중심교육사상의 의미. 대신대학교 논문집, 14, 3-19.

통계청(1996). 통계분석자료 모음.

통계청(2005). 2005년 출산율 자료.

통계청(2006). 1.4분기 가계수지 동향.

통계청(2007). 인구동태 건수 및 동태율 추이.

하정연(2004). 생태유아교육의 교육관에 관한 연구. 유아교육논총, 13(1), 67-84.

한국경제(2006). 일본 '애기가 늘었어요' . 8월 23일자.

한국유아교육학회 교육과정개정연구회(1997). 제6차 유치원교육과정 개정시안 연구 · 개발. 교육부 연구보고서.

허경철(2006). 한국의 국가 교육과정 개정 현황과 전망. 한국교육과정학회 2006년도 춘계학술대회 및 국제 심포지엄 발표 자료집.

허숙(1995). 교육과정의 개념화를 위한 이론적 탐색: 실존적 접근과 구조적 접근. 교육학연구, 33(5), 217-242.

홍은숙(2002). 공동체주의 교육의 개념 연구: 사회적 실제에의 입문으로서의 교육. 교육철학, 27, 173-198.

홍후조(2003). 교육과정 수시개선체제 구축방안 탐색에 대한 토론. 한국교육과정평가원 2003년도 세미나자료집.

황대권(2006). 민들레는 장미를 부러워하지 않는다. 서울: 열림원.

황윤세, 양옥승(2002). 포스트모더니즘 관점에서 유아교육에 대한 함의. 열린유아교육연구, 7(2), 335-355.

Aikin, W. (1942). *The story of the eight-year study: With conclusions and recommendations*. New York: Harper & Brothers.

Aoki, T. (1988). Toward a dialectic between the conceptual world and the lived world. In W. Pinar (Ed.), *Contemporary curriculum discourses* (pp. 402-416). Scottsdale, AZ: Gorsuch Scarisbrick.

Apple, M. (1971). The hidden curriculum and the nature of conflict. *Interchange, 2*(4), 27-40.

Apple, M. (1975a). The hidden curriculum and the nature of conflict. In W. Pinar (Ed.), *Curriculum theorizing: The reconceptualists* (pp. 95-119). Berkeley, CA: McCutchan.

Apple, M. (1975b). Autobiographical statement. In W. Pinar (Ed.), *Curriculum theorizing: The reconceptualists* (pp. 89-93). Berkeley, CA: McCutchan.

Apple, M. (1979). *Ideology and curriculum*. Boston: Routledge and Kegan Paul.

Archambault, A. (1964). *John Dewey on education: Selected writings*. Chicago: University of Chicago Press.

Balasko, S. L., & Fenton-Smedts, H. (1994). *Multiculturalism in child care: Phase one*. final report. Project funded through the Dept. of Canadian Heritage. ERIC Document Reproduction Service No. ED385 348.

Banks, J. A. (1991). Approaches to multicultural curriculum reform. In J. A. Banks, & C. A. McGee-Banks (Eds.), *Multicultural education: Issues and perspec-*

*tives* (2nd ed., pp. 195–214). Boston, MA: Allyn and Bacon.

Banks, J. A. (2006). *Cultural diversity and education: Foundations, curriculum, and teaching*. Boston, MA: Allyn and Bacon.

Banks, J. A., & Banks, C. A. M. (1993a). *Multicultural education: Issues and perspectives*. Boston, MA: Allyn and Bacon.

Banks, J. A., & Banks, C. A. M. (1993b). Multicultural education for young children: Racial and ethnic attitudes and their modification. In B. Spodek (Ed.), *Handbook of research on the education of young children* (pp. 236–250). New York: Macmillan.

Beatty, B. (1995). *Preschool education in America*. New Haven: Yale University Press.

Bereiter, C., & Engelman, S. (1966a). Observations on the use of direct instruction with young disadvantaged children. *Journal of School Psychology, 4*(3), 55–62.

Bereiter, C., & Engelman, S. (1966b). *Teaching disadvantaged children in the preschool*. Englewood Cliffs, NJ: Prentice–Hall.

Beyer, L. E., & Bloch, M. (1996). Theory: An analysis (part 1). In S. Reifel (Ed.), *Advances in early education and day care* (Vol. 8, 3–40). Greenwich, CT: JAI Press.

Beyer, L. E., & Liston, D. P. (1996). *Curriculum in conflict*. New York: Teachers College Press.

Bigler, R. S., & Liben, L. S. (1993). A cognitive–developemental approach to racial stereotyping and reconstructive memory in Euro–American children. *Child Development, 64*, 1507–1518.

Bloch, M. N. (1991). Critical science and the history of child development's influence on early education research. *Early Education and Development, 2*(2), 95–108.

Bloom, B. (1976). *Human characteristics and School learning*. New York: McGraw Hill.

Bloom, B., Krathwohl, D., & Masia, B. (1956). *Taxanomy of educational objectives:*

*Cognitive domain*. New York: Devid McKay.

Bobbitt, F. (1912). The elimination of waste in education. *Elementary School Teacher, 12*(6), 259–271.

Bobbitt, F. (1918). *The curriculum*. New York: Houghton Mifflin.

Bredekamp, S. (1987). *Developmentally appropriate practice in early childhood programs serving children from birth through age 8*. Washington, DC: National Association for the Education of Young Children.

Bredekamp, S., & Copple, C. (Eds.). (1997). *Developmentally appropriate practice in early childhood programs serving children from birth through age 8*. Washington, DC: National Association for the Education of Young Children.

Bronfenbrenner, U. (1972). *Two worlds of childhood: U.S. and U.S.S.R.* New York: Simon and Schuster (orginal work published, 1970).

Bronfenbrenner, U. (1979). *The ecology of human development: Experiments by nature and design*. Cambridge, MA: Harvard University Press.

Bruner, J. (1960). *The process of education*. New York: Vantage.

Bruner, J. (1966). *Toward a theory of instruction*. New York: Norton.

Bruner, J. (1991). Culture and human development: A new look. *Human Development, 33*, 344–355.

Bruner, J. (1996). *The culture of education*. Boston, MA: Harvard University Press.

Burbules, N. C., & Torres, C. A. (2000). *Globalization and education: Critical perspectives*. New York: Routledge.

Burman, E. (1994). *Deconstructing developmental psychology*. New York: Routledge.

Cadwell, L. B. (1997). *Bringing Reggio Emilia home*. New York: Teachers College Press.

Callan, E. (1982). Dewey' s conception of education as growth. *Educational Theory, 32*(1), 19–27.

Cannella, G. S. (1997). *Deconstructing early childhood education: Social justice and revolution*. 유혜령 역(2002). 유아교육이론 해체하기: 비판적 접근. 서울: 창지사.

Carlson, D. (1992). Education as a political issue: What' s missing in the public conversation about education? In J. Kincheloe & S. Steinberg (Eds.), *Thirteen questions* (pp. 263–274). New York: Peter Lang.

Caswell, H., & Campbell, D. (1935). *Curriculum Development*. New York: American Book.

Caswell, H., & Campbell, D. (1937). *Readings in curriculum development*. New York: American Book.

Charters, W. (1923). *Curriculum construction*. New York: Macmillan.

Cherryholmes, C. (1988). *Power and criticism: Poststructural investigations in education*. New York: Teachers College Press.

Chiang, L. (1988). *Is our understanding of the hidden curriculum hidden from us?* Resources in Education, ED 285 256.

Chung, S., & Walsh, D. J. (2000). Unpacking child–centredness: A history of meanings. *Journal of Curriculum Studies, 32*(2), 215–234.

Clifford, G. (1962). *Psychology and the science of education: Selected writings of Edward L. Thorndike*. New York: Teachers College Press.

Cooney, M. H., Gupton, P., & O' Laughlin, M. (2000). Blurring the lines of play and work to create blended classroom learning experience. *Early Childhood Education Journal, 27*(3), 165–171.

Cornbleth, C. (1984). Beyond hidden curriculum. *Journal of Curriculum Studies, 16*(1), 29–36.

Counts, G. (1922). *The selective character of American secondary education*. Chicago, IL: University of Chicago Press.

Cremin, L. (1961). *The transformation of the school: Progressivism in American education 1876–1957*. New York: Vintage.

Cremin, L. (1971). Curriculum–making in the United States. *Teachers College Record, 73*(2), 207–220.

Cubberly, E. P. (1909). *Changing conceptions of education*. Boston: Houghton Mifflin.

Cuffaro, H. K. (1991). A view of materials as the texts of the early childhood curriculum. In B. Spodek & O. N. Saracho (Eds.), *Issues in early childhood curricu-*

*lum* (pp. 64–85). New York: Teachers College Press.

Dahlberg, G., Moss, P., & Pence, A. (1999). *Beyond quality in early childhood education and care: Postmodern perspectives*. Hong Kong: Family Press.

DeBord, G. (1990). *Comments on the society of the spectacle*. New York & London: Verso.

Derman–Sparks, L. (1992). Reaching potentials though antibias, multicultural curriculum. In Bredekamp, S., & Rosegrant, T. (Eds.), *Reaching potentials: Appropriate curriculum and assessment for young children*. Washington, DC: NAEYC.

Derman–Sparks, L., & the ABC Task Force (1989). *Anti–bias curriculum: Tools for empowering young children*. Washington, DC: NAEYC.

DeVries, R. (1984). Developmental stages in Piagetian theory and educational practice. *Teacher Education Quarterly, 11*(4), 78–94.

DeVries, R. (1992). Development as the aim of constructivist education: How can it be recognized in children' s activity? In D. G. Murphy & S. G. Goffin (Eds.), *Project Construct: A curriculum guide* (pp. 15–34). Jefferson City, MO: Department of Elementary and Secondary Education.

Dewey, J. (1899). *The school and society*. Chicago: University of Chicago Press.

Dewey, J. (1900). *Frobel' s education principles*. Elementary School Record 1.

Dewey, J. (1902). *The child and the curriculum*. Chicago: University of Chicago Press.

Dewey, J. (1916). *Democracy and education*. New York: Macmillan. 이홍우 역 (1987). 민주주의와 교육. 서울: 교육과학사.

Dewey, J. (1938). *Experience and education*. New York: Macmillan.

Doll, W. E. (1993). *A post–modern perspective on curriculum*. 김복영 역(1997). 교육과정과 포스트모더니즘의 시각. 서울: 교육과학사.

Dopyera, M. L., & Dopyera, J. E. (1990). The child–centered curriculum. Seefeldts, C. (Ed.), *Continuing issues in early childhood education* (pp. 207–222). Columbus, OH: Merrill.

Edwards, C., Gandini, L., & Forman, G. (Eds.). (1993). *The hundred languages of children: The Reggio Emilia approach to early childhood education.* Norwood, NJ: Ablex. 김희진, 오문자 공역(1996). 레지오 에밀리아의 유아교육. 서울: 정민사.

Eisner, E. (1979). *The educational imagination: On the design and evaluation of school programs.* New York: Macmillan.

Eisner, E. (1985). *The educational imagination: On the design and evaluation of school programs* (2nd ed.). New York: Macmillan.

Eisner, E. (1992). Curriculum ideologies. In P. W. Jackson (Ed.), *Handbook of research on curriculum: A project of the American Educational Research Association* (pp. 302–325). New York: Macmillan.

Eisner, E. (1994). *The art of educational evaluation: A personal view.* London: The Falmer Press.

Eisner, E., & Vallance, E. (Eds.) (1974). *Conflicting conceptions of curriculum.* Berkeley, CA: McCutchan.

Erikson, E. H. (1950). *Childhood and society.* New York: W. W. Norton.

Flinders, D., Noddings, N., & Thornton, S. (1986). The null curriculum; Its theoretical basis and practical implications. *Curriculum Inquiry*, 16(1), 33–42.

Ford, S. A. (1993). The facilitator' s role in children's play. *Young Children, 48*(6), 66–69.

Foucault, M. (1973). *Madness and civilization.* New York: Vintage Books.

Foucault, M. (1979). *Discipline and punish: The birth of the prison.* New York: Pantheon.

Foucault, M. (1980). *Power/knowledge: Selected interviews and other writings 1972–1977.* 홍성민 역(1991). 권력과 지식: 미셸 푸코와의 대담. 서울: 나남.

Freire, P. (1968). *Pedagogy of the oppressed.* New York: Seabury.

Freire, P. (1972). Cultural action and conscientization. *Harvard Educational Review, 40*(3), 452–477.

Froebel, F. (1826). *The education of man.* New York: D. Appleton and Company.

Froebel, F. (1889). *Autobiography.* New York: C. W. Barden.

Frost, J. L., Wortham, S. C., & Reifel, S. (2001). *Play and child development.*

Upper−Saddle River NJ: Merrill Prentice−Hall.

Gesell, A. (1923). *The preschool child: From the stand point of public hygiene and education*. Boston: Houghton−Mifflin.

Gesell, A. (1931). Maturation and the patterning of behavior. In C. Murchison (Ed.), *A handbook of child psychology*. Worcester, MA: Clark University Press.

Gilligan, C. (1982). *In a different voice: Psychological theory and women' s development*. 허란주 역(1997). 다른 목소리로: 심리이론과 여성발달. 서울: 동녘.

Gilligan, C. (1995). Hearing the difference: theorizing connection. *Hypatia, 10*, 120−127.

Giroux, H. A. (1989). Critical pedagogy, the state, and cultural struggle. Albany: State University of New York Press.

Giroux, H. A. (Ed.) (1991). *Post−modernism, feminism, and cultural politics: redrawing educational boundaries*. Albany: State University of New York Press.

Giroux, H. A., & Penna, A. N. (1979). Social education in the classroom: The dynamics of the hidden curriculum. *Theory and research in social education, 7*(1), 22−28.

Giroux, H. A., Penna, A. N., & Pinar, W. F. (1981). *Curriculum and instruction: alternatives in education*. Berkeley, CA: McCutchan.

Goffin, S. G. (1994). *Curriculum models and early childhood education: Appraising the relationship*. New York: Macmillan.

Goldstein, L. S. (1997). *Teaching with love: A feminist approach to early childhood education*. 염지숙 역(2001). 사랑으로 가르치기: 유아교육에 대한 페미니스트 접근. 서울: 창지사.

Goodlad, J. (1975). *The dynamics of educational change: Toward responsive schools*. New York: McGraw Hill.

Goodlad, J., Stoephasius, R., & Klein, M. (1965). *The changing school reform*. New York: Fund for the Advancement of Education.

Graue, M. E. (1993). *Ready for what? Constructing meanings of readiness for kindergarten*. Albany, NY: State University of New York Press.

Greene, M. (1973). *Teacher as stranger*. Belmont, CA: Wadsworth.

Greene, M. (1976). Psychoanalytic foundations. In W. Pinar & M. Grumet, *Toward a poor curriculum* (pp. 111–146). Dubuque, IA: Kendall/Hunt.

Greene, M. (1978). Songs and situations. In G. Willis (Ed.), Qualitative evaluation (274–315). Berkeley, CA: McCutchan.

Grumet, M. (1988). *Bitter milk: Women and teaching*. Amherst, MA: University of Massachusetts.

Gutmann, A. (1985). Communitarian critics of Liberalism, *Philosophy and Public Affairs, 14*(3), 308–322.

Hall, S. (1883). The contents of the children' s minds. *Princeton Review, 11*, 249–272.

Hall, S. (1901). Ideal school as based on child study. *Journal of Proceedings and Addresses of the Fortieth Annual Meeting of the National Education Association*, 474–488.

Halstead, J. M. (2007). In place of a conclusion: The common school and the melting pot. *Jounal of Philosophy of Education, 41*(4), 829–842.

Hamilton, D. (1990) *Curriculum history*. Geelong, Australia: Deakin University Press.

Hargreaves, A. (2000). Four ages of professionalism and professional learning. *Teacher and Teaching: History and Practice, 6*(2), 151–182.

Haroutunian–Gordon, S. (1998). A study of reflective thinking: Patterns in interpretive discussion. *Educational Theory, 48*(1), 33–58.

Harris, W. (1898). *Psychological foundations of education: An attempt to show the genesis of the higher faculties of the mind*. New York: D. Appleton.

Hartley, R. E., Frank, L. K., & Kanfer, F. H. (1952). *Understanding children' s play*. New York: Columbia University Press.

Held, V. (1995). The meshing of care and justice. *Hypatia, 10* (1), 128–129.

Hermandes, H. (2001). *Multicultural education: A teacher' s guide to linking context, process, and content* (2nd ed.). Upper Saddle River, NJ: Merrill Prentice Hall.

Hidi, S. (1990). Interest and its contribution as a mental resource for learning. *Review of Educational Research, 60*(4), 549–571.

Hill, P. S. (1923). Introdutcion, In A. Burke et. al. *A conduct curriculum for kindergarten and first grade.* New York: Scribners.

Hirst, P. (1965). Liberal education and the nature of knowledge. In R. S. Peters (Ed.), *Philosophy of education* (pp. 87–111). London: Oxford University Press.

Hirst, P. (1974). *Knowledge and the curriculum.* London, England: Routledge & Kegan Paul.

Hlebowitsh, P. (1992). Critical theory versus curriculum theory: Reconsidering the dialogue on Dewey. *Educational Theory, 42*(1), 69–82.

Hohmann, M., Banet, B., & Weikart, D. P. (1979). *Young children in action: A manual for preschool education.* Ypsilanti: The High/Scope Press.

Horne, H. H. (1942). An Idealistic philosophy of education. In Henry, N. B. (Ed), *The Forty–first year book/philosophies of education.* Chicago The University of Chicago Press.

Huebner, D. (1966). Curriculum as a field of study. In H. Robinson (Ed.), *Precedents and promise in the curriculum field* (pp. 94–112). New York: Teachers College Press.

Huebner, D. (1967). Curriculum as concern for man's temporality. *Theory into Practice, 6*(4), 172–179.

Huebner, D. (1974a). Autobiographical statement. In W. Pinar (Ed.), *Heightened consciousness, cultural revolution, and curriculum theory* (pp. 36–53). Berkeley, CA: McCutchan.

Huebner, D. (1974b). Curricular language and classroom meanings. In W. Pinar (Ed.), *Heightened consciousness, cultural revolution, and curriculum theory* (pp. 217–237). Berkeley, CA: McCutchan.

Huebner, D. (1975). Curricular language and classroom meanings. In W. Pinar (Ed.), *Curriculum theorizing: The reconceptualists* (pp. 217–237). Berkeley, CA: McCutchan.

Hutchins, R. (1936). *The higher leaning in America.* New Haven, CT: Yale University Press.

Jackson, P. (1968). *Life in classrooms*. New York: Holt, Rinehart & Winston.

Jackson, P. (1970). The consequences of schooling. In N. Overly (Ed.), *The unstudied curriculum* (pp. 1–15). Washington, DC: Association for Supervision and Curriculum Development.

Jackson, P. (1980). Curriculum and its discontents. *Curriculum Inquiry*, *10*(1), 28–43.

Jackson, P. (1992). Conceptions of curriculum and curriculum specialists. In P. Jackson (Ed.), *Handbook of research on curriculum* (pp. 3–40). New York: Macmillan.

Johnson, J. E., Cristie, J. F., & Yawkey, T. D. (1999). *Play and early childhood development* (2nd ed.). New York: Longman.

Kamii, C. (1984). Autonomy: The aim of education envisioned by Piaget. *Phi Delta Kappan, 65*, 410–415.

Kamii, C. (1992). Autonomy as the aim of constructivist education: How can it be recognized in children' s activity? In D. G. Murphy & S. G. Goffin (Eds.), *Project Construct: A curriculum guide* (pp. 15–34). Jefferson City, MO: Department of Elementary and Secondary Education.

Kantor, K. (1983). Ther English curriculum and the structure of the disciplines. *Theory into Practice, XXII, 3*, 174–181.

Karier, C. J. (1981). Liberalism and the quest for orderly change, In P. Amburgy et al. (Eds.), *Readings in american public schooling*. Lexington, Massachusetts: Ginncuston.

Katz, L. G., & Chard, S. C. (1989). *Engaging children' s minds: The project approach*. Norwood, NJ: Ablex.

Kellner, D. (1998). Multiple literacies and critical pedagogy in a multicultural society. *Educational Theory, 48* (1), 103–122.

Kessler, S. A. (1991). Alternative perspectives on early childhood education. *Early Childhood Research Quarterly, 6*, 183–197.

Kessler, S., & Swadener, B. B. (1992). *Reconceptualizing the early childhood curriculum*. New York: Teachers College Press.

Kilpatrick, W. H. (1918). The project method. *Teachers College Record, 19*, 319–335.

Kilpatrick, W. H. (1936). *Remaking the curriculum*. New York: Newson & Company.

Kintsch, W. (1980). Learning from text, levels of comprehension, or: Why anyone would read a story anyway, *Poetics, 9*, 87–98.

Kliebard, H. (1975). Reappraisal The Tyler rationale. In W. Pinar (Ed.), *Curriculum theorizing: The reconceptualists* (pp. 70–83). Berkeley, CA: McCutchan.

Kliebard, H. (1979). Systematic curriculum development, 1890–1959. In. Schaffarzick & G. Sykes, (Eds.), *Values conflicts and curriculum issues: Lessons from research and experience* (pp. 197–236). Berkeley, CA: McCutchan.

Kliebard, H. (1986). *The struggle for the American curriculum 1893–1958*. Boston, MA: Routledge & Kegan Paul.

Kliebard, H. (1995) *The Struggle for the American curriculum 1893–1958* (2nd ed.). New York: Routledge.

Kohlberg, L. (1981). *The philosophy of moral development: Moral stages and the idea of justice*. 김민남 역(2000). 도덕발달의 철학. 서울: 교육과학사.

Kohlberg, L., & Mayer, R. (1972). Development as the aim of education. *Harvard Educational Review, 42*, 449–496.

Kouzes, J. M., & Posner, B. Z. (2003). *The leadership challenge*. New York: John Wiley & Sons. 김원석 역(2004). 리더십 챌린지. 서울: 물푸레.

Krathwohl, D., Bloom, B., & Masia, B. (1964). *Taxonomy of educational objectives: The classification of educational goals*. Handbook II: Affective domain. New York: McKay.

Kyle, T. V. (1995). The concept of caring: A review of the literature. *Journal of Advanced Nursing, 21*, 506–514.

Laupa, M. (1994). Who's in charge? Preschool children's concepts of authority. *Early Childhood Research Quarterly, 9*(1), 1–18.

Leavitt, R. (1994). *Power and emotion in infant–toddler day care*. Albany, New

York: State University of New York Press.

Lee, Y. (2003). Politics and theories in the history of curricular reform in South Korea. W. Pinar (Ed.), *International handbook of curriculum research* (pp. 541–552). Mahwah, NJ: Lawrence Erlbaum.

Leininger, M. (1996). Cultural care theory, research, and practice. *Nursing Science Quarterly, 9* (2), 71–78.

Macdonald, J. (1967). An example of disciplined curriculum thinking. *Theory into Practice, 6*(4), 166–171.

Macdonald, J. (1978). A transcendental–developmental ideology of education. In J. R. Gress & C. E. Purpel (Eds.), *Curriculum: An introduction to the field* (pp. 44–56). Berkeley, CA: McCutchan.

Macdonald, J., Wolfson, B., & Zaret, E. (1973). *Reschooling society: A conceptual model.* Washington, DC: ASCD.

Mager, R. (1962). *Preparing instructional objectives.* Palo Alto, CA: Fearon.

Manitoba Dept. of Education (1984). *Multiculturalism in the classroom.* ERIC Document Reproduction Service No. ED 269 508.

Martin, J. R. (1987). Transforming moral education. *Journal of Moral Education, 16*(3), 207.

Martin, J. R. (1994). *Changing the educational landscape.* London: Routledge.

Maslow, A. H. (1970). *Motivation and personality.* New York: Harper & Row.

Mayhew, K., & Edwards, C. (1936). *The Dewey school: The laboratory school of the University of Chicago 1896–1903.* New York: D. Appleton Century.

McCarthy, C. (1993). Multicultural approaches to racial ineuqlity in the United States, In L. Castenell & W. Pinar (Ed.), *Understanding curriculum as racial text: Representations of identity and difference in education* (pp. 225–246). Albany, NY: State University of New York Press.

McDonald, J. (1992). *Teaching: Making sense of an uncertain craft.* New York: Teachers College Press.

McMurry, C., & McMurry, F. (1897). *The method of the recitation.* Bloomington, IL: Public School.

McNeil, J. (1985). *Curriculum: A comprehensive introduction*. Boston: Little, Brown.

McNeil, J. (1996). *Curriculum*. New York: Harper Collins.

Messner, K. A. (1993). *Multiculturalism in the professional studies or pardon me I believe your values may be showing*. Paper presented at the annual meeting of the American Educational Research Association, Atlanta. ERIC Document Reproduction Service No. ED 381 491.

Milner, H. R. (2005a). Stability and change in US prespective teachers' beliefs and decisions about diversity and learning to teach. *Teaching and Teacher Education, 21*, 767–786.

Milner, H. R. (2005b). Developing a multicultural curriculum in a predominantly white teaching context: Lessons from an African American teacher in a suburban English classroom. *Curriculum Inquiry, 35*(4), 391–427.

Moore, B., & Bernard, D. (1990). *Psychoanalytic terms & concepts*. New York: The American Psychoanalytic Associaton.

Murphy, J. W (1988), Compurterzation, postmodern epistemology, and reading in the postmodern era. *Educational Theory, 3*(2), 169–184.

Naess, A. (1995). Self-realization: an Ecological approach to being in the world, in G. Sessions (Ed.), *Deep ecology for the 21st century*. Boston: Shambhala.

National Education Association (NEA), Committee of Ten on Secondary school Studies (1893). *Report*. [Chaired by C. Eliot]. Washington, DC: United States Government Printing Office.

Nelson, R., & Watras, J. (1981). The scientific movement: American education and the emergence of the technological society. *The Journal of Thought, 16*(1), 49–72.

Neugebauer, B. (1992). *Alike and different: Exploring our humanity with young children*. Washington, DC: NAEYC.

Noddings, N. (1984). *Caring: Feminine approach to ethics & moral Education*. Los Angeles, CA: University of California Press.

Noddings, N. (1989). Developing models of caring in the professions. *Paper presented at the Annual Meeting of the American Educational Research*

*Association*. San Francisco, CA, March, 27–31.

Noddings, N. (1992). *The challenge to care in schools: An alternative approach to education*. New York: Teachers College Press.

Noddings, N. (1994). Conversation as education. *Journal of Moral Education, 23*(2), 223

Noddings, N. (1995a). A morally defensible mission for schools in the 21st century. *Phi Delta Kappan, 76*(5), 365–68.

Noddings, N. (1995b). Teaching themes of care. *Phi Delta Kappan, 76*(9), 675–679.

OECD (2005). OECD 통계연보.

Ornstein, A., & Hunkins, F. (1988). *Curriculum: Foundations, principles, and issues*. New York: Prentice Hall.

Oyler, C., & Becker, J. (1997). Teaching beyond the progressive–traditional dichotomy. *Curriculum Inquiry, 27*(4), 454–467.

Parker, F. (1894). *Talks of Pedagogics*. New York: E. L. Kellog.

Parker, R. (1971). Tending and social policy, In G. S. Gohlberg, & Hatch, A new look at the personal social services, Discussion paper 4, London: Policy Studies Institute.

Peters, R. (1966). *Ethics and education*. London: Allen & Unwin.

Petersen, E. A. (2003). *Early childhood curriculum: linking thematic, emergent, and skill–based planning to children's outcome* (2nd ed.). Boston: Allyn and Bacon.

Piaget, J. (1955). *The language and thought of the child*. New York: New American Library.

Piaget, J. (1962). *Play, dreams, and imitation in childhood*. New York: Norton.

Piaget, J. (1970). *Genetic epistemology*. New York: W. W. Norton.

Piaget, J. (1971). *Biology and knowledge*. Chicago: University of Chicago Press.

Pinar, W. F. (1975). *Curriculum theorizing: The reconceptualists*. Berkeley, CA: McCutchan.

Pinar, W. F. (1981). The reconceptualization of curriculum studies. In H. Giroux, A. Penna, & W. Pinar (Eds.), *Curriculum and instruction: Alternatives in educa-*

*tion* (pp. 87–97). Berkeley, CA: McCutchan.

Pinar, W. F., & Grumet, M. (1976). *Toward a poor curriculum.* Duguque, IA: Kendall/Hunt.

Pinar, W. F., Reynolds, W. M., Slattery, P., & Taubman, P. M. (1995). *Understanding curriculum: An introduction to the study of historical and contemporary curriculum discourses.* New York: Peter Lang.

Prescott, D. A. (1957). *The child in the educative process.* New York: Mc Graw-Hill.

Raines, S. C. (1997). Developmental appropriateness: Curriculum revisited and challenged. In Isenberg, J. P., & Jalongo, M. R. (Eds.), *Major trends and issues in early childhood education: Challenges, controversies, and insights* (pp. 75–89). New York: Teachers College Press.

Ramsey, P. G. (1987). *Teaching and learning in a diverse world: Multicultural education for young children.* New York: Teachers College Press.

Ramsey, P. G., & Derman-Sparks, L. (1992). Multicultural education reaffirmed. *Young Children, 47*(2), 10–11.

Ramsey, P. G., Vold, E. B., & Williams, L. R. (1989). *Multicultural education: A source book.* New York: Garland Publishing.

Ratner, J. (1939). *Intelligence in the modern world: John Dewey' s philosophy.* New York: Random House.

Rippa, S. (1988). *Education in a free society: An American history.* New York: Longman.

Rogan, J., & Luckowski, K. (1990). Curriculum texts: The portrayal of the field. Part II. *Journal of Curriculum Studies, 23*(1), 55–70.

Rogers, C. R. (1959). A theory of therapy, personality and interpersonal relationships as developed in the client-centered framework, In S. Koch (Ed.), *Psychology: A study of science*, Vol. III. New York: McGraw-Hill.

Rogers, C. R. (1969). *Freedom to learn: A view of what education might become.* Columbus, OH: Charles E. Merrill.

Roopnarine, J. L., & Johnson, J. E. (2000). *Approaches to Early Childhood*

*Education*. Upper Saddle River, NJ: Prentice Hall.

Rugg, H., & Shumaker, A. (1928). *The child-centered school: An appraisal fo the new education*. New York: World Book.

Sapon-Shevin, M. (1992). *Reconceptualizing the early childhood curriculum: Beginning the dialogue*. 신옥순, 염지숙 공역(2000). 유아교육과정의 재개념화: 그 대화의 시작. 서울: 창지사.

Schubert, W. (1980). *Curriculum books: The first eighty years*. Landham, MD: University Press of America.

Schubert, W. (1986). *Curriculum: Perspective, paradigm, and possibility*. New York: Macmillan.

Schwab, J. (1964). Structure of the disciplines: Meanings and significances. In G. Ford & L. Pugno (Eds.), *The structure of knowledge and the curriculum* (pp. 1-3). Chicago, IL: Rand McNally.

Schwab, J. (1970). *The practical: A language for curriculum*. Washington, CD: National Education Association.

Schwab, J. (1978). *Science, curriculum and liberal education: Selected essays, Joseph J. Schwab*. Chicago, IL: Chicago Press.

Schwab, J. (1983). The practical 4: Something for curriculum professors to do. *Curriculum Inquiry, 13*, 239-266.

Schwartz, S. L., & Robison, N. F. (1982). *Designing curriculum for early childhood*. Boston, MA: Allyn & Bacon.

Scott, D., & Lawson, H. (2002). *Citizenship education and the curriculum*. London: Ablex.

Seefeldt, C. (2001). *Social studies for the preschool/primary child*. Merrill Prentice-Hall.

Seefeldt, C., & Barbour, N. (1998). *Early childhood education: An introduction* (4th ed.). Columbus, OH: Merrill.

Seguel, M. (1966). *The curriculum field: Its formative years*. New York: Teachers College Press.

Seitz, H. J. (2006). The plan: Building on children' s interests. *Young Children,*

*61*(2), 36–41.

Shapiro, M. S. (1983). *Child's garden.* University Park, PA: the Pennsylvania State University Press.

Silberman, C. (1970). *Crisis in the classroom: The remaking of American education.* New York: Random House.

Slattery, P. A. (1995). A postmodernism of time and learning: A response to the national education commission report prisoners of time. *Harvard Educational Review, 65*(4), 612–631.

Sleeter, E., & Grant, C. A. (1987). An analysis of Multicultural education in the United States. *Harvard Educational Review, 57*(4), 421–444.

Small, A. (1896). Demands of sociology upon pedagogy. *Journal of Proceedings and Addresses of the Thirty–Fifth Annual Meeting of the National Education Association*, 174–184.

Smith, D. J. (1996). Identity, self and other in the conduct of pedagogical action: A west/east inquiry. In T. Carson & D. Sumara (Eds.). *Action research as a living practice.* New York: Peter Lang.

Snedden, D. (1921). *Sociological determination of objectives in education.* Philadelphia, PA: J. B. Lippincott.

Spencer, H. (1860). *Education: Intellectual, moral, and physical.* New York: Appleton.

Starratt, R. (1974). Curriculum theory: Controversy, challenge, and future concerns. In W. Pinar (Ed.), *Heightened consciousness, cultural revolution, and curriculum theory* (pp. 16–35). Berkeley, CA: McCutchan.

Tanner, D. (1982). *Encyclopedia of Educational Research.* New York: Macmillan & Free Press.

Tanner, D., & Tanner, L. (1980). *Curriculum development: Theory into practice.* New York: Macmillan.

Tanner, D., & Tanner, L. (1990). *History of the school curriculum.* New York: Macmillan.

Temple, A. (1919). *Subject matter in the curriculum.* Addresses and proceedings of the national Educator Association.

Thorndike, E. (1903). *Notes on psychology for kindergarteners.* Teachers College Record.

Thorndike, E. (1913). *Educational psychology vol. 2*: The psychology of learning. New York: Teachers College Press.

Toffler, A., & Toffler, H. (2006). *Revolutionary wealth.* 김중웅 역(2006). 앨빈 토플러, 부의 미래. 서울: 청림출판.

Treppte, C., Fu, V. R., & Stremmel, A. J. (1993). *Multiculturalism in early childhood programs.* Based on papers presented at the European Forum for Child Welfare and at the annual conference of NAEYC, Denver. ERIC Document Reproduction Service No. ED 360 103.

Tyler, R. W. (1949). *Basic principles of curriculum and instruction.* Chicago: University of Chicago Press.

Vallance, E. (1986). A second look at Conflicting Conceptions of Curriculum. *Theory into Practice, XXV*(1), 24–30.

Vallance, E. (1991). *Hidden curriculum. International Encyclopedia of Curriculum.* Oxford: Pergamon Press.

Vygotsky, L. S. (1962). *Thought and language.* Cambridge, MA: MIT Press (original work published 1934).

Vygotsky, L. S. (1967). Play and its role in the mental development of the child. *Soviet Psychology, 12*, 62–76.

Vygotsky, L. S. (1978). *Mind in society: The development of higher psychological processes.* Cambridge, MA: Harvard University Press.

Vygotsky, L. S. (1981). The concept of activity in Soviet psychology. In J. W. Wertsch (Ed.), *The genesis of higher mental functions* (pp. 144–188). Armonk, NY: M. E. Sharpe.

Vygotsky, L. S. (1983). School instruction and mental development, In M. Donaldson, R. Grieve & C. Praitt (Eds.), *Early childhood development and education.* New York: The Guilford Press.

Walker, D. (1971). A naturalistic model for curriculum development. *School Review,*

*80*(1), 51−65.

Weber, E. (1984). *Ideas influencing early childhood education: A theoretical analysis.* New York: Teachers College Press.

Weikart, D. P., Epstein, A. S., Schweihart, L., & Bond, J. T. (1979). The Ypsilant preschool curriculum demonstration project. *Monographs of the High/Scope Educational Research Foundation, 4.*

Weikart, D. P., Hohmann, C. F., & Rhine, W. R. (1981). High/Scope cognitively oriented curriculum model. In W. R. Rhine (Ed.), *Making schools more effective* (pp. 201−247). New York: Academic Press.

Wertch, J. V. (Ed.) (1985a). *Culture, communication, and cognition: Vygotskian perspectives.* London: combridge University Press.

Wertch, J. V. (Ed.) (1985b). *Vygotsky and the social formation of mind.* Cambridge: Harvard University.

Whipple, G. M. (1929). *Preschool and parental education.* 28th year book of National Society for the Study of Education, Bloomington, Ⅲ: Public School.

Willis, G. (1979). Phenomenological methodologies in curriculum. *JCT, 1*(1), 65−79.

Wood, D. J., & Middleton, D. (1975). A Study of assisted problem solving. *British Journal of Psychology, 66*, 181−191.

Wood, D. J., Bruner, J., & Ross, G. (1976). The role of Tutoring in problem solving. *Journal of Child Psychology and Psychiatry, 17*, 89−100.

Wood, E., & Bennett, N. (1998). Teachers' theories of play: Constructivist or social constructivist? *Early Child Development and Care, 140*, 17−30.

Yale Report (1828). Original papers in relation to a course of liberal education. *American Journal of Science and Arts, XV*(2), 297−340.

Yang, O. S. (2000). Guiding children's verbal plan and evaluation during free play: An application of Vygotsky's genetic epistemology to the early childhood classroom. *Early Childhood Education Journal, 28*(1), 3−10.

Yang, O. S. (2001). An epistemological and ethical categorization of perspectives on early childhood curriculum. *International Journal of Early childhood, 33*(1),

1–8.

Yang, O. S. (2004). Creating a better quality of life for young children in Korea: Analyses of and recommendations for the Korean early childhood education identity. *International Journal of Early Childhood Education, 10*(2), 91–117.

Zigler, E., & Trickett, P. K. (1978). IQ, social competence, and evaluation of early childhood intervention programs. *American Psychologist, 33*, 789–798.

Zigler, E., & Valentine, J. (1979). *Project Head Start: A legacy of the war on poverty.* New York: The Free Press.

# 자료출처

제1장은 2006년 유아교육연구, 26(6), 253-267에 발표한 논문을 보완한 것이다.
제2장은 1988년 이은화 교수와 공동 집필한 『유아교육론』 및 1991년 교육과정연구, 10, 3-16에 발표한 논문에 기초한 것이다.
제3장은 2000년 교육학연구, 38(1), 135-151에 발표한 논문을 보완한 것이다.
제4장은 2005년 유아교육연구, 25(2), 103-117에 발표한 논문을 보완한 것이다.
제5장은 2004년 유아교육연구, 24(4), 247-262에 발표한 논문을 보완한 것이다.
제6장은 2002년 아동학회지, 23(5), 77-88에 발표한 논문을 보완한 것이다.
제7장은 2007년 유아교육연구, 27(2), 281-294에 발표한 논문을 보완한 것이다.
제8장은 2008년 열린유아교육연구, 13(1), 425-440에 발표한 논문을 보완한 것이다.
제9장은 2007년 유아교육연구, 27(6), 383-396에 발표한 논문을 보완한 것이다.
제11장은 2008년 한국생태유아교육학회에서 발표한 논문을 보완한 것이다.

# 찾아보기

## 인 명

## 내 용

# 저자 소개

## 양옥승

### 약력

이화여자대학교 사범대학 교육학과 (유아교육 전공) 문학사
이화여자대학교 대학원 교육학과 (유아교육 전공) 문학석사
미국 캘리포니아주립대학교 대학원 아동학과 (아동발달 전공) 문학석사
미국 남가주대학교 대학원 교육학과 (교육과정/유아교육 전공) 철학박사
미국 헤드스타트 교사 및 평가위원
미국 펜실베이니아대학교 객원교수
덕성여자대학교 대학원장
한국교원교육학회 회장
한국유아교육학회 회장
한국아동교육복지학회 회장
한국보육교육단체총연합회 회장
공동육아와 공동체교육 공동대표
세계어린이교육기구 한국위원회 회장
현 덕성여자대학교 사회과학대학 유아교육과 교수

### 저서 및 역서

유아교육론(공저, 1988)
우리 아이들의 육아 현실과 미래(공저, 1990)
탁아연구(편저, 1991)
탁아연구 II: 교육적 접근(편저, 1993)
현대 가족과 사회(공저, 1994)
여성학 강의(공저, 1994)
한국 현대 유아교육사(공저, 1995)
유아교육 연구방법(1997)
세계의 보육제도(공저, 1998)
영유아보육개론(공저, 1999)
유아교육개론(공저, 2001)
유아교육학 탐구(공저, 2001)
유아교육기관 종합평가인정제 모형개발(2002)
영유아교육 프로그램(공저, 2003)
유아 때부터 시작하는 자유선택 교육(2004)
놀이와 아동발달(공역, 2005)
유아 사회교육(공저, 2010)
영아의 발달과 보육(공저, 2011)
영유아교육과정(공저, 2011)

유아교육학 시리즈

# 유아교육과정 탐구

2008년 9월 12일 1판 1쇄 발행
2020년 9월 25일 1판 6쇄 발행

지은이 • 양 옥 승

펴낸이 • 김 진 환

펴낸곳 • (주) 학지사

04031 서울특별시 마포구 양화로 15길 20 마인드월드빌딩 5층

대표전화 • 02) 330-5114 팩스 • 02) 324-2345

등록번호 • 제313-2006-000265호

홈페이지 • http://www.hakjisa.co.kr
페이스북 • https://www.facebook.com/hakjisabook

ISBN 978-89-5891-790-8 94370
ISBN 978-89-5891-037-4 (set)

정가 15,000원

저자와의 협약으로 인지는 생략합니다.
파본은 구입처에서 교환하여 드립니다.